T0194719

Mario Pufahl | Lukas Ehrensperger | Peer Stehling

Oracle CRM – Best Practices

IT-Management mit ITIL® V3
von R. Buchsein, F. Victor, H. Günther und V. Machmeier

ITIL Security Management realisieren
von J. Brunnstein

Profikurs Microsoft Dynamics NAV
von P. M. Diffenderfer und S. El-Assal

Unternehmensweites Datenmanagement
von R. Dippold, A. Meier, W. Schnider und K. Schwinn

Controlling von Projekten
von R. Fiedler

Daten- und Informationsqualität
herausgegeben von K. Hildebrand, M. Gebauer, H. Hinrichs und M. Mielke

Prozesse optimieren mit ITIL®
von H. Schiefer und E. Schitterer

Grundkurs Microsoft Dynamics AX
von A. Luszczak

www.viewegteubner.de

Mario Pufahl | Lukas Ehrensperger | Peer Stehling

Oracle CRM –
Best Practices

Wie Sie CRM nutzen, um Kunden zu gewinnen,
zu binden und Beziehungen auszubauen

Mit 119 Abbildungen und 21 Tabellen

PRAXIS

**VIEWEG+
TEUBNER**

Bibliografische Information der Deutschen Nationalbibliothek
Die Deutsche Nationalbibliothek verzeichnet diese Publikation in der
Deutschen Nationalbibliografie; detaillierte bibliografische Daten sind im Internet über
<http://dnb.d-nb.de> abrufbar.

Das in diesem Werk enthaltene Programm-Material ist mit keiner Verpflichtung oder Garantie irgend-
einer Art verbunden. Der Autor übernimmt infolgedessen keine Verantwortung und wird keine daraus
folgende oder sonstige Haftung übernehmen, die auf irgendeine Art aus der Benutzung dieses
Programm-Materials oder Teilen davon entsteht.

Höchste inhaltliche und technische Qualität unserer Produkte ist unser Ziel. Bei der Produktion und
Auslieferung unserer Bücher wollen wir die Umwelt schonen: Dieses Buch ist auf säurefreiem und
chlorfrei gebleichtem Papier gedruckt. Die Einschweißfolie besteht aus Polyäthylen und damit aus
organischen Grundstoffen, die weder bei der Herstellung noch bei der Verbrennung Schadstoffe
freisetzen.

ORACLE® ist ein eingetragenes Warenzeichen der ORACLE Corporation.

1. Auflage 2010

Alle Rechte vorbehalten
© Vieweg+Teubner Verlag | Springer Fachmedien Wiesbaden GmbH 2010

Lektorat: Christel Roß | Maren Mithöfer

Vieweg+Teubner Verlag ist eine Marke von Springer Fachmedien.
Springer Fachmedien ist Teil der Fachverlagsgruppe Springer Science+Business Media.
www.viewegteubner.de

Umschlaggestaltung: KünkelLopka Medienentwicklung, Heidelberg
Druck und buchbinderische Verarbeitung: MercedesDruck, Berlin
Gedruckt auf säurefreiem und chlorfrei gebleichtem Papier.
Printed in Germany

ISBN 978-3-8348-1240-7

Vorwort

CRM – respektive Kundenmanagement – hat sich in den letzten Jahren zu einem festen Bestandteil der Unternehmensstrategie etabliert. Dennoch gibt es unterschiedliche Definitionen für CRM.

Unstrittig ist, dass es nur wenige weltweit führende Anbieter für CRM gibt. Zu diesen weltweit führenden Anbietern gehört sicherlich Oracle mit der Anwendung Siebel CRM.

Interessanterweise gab es im deutschsprachigen Raum kein Buch, das sich mit der Historie von Oracle Siebel CRM sowie der strategischen, fachlichen und technischen Ausrichtung dieser führenden CRM-Anwendung befasst. Dies hat die Autoren – selbst langjährige Experten für Oracle Siebel CRM – dazu bewogen, diese Lücke selbst zu füllen und ein eigenes Buch mit Best Practices aus über 150 Projekten für Oracle Siebel CRM zu schreiben.

Die zentrale Fragestellung des Buchs ist: was müssen die unterschiedlichen Stakeholder in einem Oracle Siebel CRM-Projekt beachten, um wichtige Fallstricke zu vermeiden und die richtigen Akzente zu setzen. Jedes Oracle Siebel CRM-Projekt ist allerdings so individuell, dass sicherlich nicht alle Fragen abschließend beantwortet werden können. Wir wenden uns mit diesem Buch an Abteilungs- Programm- und Projektleiter. Sicherlich ist für die Mitarbeiter im Management das eine oder andere interessante Detail vorhanden, um die Ausrichtung der CRM-Strategie in die richtige Richtung zu lenken. Im technischen Bereich können wir nicht eine detaillierte Beschreibung jeder Implementierung der 150 Projekte geben. Hier sind die aus unserer Sicht wichtigen Themen adressiert worden, um eine Implementierung erfolgreich zu unterstützen. Folgende wichtige Fragestellungen möchten wir mit diesem Buch adressieren.

Das erste Hauptkapitel gibt einen allgemeinen Überblick über Oracle Siebel CRM, in dem die Historie von Oracle Siebel CRM betrachtet wird. Das zweite Kapitel widmet sich der Geschäftsstrategie von Oracle, um einen Ausblick auf die strategische Ausrichtung hinsichtlich CRM zu vermitteln. Hier soll der Leser an künftige Themen heran geführt werden. Das Kapitel 4 gibt einen detaillierten Überblick über relevante Fachprozesse für Marketing, Vertrieb und Service. Ein Unterkapitel ist hier dem aktuellen Thema des Kundenwerts geschuldet. Das Kapitel 5 widmet sich dann den Best Practices in der Implementierung, um dann in den folgenden Kapiteln noch die Themen Test, Schulung, Rollout und Betrieb aufzunehmen. Abgerundet werden die Ausführungen mit vier Fallstudien aus beispielhaften Oracle Siebel CRM-Projekten von namhaften Anwenderunternehmen.

Die Vollendung des Buches war mit großem Aufwand und persönlichem Einsatz verbunden. Ein Buch hat allerdings nie nur einen Autor, sondern viele Menschen, die im Team mitarbeiten.

Die Menschen bei denen wir uns bedanken wollen, sind insbesondere die Menschen, die dieses Buch mitgestaltet haben. Unser besonderer Dank gilt unserer Lektorin Dr. Christel Roß vom Verlag Vieweg+Teubner, die uns tatkräftig unterstützte. Neben unserer Lektorin hat auch Frau Sabine Kirchem zum Gelingen dieses Buches durch sorgfältige Durchsicht und Vorschläge zur Verbesserung erheblich mit beigetragen.

Zudem bedanken wir uns bei den Autoren für die Fallstudien: Frau Christiane Kornatz und Dr. Thorsten Freiberger von der Landesbank Berlin, Herrn Thomas Stein von Lilly, Herrn Stephan Brägger von der Swisscom und Herrn Thomas Hamele von der DAB bank.

Dieses Buch wäre darüber hinaus ohne die vielen Ideen- und Ratschlaggeber nicht entstanden. Unser Dank gilt den folgenden Kollegen und Bekannten (in alphabetischer Reihenfolge):

Christian Bäcker, Fabrice Berrez, Steffen Deufel, Jochen Greulich, Dennis Kiolbassa, Christian Krieger, Thorwald Schubert.

Düsseldorf/Berlin/Zürich, im Mai 2010   Mario Pufahl
                                                                    Lukas Ehrensperger
                                                                    Dr. Peer Stehling

Inhaltsverzeichnis

1 Das CRM-Framework

1.1 Bedeutung des CRM-Frameworks

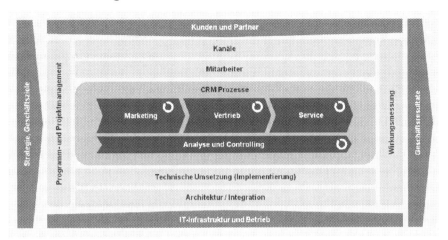

Abbildung 1-1: CRM-Framework[1]

Das dargestellte CRM-Framework dient zur Systematisierung des Buchs, die beschriebenen Kapitel ordnen sich jeweils in dieses Gesamtbild ein. Es dient dem Leser gleichermaßen als Wegweiser, als Lesezeichen sowie als Orientierungshilfe beim Nachschlagen spezifischer Interessensgebiete.

Das Framework für Oracle CRM Best Practices gibt eine Übersicht über die fachlichen und technischen Aspekte, welche es bei der Durchführung von Oracle CRM-Projekten zu beachten gilt, unabhängig des gewählten Deploymentmodells – Oracle CRM On Demand (SaaS), oder Oracle Siebel CRM (in-house Installation, auch On Premise genannt).

Es stellt in der Horizontalen den Gesamtzyklus eines Projektes dar, ausgehend von einer produktneutralen Strategiesicht über die systemnahen CRM-Kernprozesse bis hin zur Wirkungsmessung von CRM. In der Vertikalen beschreibt das Framework die wichtigsten Schichten zwischen Infrastruktur, dem Mitarbeiter als Hauptanwender von CRM sowie dem Endkunden und visualisiert die zu beachtenden technischen und fachlichen Themengebiete wie z.B. die eigentliche technische Umsetzung oder die Kanäle für die Interaktion mit dem Kunden.

---

1 Quelle: in Anlehnung an Stadelmann, 2008

Das CRM-Framework beschreibt auch die Komplexität des Zusammenspiels einzelner Themenkreise. CRM funktioniert nur dann als Gesamtheit, wenn allen Bausteinen die nötige Beachtung geschenkt wird und eine entsprechende Harmonie zwischen den Elementen erreicht wird.

In Oracle CRM-Projekten stellen wir immer wieder fest, dass zwar einzelne Themen intensiv beleuchtet werden (z.B. die Einführung einer neuen CRM-Software und deren Funktionalitätsbreite und -tiefe), dass aber die für den Erfolg ebenso wichtigen oder noch wichtigeren Aspekte wie beispielsweise die Projektmethodik, das Change Management oder die Erfolgsmessung stark vernachlässigt werden.

CRM-Erfolg bedeutet jedoch, das Zusammenspiel dieser Themenkreise, die richtige Balance zwischen rein technischen, fachlichen und den projektmethodischen Aspekten herzustellen. Oracle CRM bietet ein riesiges Universum an Möglichkeiten, dies zu tun. Mit dem CRM-Framework unterstützen wir den Leser, Sachverhalte zu abstrahieren und bei Implementierungen schneller und effizienter zum Ziel zu gelangen.

1.2 Beschreibung der CRM-Framework-Komponenten

1.2.1 Strategie, Geschäftsziele

Dieser Bereich beinhaltet die übergeordnete Definition der Strategie und der Geschäftsziele, welche direkten oder indirekten Einfluss auf ein CRM-Projekt innerhalb einer Unternehmung haben können. Die Geschäftsziele geben wichtige Anhaltspunkte über die Bedeutung und Verankerung von CRM in einer Organisation und helfen, das Projekt intern und extern richtig zu positionieren und zu priorisieren.

Hat man in den Anfängen von CRM – ungeachtet der Geschäftsstrategie – ein CRM System einfach angeschafft und implementiert, so startet man heute eine solche Initiative praktisch ausnahmslos mit der Definition oder Ableitung einer CRM-Strategie. Ausgangspunkt sind dabei immer die Geschäftsstrategie und die Geschäftsziele.

Für CRM maßgebliche Strategiedefinitionen oder Ziele können u.a. sein:

- Auf- und Ausbau kundenzentrierter Prozesse
  (Customer Centric Enterprise)
- Erhöhung der Kundenzufriedenheit, -bindung
- Übergeordnete Wachstumsziele, Marktanteilsziele
- Eintritt in neue Märkte, Segmente oder Entwicklung einzelner Bereiche
- Lancierung einer neuen Produktlinie / eines neuen Produktes
- Ziele bezüglich Kundenbindung
- Profitabilitätsziele, Kostenreduktionsziele
- Prozessoptimierungsziele

- System- und Plattformkonsolidierungsziele
- Ziele bezüglich Unternehmenskultur, Imageziele
- Mitarbeiterbindungsziele

1.2.2 Programm- und Projektmanagement

Das Programm- und Projektmanagement ist für die Steuerung umfassender CRM-Initiativen unumgänglich. Dieses Thema ist deshalb so wichtig, weil Kundenbeziehungsmanagement sehr umfassend und bereichsübergreifend ist, und weil praktisch alle internen (Mitarbeiter, Management) und externen Marktpartner (Vertriebs- und Servicepartner, Endkunden) davon betroffen sind. Solche Projekte bedürfen einer etablierten und im Markt geprüften Methode.

Insbesondere im Zusammenhang mit Oracle CRM-Projekten empfiehlt sich, auf Vorgehensweisen von etablierten Systemintegratoren zu vertrauen. Diese berücksichtigen die Vielfalt des Produktportfolios insbesondere hinsichtlich der gewählten Industrielösung (Industry Vertical) und den Integrationsmöglichkeiten in die bestehende Systemlandschaft. Die Systemintegratoren wenden Best Practices an, welche die Adaption der gewählten Lösung an die gestellten Anforderungen weit einfacher und schneller erlauben.

1.2.3 IT-Infrastruktur und Betrieb

Die IT-Infrastruktur und alle Themen rund um den Betrieb sind wesentliche Bestandteile für eine erfolgreiche Systemimplementierung. Sie sind in großen Teilen mitbestimmend für die Verfügbarkeit, Sicherheit und Skalierbarkeit der Gesamtlösung und sind gleichzeitig wesentliche Kostentreiber. IT-Themen werden in den Anfangsphasen von CRM-Projekten oft vernachlässigt oder zu spät betrachtet und müssen bei einer Inbetriebnahme (oder kurz davor) noch korrigiert werden.

Aus diesem Grund ist es wichtig, sich bereits in der Analyse- und Designphase die wesentlichen Überlegungen zu machen und Plattform-Entscheidungen zu treffen, um mögliche Risiken im Betrieb auszusteuern und Folgekosten zu minimieren. Zu diesen Themen gehören insbesondere:

- Architekturentscheide für Entwicklung, Test, und Produktion
- Hardware-Sizing
- Wahl der Hardware-Herstellers
- Entscheide bezüglich Betriebssystem
- Datenbankwahl
- Ausfallsicherheit, Hochverfügbarkeit, Clustering
- Releasezyklen
- Wartungszeiträume
- SLAs gegenüber den verschiedenen Anwendergruppen

Auch hier gilt es, je nach Anforderung im Projekt (Umfang, Anzahl Anwender, Komplexität der Lösung, verwendete Software-Module), auf die Erfahrung des Systemintegrators zurückzugreifen. Oracle macht hier kaum konkrete Empfehlungen und verweist auf die Referenzinstallationen der Partner.

Eine weitere Möglichkeit ist, den Hardwarehersteller wie zum Beispiel HP, Sun oder IBM beizuziehen, welche über dedizierte Sizing-Dienstleistungen und sogar Kompetenzzentren verfügen. Solche Empfehlungen der Hersteller sind aus unserer Erfahrung wohl hilfreich, aber gleichzeitig genau zu prüfen, da die Dienstleistungen oft auch durch eine gewisse Verkaufstaktik getrieben sind. Mit anderen Worten, die vorgeschlagenen Infrastrukturen sind in der Regel sehr großzügig ausgelegt und können große Einflüsse auf die Kostenseite des Business Cases haben.

1.2.4 Architektur und Integration

Entscheidend für den Erfolg von Front Office-Projekten ist die Durchgängigkeit der abzubildenden Prozesse. Jeder Front Office-Prozess ist deshalb auch nur so effektiv, wie sein schlechtestes Element. In direktem Zusammenhang damit steht die Architektur, insbesondere die Integrationsschicht. Letztere trägt auch wesentlich zu den TCO einer CRM-Gesamtlösung bei und ist mitentscheidend über die Releasefähigkeit und die wiederkehrenden Kosten im Betrieb.

Oracle Siebel CRM-Implementierungen im zentraleuropäischen Raum sind erfahrungsgemäß geprägt durch die Vielfalt der bestehenden Systemumgebungen im Backoffice (SAP ERP, ECM, DMS, Branchen-Kernsysteme, Eigenentwicklungen etc.) und den damit verbundenen Schnittstellen. Trotz der offenen Architektur von Oracle CRM und der vielfältigen Integrationsmöglichkeiten sind die Schnittstellen klar die Kostentreiber im Projekt und stellen mit die Hauptherausforderung an das Projektteam dar. Die seit Jahren anhaltende Tendenz hin zum Datenaustausch via WebServices und über etablierte SOA-basierende Middleware-Technologien verspricht – langfristig betrachtet – eine Vereinfachung und Standardisierung in diesem Bereich, denn der Weg dorthin ist mit vielen Grundsatzentscheidungen (Softwarewahl, Ablösungs-Roadmap von Kernsystemen, etc.) und Investitionen verbunden.

Zum Thema Architektur gehören auch Entscheidungen bezüglich der Hoheit von Kundendaten und den notwendigen Synchronisierungsmechanismen. Schlagworte wie MDM (Master Data Management) oder UCM/UPM (Universal Customer Master/Universal Product Master) sind hier ebenfalls im Zusammenhang mit vorhandenen oder zukünftigen Middleware-Technologien zu beleuchten. Die genannten Themen werden oft gleichzeitig mit CRM Initiativen betrachtet, können aber durch ihre Tragweite und Komplexität erfahrungsgemäß kaum gleichzeitig behandelt werden.

Folgenden Punkten ist besondere Beachtung zu schenken:

- Die Komplexität der zu integrierenden Ende-zu-Ende-Prozesse beeinflusst im Wesentlichen die Entscheidung über die gewählte Architektur sowie über eine Punkt-zu-Punkt-Integration gegenüber Middleware.
- Die gleichzeitige Einführung einer Middleware und eines CRM-Systems beeinflusst den Zeit- und Kostenfaktor des Gesamtprojektes signifikant.
- Es empfiehlt sich, in den ersten Phasen der Implementierung die Schnittstellen möglichst gering zu halten oder sogar darauf zu verzichten, dafür rascher mit dem ersten Release produktiv zu gehen.
- Es empfiehlt sich, die vom Hersteller angebotenen Integrationsprodukte schon während der Machbarkeitsstudie genau zu evaluieren (AIA, SOA Suite basierend auf Fusion Middleware) und die technischen und kommerziellen Vorteile in den CRM Business Case mit aufzunehmen.
- Integrationen über Middleware haben langfristig klare Kostenvorteile und entsprechen oft der SOA-Strategie, die große Unternehmungen in der Regel ohnehin verfolgen.

1.2.5 Technische Umsetzung (Implementierung)

Tragendes Element für erfolgreiche Implementierungen ist die effektive technische Umsetzung. In dieser, für den Erfolg einer Systemimplementierung mitentscheidenden Phase, kommen die technischen und methodischen Best Practice am meisten zum Tragen. Wiederverwendbare Lösungskonzepte, abgestimmt auf die jeweilige Industrie und den zu implementierenden CRM-Prozess helfen, die Lösung möglichst nahe an den Kundenanforderungen, in möglichst kurzen und effektiven Projektphasen zu realisieren (Wasserfall-Methode, mit zunehmender Tendenz auch iterative Vorgehensweise). Da Oracle CRM Software im Vergleich zu den Konkurrenzprodukten verhältnismäßig einfach konfigurierbar ist, lassen sich Kunden oft dazu verleiten, die durch den Softwarestandard zur Verfügung gestellten out-of-the-box (OOTB)-Funktionalitäten zu verlassen, um möglichst viele Fachanforderungen der Anwendergruppen zu erfüllen.

Hier trifft der Ansatz „weniger ist mehr" in jedem Fall sehr stark zu: schlanke Pakete, klare Fokussierung auf Kernthemen, dort ansetzen, wo der Schuh am meisten drückt und vor allem eine klare Zielsetzung bezüglich des Konfigurationsgrades. Die Technische Umsetzung schließt folgende Teilphasen des Projektes mit ein:

- Analyse, Machbarkeit
- Grob- und Detailkonzeption
- Design
- Umsetzung, Entwicklung, Konfiguration, Integration, Datenmigration
- Test (User Acceptance Test, Integrationstest, Regressionstest)
- Technische Inbetriebsetzung
- Dokumentation

1.2.6 CRM-Prozesse

1.2.6.1 Vertrieb

Vertriebsprozesse in CRM-Systemen abzubilden, war in den frühen Neunzigerjahren klar der Startschuss ins CRM-Zeitalter. Von den damals über 400 Softwareanbietern für Sales-Anwendungen haben bis heute nur wenige überlebt. Viele Nischenanbieter sind von der Bildfläche verschwunden oder konzentrieren sich auf den KMU-Markt. Dafür haben die großen Anbieter von Enterprise Suiten klar die Führungsstellung übernommen, allen voran Oracle.

Früher bekannt als SFA (Sales Force Automation) hat die frühere Siebel Systems seit den Gründungsjahren stark in diese Thematik investiert. Insbesondere Telesales und Fieldsales als Steckenpferde des Gründers Tom Siebel wurden als erste der CRM-Themengebiete und durch Besetzung des Chef-Entwicklungspostens durch William Edwards in eine für die damalige Zeit bahnbrechende Richtung entwickelt: skalierbar von Einzelarbeitsplätzen bis global operierenden Konzernen mit mehreren tausend Mitarbeitern, mehrsprachig, multiwährungsfähig und vor allem ausgerichtet auf einzelne Industrien.

Mit der frühen Akquisition von Nomadic Systems im Jahre 1997 hat sich Siebel auch gleichzeitig den Grundstein für die erste Industrie-Lösung für pharmazeutische Unternehmen gelegt und damit einen ungemeinen Wettbewerbsvorteil erarbeitet. Mit der Multikanalfähigkeit war Siebel ein Vorreiter in der CRM-Industrie, die Verwendung von nur einer Software für alle Berührungspunkte zum Kunden – ob direkt oder indirekt über Partner und Wiederverkäufer – war schlicht revolutionär. Die Integration von vertriebsrelevanten Prozessen und Daten in CRM lieferte die Basis für ein erfolgreiches, operatives Beziehungsmanagement. Doch gerade diese Anwendergruppe im Vertrieb ist mitunter die anspruchsvollste, da sie sich oft mit der Mächtigkeit und Komplexität solcher Systeme konfrontiert sieht und mit der Handhabung von CRM vor allem zusätzlichen Administrationsaufwand assoziiert. Dies ist klar ein Grund, weshalb man sich in den letzten Jahren der Entwicklung bei Oracle vor allem mit der „Entschlackung" der Anwendung auseinandergesetzt hat: weniger Funktionalität, intuitivere Benutzerführung, bessere Einbindung von Mobile Clients (Windows, iPhone™, BlackBerry®) und Offline Clients (Laptop, Tablet PC) sowie Social CRM/Web 2.0-Thematiken. Ebenfalls zu berücksichtigen ist die Integration von Vertriebsmethoden wie zum Beispiel TAS, ESP, PMP oder Strategic Selling (Miller Heimann), welche in Vertriebsorganisationen bereits meist eine führende Stellung erlangt haben und deshalb als integrierter Bestandteil von CRM gesehen werden sollten.

Diese Entwicklung stellt klar auch neue Herausforderungen an die Implementierungsanbieter. „Reduce to the max", Komplexität verringern zugunsten der Anwenderfreundlichkeit, mit einem Ziel: Der Vertrieb liefert die für ein nutzenbringendes CRM notwendigen Basisdaten, sind diese Daten akkurat, wächst automatisch der ROI einer jeden Implementierung. Vertrieb ist auch oft als Hauptbestandteil einer „Phase 1" von großen CRM-Initiativen zu sehen und genießt deshalb eine immense Sichtbarkeit im Management. Ist die Einführung der ersten Vertriebsprozesse ein Erfolg, bedeutet dies der Motor für alle darauf folgenden Projektphasen.

Der Erfolg von Oracle mit CRM Sales ist vor allem in den erreichten hohen Marktanteilen in großen, global operierenden Außendienst-Organisationen reflektiert. Herauszustreichen ist vor allem der Erfolg in der Pharmabranche, die Telekommunikationsbranche und im Konsumgütermarkt sowie teilweise in der verarbeitenden Industrie.

Zusammengefasst sind folgende Herausforderungen an die Implementierung im Vordergrund:

- Anwenderakzeptanz
- Resistenz, insbesondere der gehobenen Vertriebsmitarbeiter im Außendienst
- Integration etablierter Vertriebsmethoden
- Mobile Clients (PDA)
- Offline Clients (Laptop)
- Datensynchronisierung
- Datenqualität
- Datenkonsistenz

1.2.6.2 Service

Service bedeutet im Sinne von CRM in erster Linie die Bearbeitung von Inbound Calls und damit die effektive Beanstandungsbearbeitung bis zur Behebung eines gemeldeten Service Requests. Service bedeutet aber auch die Unterstützung des eigenen mobilen Service-Personals (Field Service) und wird für das Management von Service-Anfragen (Service Requests) sowie zur Problembehebung vor Ort eingesetzt. Service ist ein wesentlicher Bestandteil für die Sicherstellung der Kundenzufriedenheit und die Weiterentwicklung des Produkte- und Serviceangebotes und Kommunikationsverhaltens, da durch diese Anwendung wertvolle Feedbacks direkt und oft ungefiltert in den Wertschöpfungsprozess zurückfließen können. Regelmäßig wird dieselbe Service-Infrastruktur auch für interne Zwecke, beispielsweise für die Bearbeitung von IT-Problemfällen verwendet, als klassische ITIL Helpdesk-Anwendung und in Konkurrenz zu Anwendungen von Remedy (heute BMC) oder etwa CA.

Mit dem Service-Prozess hat Siebel klar den Durchbruch geschafft und durch die Akquisition des damaligen Marktführers Scopus im Jahre 1998 die bisherige Sales Force Suite wesentlich ergänzt. Dies schaffte die Möglichkeit, umfassende Contact Center Projekte anzubieten und gegen die starke Konkurrenz wie Clarify oder Vantive zu gewinnen, denn die Botschaft war durch den Kunden einfach zu verstehen: Sales und Service müssen dieselbe Sicht auf den Kunden haben, um ihn bestmöglich zu betreuen, zu binden (Retention) und für den Vertrieb laufend neue Potenziale zu identifizieren (Cross- und Upsell).

Mit der Lancierung der Self Service Suite Siebel 8.1.1 hat Oracle das Lösungsangebot für Service stark erweitert und eine frühere Schwachstelle teilweise behoben. Teilweise deshalb, weil die Gesamtlösung auf unterschiedlichen Technologien beruht (Java im Frontend, proprietäres Siebel 8.1 als CRM Engine) und noch kaum Erfahrungen aus abgeschlossenen Implementierungen im Markt vorhanden sind.

Herausforderungen an Implementierungsdienstleister im CRM Service:

- Ablösung von zum Teil veralteten, starren und stark an die Kundenprozesse angepassten Lösungen (Scripting, Konfiguration)
- Anwender-Resistenz gegenüber Applikationswechsel
- Oft viele Schnittstellen zum Backend und zu bestehenden Insellösungen
- Komplexe Telefonie-Integration
- Unterstützung von CTI Software der Telefonie-Anbieter wie Avaya, Nortel oder Siemens
- Hohe Fluktuation der Contact Center-Agenten
- Hohe Anforderungen an Mobile Clients für Field Service
- „Big Bang"-Migration oft aus Geschäftsgründen notwendig
- Meist Ablösung einer bestehenden Anwendung, viele Vorgaben

1.2.6.3 Marketing

Als zentraler, übergreifender Prozess ist Marketing innerhalb CRM zu verstehen und einzuordnen. Insbesondere bei Oracle CRM-Implementierungen spielte Marketing-Kampagnenmanagement schon lange eine sehr wichtige Rolle, da alle nachgelagerten Prozesse (Lead Management, Opportunity Management, Sales, Service) auf dem Marketingprozess aufbauen. Durch die Akquisitionen von Paragren (Marketing Campaign Management, übernommen im Jahr 2000) und nQuire (Analytics/Segmentierung, übernommen im Jahr 2001) hat Siebel im Vergleich zu anderen Suiten-Anbietern diese Lücke schon früh geschlossen. Kunden haben sich durch die Wahl von Siebel und insbesondere der Marketing-Suite wesentliche Vorteile gegenüber ihren Mitbewerbern verschafft: die Möglichkeit, die operativen CRM-Daten 1:1 für Segmentierungszwecke und Marketing-Kampagnen zu verwenden und die aus den Kampagnen entstehenden Erkenntnisse und Aktivitäten zurück in den CRM-Kreislauf zu führen und somit dem Vertrieb und den Service Einheiten zugänglich zu machen.

Ein Schlagwort aus dieser Zeit war „Closed Loop Marketing", was bis heute in vielen Enterprise CRM-Strategien überlebt hat. Über dieselbe Lösung wird auch Event-Management geplant und durchgeführt, was den Gesamtnutzen einer Marketing-Lösung erhöht und die doch recht große Investition in Software und Implementierung eher rechtfertigt.

Herausforderungen im Marketing CRM-Umfeld an die Implementierung:

- Vielfach MS Excel oder Access-basierende Lösungen sind zu ersetzen
- Kosten und Nutzen bestehender, manueller Kampagnenmanagement-Lösungen sind oft schwer zu quantifizieren
- Hohe Basisinvestitionen, da BI zu Segmentierungszwecken notwendig
- Business Case rechnet sich nur für große Unternehmungen oder über-durchschnittlich große Marketing-Agenturen
- Integration in bestehende CRM-Umgebungen möglich, falls eigenständig ohne Siebel CRM eingesetzt
- Abzulösende Nischenanbieter bilden zum Teil funktionell eine hohe Mess-latte
- Marketing kann auch (und nicht wie sonst üblich Vertrieb oder Service) der ideale Einstieg in eine mehrphasige CRM-Initiative sein

1.2.6.4 Analyse und Controlling

Eingebettete Analysewerkzeuge, um die durch die operative Arbeit mit dem Kun-den gesammelten Daten auszuwerten und die CRM-Maßnahmen zu steuern, sind heute klare Anforderungen an jedes CRM-System. Obwohl diese Fachanforderung schon immer bestand, sind die Software-Suiten noch nicht lange in der Lage, direkt laufende Analysen in den CRM-Prozessen einzubauen und zu nutzen, direkt Er-kenntnisse abzuleiten und diese in den operativen Prozess zurückzuführen.

Klassisches Beispiel ist die Nutzung von Analysen zu Segmentierungszwecken für Kampagnenmanagement. Die erwähnte Übernahme von nQuire durch Siebel Sys-tems im Jahre 2001 bedeutete gleichzeitig das Einläuten einer riesigen Erfolgsge-schichte für CRM Analytics-Anwendungen, d.h. die direkte Verschmelzung des operativen mit dem analytischen CRM. Die geschickte Positionierung als OEM für Informatica, dem Marktführer für ETL-Technologien, hat Siebel als BI Anbieter in eine führende Position bei Enterprise Kunden gebracht. Vorderhand genutzt als Segment Manager für die Bestimmung von Zielgruppen im Marketing, wurde Siebel Analytics zusehends zum allgegenwärtigen Bestandteil über den gesamten CRM-Prozess und darüber hinaus. Wie wertvoll diese Analytics-Suite als Teil der Siebel-Übernahme für Oracle ist, zeigt auch die Tatsache, dass die heutigen Oracle BI Applications (OBI EE) nach wie vor auf dem ursprünglichen Siebel Analytics basieren und permanent weiterentwickelt werden.

Heute ist Oracle BI nicht mehr aus unternehmensweiten Oracle CRM-Installatio-nen wegzudenken. An die Implementierung stellt dies sehr große Anforderungen, da sowohl sehr tiefe fachliche als auch technische Erfahrung für ein erfolgreiches Projekt notwendig sind. Die Kombination von DWH-Kenntnissen mit Wissen und Erfahrung aus dem BI-Anwendungsbereich ist anspruchsvoll, Ressourcen von diesem Format sind deshalb sehr knapp am Markt vertreten.

Die von Oracle angebotenen Standard-Reports (Dashboards) entsprechen nur teilweise den Industrie- und Kundenanforderungen, und der Aufwand der Anpassungsarbeiten ist entsprechend umfangreich. Eine Implementierung von Analyse- und Controllingtools kann sich rasch zu einem ebenso großen Vorhaben wie das gesamte CRM-Projekt entwickeln.

Herausforderungen an die Implementierung von Analyse und Controlling:

- Anspruchsvolles Anforderungsmanagement bezüglich abzubildender Reports und Industriespezifischer KPIs
- Gap-Analyse der Verwendung von Standard-Dashboards gegenüber dem Design von selbst konfigurierten Reports unbedingt notwendig
- Investition im Business Case, Software und Implementierungskosten oft ebenso groß wie gesamtes operatives CRM
- Technisches und fachliches Wissen, überdurchschnittliche Erfahrung der Berater notwendig für eine erfolgreiche Implementierung

1.2.7 Kunden und Partner

Der klare Mittelpunkt, nach dem jede CRM Implementierung ausgerichtet sein sollte, sind die Marktpartner, insbesondere Kunden und Absatzmittler oder - allgemeiner gesprochen – Partner. Der Grundgedanke von Siebel CRM ist der sukzessive, aber konsequente, systemunterstützte Umbau der nach außen gerichteten Prozesse von früher produkt- und abteilungsorientierten in jetzt kundenzentrierte Prozesse.

Daraus entstand auch der von Siebel lange als Bestandteil des Branding vermarktete Slogan „It's all about the customer" oder „Customer centric enterprise". Diese konsequente Ausrichtung auf den Kunden verfolgt das Ziel, möglichst effizient und zeitnah auf sich laufend verändernde Bedürfnisse zu reagieren, mehr Geschäft zu generieren, das Geschäftsverhalten ggf. anzupassen und die Kunden nachhaltig an die Unternehmung zu binden. Gegenüber Absatzmittlern hat CRM insofern an Bedeutung dazugewonnen, als immer mehr Organisationen diesen Partnern einen teilweisen Zugang zur eigenen CRM-Plattform erlauben. So möchte man – in einem definierten Umfang – gewisse Kompetenzen und damit verbundene Aufwendungen an die Partner auslagern und gleichzeitig den Self Service-Anteil erhöhen. Anfänglich von Kunden nur schlecht akzeptierte Lösungen wie eCustomer, eChannel und Partner Relationship Management (PRM), welche den Zugang an Endkunden und Partner gewährleisten sollten, haben sich kaum durchgesetzt. Deshalb hat Oracle 2008 eine neue, bessere eCommerce / Self Service 8.1 Suite lanciert, welche jedoch auf einer komplett anderen ADF-Technologie für das Front End und dem Siebel Stack vorgelagert ist. Mit dieser Suite schließt Oracle eine wichtige Lücke und ermöglicht die Erweiterung des Geschäftsprozesses nach Extern, wie zum Beispiel den Bestellprozess (Order Management).

Eine weitere Herausforderung ist die effektive Interaktion mit dem Kunden aus CRM heraus, d.h. die Medien-Schnittstelle zwischen CRM und dem Endkunden für Notifikationen aller Art. Oracle Siebel CRM hat zwar seit Beginn die Software-Module Siebel Correspondence und Siebel Reports (Actuate OEM, heute BI Publisher) im Angebot, welche jedoch nur teilweise für diese Aufgabenstellungen geeignet sind. Zahlreiche Kunden greifen für dieses Thema deshalb auf Lösungen von Drittherstellern zurück. Solche Partnerlösungen erlauben dann, CRM-relevante Daten mit anderen bereits bestehenden Kundendaten zu kombinieren und in beliebigem Format an die Ansprechpartner (Kunden, Partner) zu verschicken. Ebenfalls wichtig für die Interaktion mit dem Kunden ist es, Antworten strukturiert zu empfangen und in den CRM Prozess zurückzuführen.

Herausforderungen in diesem Bereich zusammengefasst sind:

- Auslagerung von CRM-Prozessen über die Partner bis hin zu Endkunden erhöht den Automatisierungseffekt
- Berücksichtigung verschiedener Kompetenzbereiche innerhalb der Unternehmung (CRM, eBusiness, CMS, Portal, etc.) erhöht Komplexität des Gesamtprojektes, kann aber gleichzeitig auch den Nutzen überproportional erhöhen
- Datensicherheit, Zugriffsrechte und die Verwaltung davon können Kostentreiber sein
- Integration in bestehende Webauftritte, Portal- und Content-Management-Lösungen ist zum Teil komplex
- Kompetenzen für neue Technologien (Java Front-End-Entwicklung mit Siebel Self Service 8.1) sind erforderlich

1.2.8 Kanäle

Einer der Hauptvorteile von Oracle Siebel CRM ist die Mehrkanalfähigkeit der Lösung, d.h. die Möglichkeit, mit demselben System über beliebige Kontaktpunkte zum Kunden zu kommunizieren. Der Grundgedanke von Siebel war seit dem ersten Produkt die Maxime „build once - deploy everywhere", mit dem Ziel, den Entwicklungsaufwand bei der Implementierung zu minimieren und zu zentralisieren, um dann auf die verschiedenen Plattformen auszurollen.

Das Erlebnis für den Kunden soll – unabhängig des gewählten Kanales – gleichbleibend sein. Ob im direkten Kontakt mit einem Berater, über das Call Center oder via Web. Erst die aus den Interaktionen gesammelten Kundendaten erlauben den internen Anwendern die 360° Gesamtsicht auf den Kunden und damit die umfassende Betreuung seitens Marketing, Vertrieb und Service.

Kanäle im Sinne des CRM sind:

- Online Arbeitsplatz z.B. Contact Center oder Vertriebsarbeitsplatz
- Offline Arbeitsplatz z.B. Remote Client für Laptop oder Tablet PC
- Mobile Client oder Wireless Client z.B. Windows Handheld, iPhone™, BlackBerry®
- Internet über Webauftritt, Portal, eBusiness
- Kommunikationskanäle wie E-Mail, SMS oder Fax

1.2.9 Mitarbeiter

Als eigentliche Hauptanwender der CRM Software stehen die Mitarbeiter natürlich im Vordergrund, insbesondere wenn es um die Anwenderfreundlichkeit und die effektive Nutzung der Anwendung geht. Es muss gelingen, im Mitarbeiterstab den nötigen Enthusiasmus zu erzeugen, um eine rasche Akzeptanz des Implementierungsprojektes zu erlangen.

Gelingt dies nicht, erhöht sich die bereits natürlich vorhandene Resistenz gegenüber Neuem, und als Resultat wird die Einführung wesentlich gestört oder sogar verzögert. Es gilt also, Mitarbeiter zum Beispiel in Form von Superuser-Teams kontinuierlich ins Projektgeschehen mit einzubeziehen. Solche Teams agieren als Mentoren meist erfolgreicher im Vergleich mit externen Beratern, sowohl für die Analyse und Definition der Fachanforderungen als auch bei der Einführung, Anwendertests, Schulung und später im Betrieb als „Stewards", welche die Anwender im Tagesgeschäft unterstützen. Es ist zwischen zwei grundsätzlich unterschiedlichen Situationen zu unterscheiden: Einführung auf der grünen Wiese, das heißt, das Projekt wird als CRM-Initialprojekt definiert und umgesetzt. Oder eine Ablösung eines bereits über Jahre etablierten Systems. Ersterem stehen Mitarbeiter in der Regel positiver gegenüber, da der Leidensdruck bezüglich Systemunterstützung am Arbeitsplatz sehr groß ist. Der Schritt von null auf eins bewirkt dann auch meist den notwendigen Motivationsschub als Basis zum Erfolg. Und da hilft natürlich eine etablierte Suite wie Oracle Siebel CRM, da sie eine Vielfalt an OOTB-Funktionalität bietet und man durch „Quick Wins" sehr viel in kurzer Zeit erreichen kann. In der CRM-Welt selbstverständliche Standardfunktionalitäten können große Begeisterung wecken und dem Projekt großen Vorschub und die nötige Akzeptanz verleihen.

Im Gegensatz dazu stehen Mitarbeiter der Ablösung bestehender Lösungen oft skeptisch gegenüber, weil sie sich an eine Anwendung über Jahre gewöhnt haben. Die durch das System gebotene Funktionalität – unbeachtet davon, ob diese gut und für die Gesamtorganisation zielführend ist – wird subjektiv schon fast als unersetzlich definiert. Aus Sicht der Fachseite muss dann automatisch eine neu einzuführende Anwendung mindestens die bestehende Funktionalität bieten und darüber hinaus auch zusätzlich Mehrnutzen beinhalten, um die notwendige Begeisterung auszulösen. Dies verleitet in Implementierungsprojekten oft dazu, das abzulösende Tool genau nachzubilden und die eigentlich sehr reife Standardanwendung zu „verbiegen".

Ebenfalls zu den Mitarbeitern zählen wir Vertreter des Managements, welche eine ebenso wichtige Rolle im Projekt einnehmen können wie die Anwender. Sie wirken als Sponsoren und leben CRM als Teil der Vision und Philosophie vor. Es ist unbedingt notwendig, Vertreter der Unternehmensführung permanent ins Projekt mit einzubeziehen und ihnen entsprechende Rollen zuzuteilen. Es hat sich als vorteilhaft erwiesen, Sponsoren von beiden Seiten, sowohl IT wie auch Fachseite, in den Prozess einzubinden und in regelmäßig stattfindenden Steering Board Meetings über den Projektfortschritt zu berichten, neue Rahmenbedingungen zu besprechen und Entscheidungen gemeinsam zu treffen. Es genügt also nicht, CRM als Projekt an die IT zu delegieren und dann zu hoffen, die gewünschten Resultate zu erzielen. Die Führung muss selber Verantwortung übernehmen und in der Initiative als Zugpferd wirken.

Herausforderungen bezüglich Mitarbeiter im CRM-Projekt:

- *Resistance to Change* als natürliches Verhalten und größter Gegner für eine erfolgreiche Ablösung bestehender CRM-Systeme
- Einbezug während Anforderungsdefinition, Umsetzung, Training und Betrieb unbedingt notwendig
- *Executive Sponsorship*, klare Zuteilung von Rollen und Verantwortlichkeiten seitens Unternehmensführung

1.2.10 Wirkungsmessung

Jedes CRM-System ist nur so viel Wert, wie es an Wirkung verursacht und gemessen wird. Die Wirkung jeder einzelnen Maßnahme und Fachanforderung, welche in CRM umgesetzt wird, soll während und nach Abschluss des Implementierungsprozesses gemessen werden, um festzustellen, ob sich die Investition gelohnt und der Business Case seine entsprechenden Resultate erzielt hat. Je greifbarer der Nutzen ist, desto höher ist die Akzeptanz für die Investition und desto wahrscheinlicher ist eine Weiterführung und die Unterstützung von Folgeprojekten durch das Executive Management. Es genügt also nicht die Feststellung, dass „es jetzt besser als früher" ist, sondern die Resultate sollen durch möglichst konkrete KPIs untermalt sein. Diese sind im Idealfall schon zu Beginn des Projektes festgelegt worden. Dies sind zum Beispiel Prozessverkürzungen, Zeiteinsparungen, Ressourceneinsparungen, zusätzlich verkaufte Produkte pro Kunde (Erhöhung des Kundenwertes), Verlängerung des Kundenlebenszyklus, Churn Rate, Attrition Rate, Reaktionszeiten, Verkürzung des Problemlösungsprozesses, etc.

Die Zeiten sind definitiv vorbei, wo CRM um des CRM Willens eingeführt wird. Es sind klare, zu Beginn festgelegte Resultate zu erreichen, um die nachhaltige Verankerung von CRM und eine Weiterentwicklung sicherzustellen. Das Vorteilhafte an Oracle Siebel CRM ist hier, dass dieselbe BI Suite, welche für das CRM Control-

ling eingesetzt wird, auch für die Wirkungsmessung verwendet werden kann. Die
Investition für BI wird dadurch auch entsprechend breiter abgestützt.

Wichtige Elemente der Wirkungsmessung in CRM Projekten, welche bei der Implementierung berücksichtigt werden sollen:

- Klare Festlegung von KPIs durch Management als Bestandteil des Business
  Case
- Diskussion und Beschreibung von Szenarien sind vorbereitend notwendig
  für den Fall, dass die Wirkung nicht erzielt werden kann
- Einbettung der CRM-Wirkungsziele in Gesamtstrategie notwendig
- CRM Business- und IT-Zielsetzungen sowie Meilensteine müssen mit an-
  deren Initiativen im Einklang sein

1.2.11 Geschäftsresultate

In den erzielten Geschäftsresultaten können Wirkungen der CRM-Implementierung direkt oder indirekt reflektiert sein. Natürlich ist es die klare Erwartungshaltung des Managements, durch die CRM-Einführung die Geschäftsresultate
positiv zu beeinflussen, reflektiert in steigenden Verkaufszahlen, sinkenden Beans-
tandungen, Veränderung des Kaufverhaltens definierter Zielgruppen, Unterstützung der Lancierung von neuen Produkten, erfolgreiche Durchführung von Kampagnen gegenüber Vorjahren, Rücklaufquoten, etc. Es sind jedoch auch immer die
Umweltfaktoren (generelle Wirtschaftssituationen, Verhalten der Mitbewerber,
Qualität der gelieferten Produkte und Dienstleistungen) zu berücksichtigen, um
den effektiven Erfolg von CRM zu bemessen. Deshalb sind Rückschlüsse, wie viel
des Geschäftserfolges effektiv mit CRM im Zusammenhang steht, oftmals nur sehr
schwierig zu ziehen.

2 Überblick Oracle Siebel CRM

2.1 Historie Siebel

Unter der Führerschaft ihres charismatischen, manchmal dogmatisch agierenden CEO Tom Siebel, hat Siebel Systems im Eilzugstempo den CRM-Softwaremarkt aufgebaut und ist dank vielen Alleinstellungsmerkmalen bezüglich des Produktes, aber auch der Firmenkultur rasch zum Marktführer avanciert. Niemand hatte zur Gründungszeit 1993 und zur Zeit des ersten Software-Releases 1995 nur annähernd diese CRM-Marktmacht wie diese kalifornische Pionierfirma. Das Erfolgsgeheimnis lag nicht nur in der für diese Zeit sehr ausgereiften Funktionalität und Qualität der Software, sondern vielmehr in der Art und Weise, wie Tom als Patron mit seinem kleinen, aber im Markt gut verankerten Management-Team diese Firma zum Erfolg führte:

- **Klare Botschaft** und Positionierung am Markt als Pionier und Marktführer
- **Gezielte Übernahmen** von Softwareanbietern zur Abdeckung aller CRM-relevanten Prozesse für Marketing, Sales und Service über alle Kanäle
- Rasch **skalierbare**, weltweite **Vertriebsorganisation**, schlanke und flache Hierarchien, direkte Entscheidungsprozesse
- Profitables **Direct Sales**-Modell für Softwarelizenzen mit überdurchschnittlichen, attraktiven Einkommensmodellen für Vertriebsmitarbeiter
- Hebelwirkung durch klares **Partnermodell** für
  o Implementierungsgeschäft, Consulting
  o Bundling mit anderen Software-Produkten wie z.B. ERP
  o Allianzen zur Entwicklung von Standard-Adaptern
- **Fokus** auf **Enterprise Markt**, Großkundengeschäft, Internationale Deployments
- Positionierung im **obersten Preissegment** und damit Fokus auf Profitabilität

Zwischen dem ersten Siebel Release 1995 und den Krisenjahren nach 9/11 ist Siebel Jahr für Jahr um Faktoren gewachsen – in Bezug auf Umsatzzahlen, Gewinn, Mitarbeiter und verkaufte Software-Anwenderlizenzen. Laufend wurde das anfängliche Sales Force Automation (SFA) Produkt-Portfolio durch weitere Komponenten gezielt ergänzt und ausgebaut. Um der rasch wachsenden Nachfrage gerecht zu werden, hat Tom Siebel dies mit gezielten Übernahmen erreicht, immer mit dem Grundsatz des „Best of Breed".

Diese enorme Marktmacht der ersten Jahre und das schlagkräftige Vertriebsmodell haben es möglich gemacht, die Software in kürzester Zeit sehr flächendeckend zu verbreiten. Rasch wurde Siebel zum de facto Standard für CRM-Neubeschaffungen, zum Benchmark, an dem sich andere Suiten-Anbieter wie SAP, Oracle oder Microsoft die Zähne ausbissen und für viele Nischenanbieter zum Genickbrecher wurde.

Gleichzeitig hat die rasche Ausbreitung auch klare Herausforderungen mit sich gebracht. Nicht alle CRM Projekte wurden auch wirklich erfolgreich implementiert, große Projektvorhaben wurden stark verzögert, viel teurer als ursprünglich geschätzt und scheiterten sogar in zahlreichen Fällen gänzlich. Siebel wurde trotz großem Erfolg auch vielfach zum Schimpfwort im Softwaremarkt. Die Gründe, welche zu diesen Situationen und einer teilweisen Abwehrhaltung gegenüber Siebel führten, sind vielfältig, einige davon sind einfach erklärbar:

- Zu umfangreicher, funktioneller **Projektscope.**
- Die dank Siebel Tools einfach zu konfigurierende Software wurde als **Entwicklungsplattform** missbraucht. Statt „make vs. buy" haben sich die Kunden oft zu „buy and make" entschieden.
- Zu geringe Nutzung der in der Software enthaltenen Funktionalität, Wegbewegung vom Softwarestandard.
- Zu viele **Schnittstellen**; CRM wurde zum Frontend von zu komplexen und umfangreichen Geschäftsprozessen und bestehenden Systemen.
- Teilweise **gigantische Software-Deals**, durch Siebel Vertriebsorganisation getrieben mit großen Sockelinvestitionen für den Kunden, welche im Business Case oftmals ihre tiefen Spuren hinterlassen haben und der erhoffte ROI nicht erreicht werden konnte.

Die massive Verbreitung von Siebel CRM-Software und der damit verbundene Marktanteil in diesem Segment hat die Attraktivität als Übernahmekandidat für Larry Ellison, Gründer und CEO von Oracle, auf ein Höchstmaß gesteigert. Praktisch alle weltweit tätigen Key Accounts von Oracle haben sich meist im großen Stil auch für Siebel entschieden. Lange im CRM Applications-Markt weitgehend erfolglos unterwegs, war es eine logische Konsequenz, dass sich Larry „the missing piece" in seiner Softwarelandschaft über diese Akquisition in 2005/06 ergatterte. Endlich hatte er sich ein Asset unter die Fittiche genommen, welches in der Applications Business Unit als Zugpferd eingesetzt werden konnte – und dies noch heute erfolgreich tut. Aus diesem Grund hat man sich bei der Übernahme entschieden, die Siebel-Organisation als weitgehend autonom funktionierende BU in die weltweite Oracle-Struktur einzugliedern. Dies mit dem Ziel, das eingekaufte Knowhow, Enterprise Business Applications erfolgreich zu verkaufen, möglichst zu konservieren und gezielt auf bestehende Oracle-Divisionen zu transferieren.

Die langjährige Rivalität zwischen Larry Ellison und Tom Siebel (der ja 1990 nicht nur im guten Einvernehmen von Oracle weggegangen ist) war begraben, der „friendly takeover" perfekt und Siebel – als Inbegriff von CRM – war bei Oracle in sicheren Händen.

2.2 Die Siebel Geschichte 1993-2006 im Überblick

Tabelle 2-1: Die Siebel Erfolgsgeschichte bis zur Übernahme durch Oracle

1993			
SW-Release:	–	*Anzahl Siebel-CRM User:*	–
Finanz-Kennzahlen:	–	*Anzahl Mitarbeiter:*	12

Highlights in der Firmengeschichte

– Gründung von Siebel Systems Inc. durch Thomas M. Siebel (CEO) und Pat House (Marketing VP), welche sich bei Oracle 1986 kennenlernten, wo Siebel in verschiedenen Positionen tätig war, zuletzt Verantwortlich für die Entwicklung einer Product Marketing Software.

– Erstes Office in East Palo Alto, CA USA ("the worst address on the planet" - Pat House, 2001) mit $50.000 Startkapital und 12 Mitarbeitern.

Pat House   Tom Siebel

1994			
SW-Release:	–	*Anzahl Siebel-CRM User:*	–
Finanz-Kennzahlen:	–	*Anzahl Mitarbeiter:*	?

Highlights in der Firmengeschichte

– Entscheidende Einstellung von William B. Edwards, leitender Engineer und bestimmend für die Grundlagen und die Entwicklung der späteren Siebel Software-Releases.

– Erstes Release des Siebel Sales Information Systems auf Windows NT

– Erste Kunden: Charles Schwab & Co., Cisco Systems Inc., Andersen Consulting, Compaq Computer Corp.

– Erweiterung des Boards durch Charles Schwab und George Shaheen (vorher Partner Andersen). Schwab beteiligt sich mit 2,5% an Siebel, Andersen Consulting mit 10%

– Andersen rekrutiert 300 Berater und spezialisiert sie auf die Installation von Siebel Software

1995			
SW-Release:	Siebel 2.0	*Anzahl Siebel-CRM User:*	500
Finanz-Kennzahlen:	$ 8 Mio	*Anzahl Mitarbeiter:*	12

Highlights in der Firmengeschichte

Lieferung der ersten Siebel Sales Enterprise Software für Sales Force Automation Release 2.0 mit Zusatzfunktionalität: Sales Management Tracking, Reporting, Sales Forecast, Opportunities, Quotes, multiwährungsfähig

1996			
SW-Release:	–	*Anzahl Siebel-CRM User*:	4.000
Finanz-	Umsatz: $ 113,5 Mio	*Anzahl Mitarbeiter*:	533
Kennzahlen:	Gewinn: $ 14,36 Mio		

Highlights in der Firmengeschichte

- Börsengang
- Erste funktionelle Erweiterungen der Software von reiner SFA in Richtung Service und Marketing
- Bahnbrechende Erweiterung durch Replikations-Technologie (Sync), hoch performante relationale DB, 32 bit Processing, Objekt-orientierte Programmierung

1997			
SW-Release:	Siebel 3.0	*Anzahl Siebel-CRM User*:	20.000
Finanz-	Umsatz: $ 226,2 Mio	*Anzahl Mitarbeiter*:	1.030
Kennzahlen:	Gewinn: $ 8,39 Mio		

Highlights in der Firmengeschichte

- Akquisitionen: InterActive WorkPlace (Intranet basierendes BI) und Nomadic Systems Inc. (Pharma Industry Solution)
- Nomadic Systems war die Basis für die Entwicklung des ersten Industry Verticals (ePharma), welches noch im selben Jahr auf den Markt gebracht wurde.

1998			
SW-Release:	Siebel 98	*Anzahl Siebel-CRM User*:	60.000
Finanz-	Umsatz: $ 417,9 Mio	*Anzahl Mitarbeiter*:	1.655
Kennzahlen:	Gewinn: $ 64,47 Mio		

Highlights in der Firmengeschichte

- Akquisition von Scopus Inc., spezialisiert auf Customer Service, Call Center und Field Service
- Launch des Siebel Certified Consultant Programs
- Siebel bestätigt klare Marktführerschaft vor Vantive und Clarify im stark wachsenden CRM-Softwaremarkt
- Partnerschaft mit Active Software für die Standardadapter-Entwicklung zu SAP, PeopleSoft, Oracle und Baan
- Erstes Siebel Marketing Enterprise, inklusive zahlreiche Analytics Tools mit OEM Data Mart Technologie von Sagent
- Launch von Siebel 99: Web Access, Windows CE Handheld, Presentation Generator, Sales Coaching Tool, Analyse Tools
- Zum Jahresende vertreten in 24 Ländern, selbst ernannt zur „Fastest growing Software Company" (Tom Siebel, 1999)

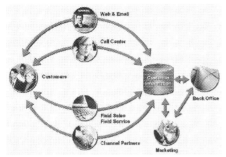

Ein Standard-Schaubild, das um die Welt ging und Geschichte schrieb: der Siebel
„Octopus"

1999			
SW-Release:	Siebel 99	*Anzahl Siebel-CRM User*:	200.000
Finanz-	Umsatz: $ 813,46 Mio	*Anzahl Mitarbeiter*:	3.604
Kennzahlen:	Gewinn: $ 161,19 Mio		

Highlights in der Firmengeschichte

– Gratisversion von Siebel 5 über www.sales.com an Interessenten abgegeben
  (für SMB und Einzelarbeitsplätze)

– Bundling von Siebel 5.0 mit Compaq Computern, „Siebel Everywhere" Kampagne

– Allianz mit Keane Inc., welche ein Bundle ihrer Sales Management Praxis mit
  Siebel kombiniert anbot

– Hochrangige Wechsel von SAP Executives zu Siebel, u.a. SAP Nordamerika
  CEO Paul Wahl, welcher COO wurde

– Gerichtsverfahren von SAP Nordamerika, weil Siebel 27 Executives von SAP
  innerhalb nur eines Jahres abwarb

– Allianz mit JD Edwards, Bundle von CRM mit OneWorld ERP

– Allianz mit Great Plains, Bundle von CRM (Sales, Marketing, Service, eBusiness) mit ERP

– Konkurrent Oracle kündigt eigene CRM Business Unit an, geleitet durch
  ehemaligen Siebel Manager

– Siebel behauptet, Oracle umsatzmäßig im Applications Umfeld zu überholen

– Andauernde Marktkonsolidierung von 400 im 1993 auf etwa 40 Anbieter im
  CRM-Umfeld

– Agreement mit IBM für die gemeinsamen Vermarktung und die Weiterentwicklung der Siebel CRM-Software auf IBM OS und DB/2

– "Fastest growing Technology Firm" (Fast 500, Deloitte and Touche), "Fastest
  growing Company in US" (Fortune Magazine)

– Akquisition von OnTarget, Methoden, Consulting und Training für Sales
  und Sales Management, eigene BU

2000			
SW-Release:	Siebel 6, auch bekannt als Siebel 2000	*Anzahl Siebel-CRM User*:	600.000
Finanz-Kennzahlen:	Umsatz: $ 1,8 Mia Gewinn: $ 322,5 Mio	*Anzahl Mitarbeiter*:	7.389

Highlights in der Firmengeschichte

- Die eine Milliarden Dollar Umsatzmarke wird zum ersten Mal überschritten
- Akquisition von Paragren, ein wichtiger Meilenstein für Marketing Automation, späteres Siebel Marketing
- Verstärkte Allianzen mit strategischen Partnern zum Beispiel: PwC, Aspect, i2, Avaya und Lucent
- IBM entscheidet sich für den Einsatz von Siebel als das CRM Tool weltweit über alle Kanäle wie Sales, Service, Marketing, Call Center und Partner Management
- Erste Wireless Clients-Lösungen und Allianzen mit Palm, Nokia (WAP) und Telcos wie Sprint
- Erste MidMarket Edition für SMB Markt released

 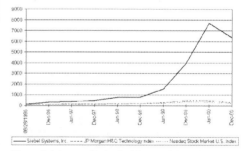

Siebel 2000 Fat Client   Entwicklung Siebel-Aktie 1996-2000

2001			
SW-Release:	Siebel 7	*Anzahl Siebel-CRM User*:	1 Mio
Finanz-Kennzahlen:	Umsatz: $ 2,08 Mia Gewinn: $ 352,8 Mio	*Anzahl Mitarbeiter*:	7.403

Highlights in der Firmengeschichte

- Erste Web-basierte Lösung von Siebel CRM
- Akquisition von nQuire, Basis der damaligen Siebel Analytics und heutigen Oracle BI Applications
- Viele Key Accounts wurden mit der Aufgabe eines Major Upgrades von Siebel 6 auf Siebel 7 konfrontiert, also den Wechsel auf die webbasierte Lösung

Siebel Call Center 7.0

2002			
SW-Release:	Siebel 7,5	*Anzahl Siebel-CRM User:*	1,3 Mio
Finanz-Kennzahlen:	Umsatz: $ 1,64 Mia Verlust: ($ 98,6 Mio)	*Anzahl Mitarbeiter:*	5.909

Highlights in der Firmengeschichte

- Akquisition von Eontec, Basis der späteren Siebel Teller-Lösung als Schalter-applikation in Bankfilialen
- .com Blase platzt, Beginn einer einschneidenden und lang anhaltenden Krise im eBusiness-Markt trifft auch Siebel hart
- Erstmals ein signifikanter Umsatzrückgang und erstmals Verlust seit Gründung

 Repositionierung von eBusiness zu *"it's all about the customer"*

2003			
SW-Release:	– Erste On Demand Releases 1, 2	*Anzahl Siebel-CRM User:*	2,2 Mio
Finanz-Kennzahlen:	Umsatz: $ 1,35 Mia Verlust: ($ 37,4 Mio)	*Anzahl Mit-arbeiter:*	4.972

Highlights in der Firmengeschichte

- Akquisition von Boldfish, Basis des Siebel eMail Marketing Servers
- Akquisition von Upshot, Basis von Siebel CRM On Demand und heutigem Oracle CRM On Demand (Hosted CRM) als Antwort auf den wachsenden SaaS Markt, angeführt von Salesforce.com
- Weiteres Verlustjahr, anhaltende Baisse in der Industrie

Oracle CRM On Demand (hosted)

2004			
SW-Release:	Siebel 7.7 On Demand Releases 3, 4, 5, 6	*Anzahl Siebel-CRM User*:	3,0 Mio
Finanz-Kennzahlen:	Umsatz: $ 1,34 Mia Gewinn: $ 128,8 Mio	*Anzahl Mit-arbeiter*:	5.032

Highlights in der Firmengeschichte

- Signifikante funktionelle Erweiterungen im Bereich Customer Order Management
- Erholung, „Return to Growth" ist das große Schlagwort im Silicon Valley
- Siebel schreibt wieder Gewinn dank massiven Kostensparprogrammen und Restrukturierung

2005			
SW-Release:	Siebel 7.8	*Anzahl Siebel-CRM User*:	5,0 Mio
Finanz-Kennzahlen:	–	*Anzahl Mitarbeiter*:	?

Highlights in der Firmengeschichte

Ankündigung der Akquisition von Siebel durch Oracle im Oktober 2005, Positionierung von Siebel CRM als Flaggschiff innerhalb des Oracle Applications Portfolios

2006			
SW-Release:	On Demand Releases 11, 12	*Anzahl Siebel-CRM User*:	5,6 Mio
Finanz-Kennzahlen:	–	*Anzahl Mitarbeiter*:	?

Highlights in der Firmengeschichte

- Übernahme durch Oracle im ersten Halbjahr 2006
- Organisatorische Eingliederung von Siebel innerhalb Oracle in praktisch unveränderter Form, als „Firma in der Firma" als CRM Business Unit

Quelle: Geschäftsberichte Oracle (Annual Report 10-K, 2000-2005)

2.3 Erfolgsbestimmende Köpfe bei Siebel

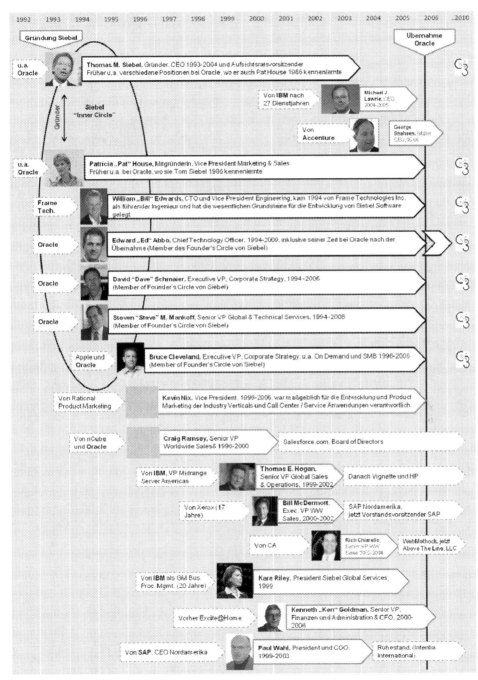

Abbildung 2-2: Erfolgsbestimmende Köpfe bis zur Übernahme[2]

---

2 Quelle: eigene Recherchen, Annual Reports

Die heutige Oracle CRM-Software ist maßgeblich geprägt durch die Ursprungsjahre bei Siebel. Die in der Grafik dargestellten Executives haben wesentlich zum Erfolg des Siebel CRM-Produktes beigetragen, welches in der Basis noch heute dasselbe ist wie vor der Übernahme durch Oracle.

Interessant zu sehen ist der über Jahre erfolgreich verschmolzene „Inner Circle", welcher sich im Wesentlichen aus den Gründern und einigen sehr erfolgreichen Führungspersönlichkeiten zusammensetzt, allen voran die beiden Gründer Tom Siebel und Pat House sowie der Chefentwickler Bill Edwards, welcher die Softwarearchitektur im Grundsatz prägte und richtungsweisend für alle kommenden Siebel Releases war.

Mit ihm haben sich seit 2009 praktisch alle Leistungsträger der frühen Siebeljahre im Strategic Advisory Board einer neuen Firma (C3) zusammengeschlossen, wo man an der Entwicklung und Vermarktung einer neuen Produktfamilie für Energie- und Emissions-Management arbeitet. Mit dem Thema „Sustainability" in der neu ins Leben gerufenen Firma C3 haben Tom Siebel und Pat House also wieder ein Schlagwort mit vermutlich ähnlich großem Potenzial aufgegriffen wie in den frühen Neunzigerjahren das Kundenbeziehungsmanagement. Ein sicheres Fundament für eine nächste Erfolgsgeschichte scheint bereits gelegt zu sein. (Alle mit dem C3 Logo gekennzeichneten Personen sind im Strategischen Advisory Board der neu gegründeten Firma.)

Bezeichnend war, dass jedes Mitglied der höheren Führungsebene sein Möglichstes tat, die von Tom vorgelebten Führungsgrundsätze möglichst ungefiltert vorzuleben, insbesondere die fast bedingungslose Ausrichtung zum Kunden. „It's all about customer" war nicht einfach ein Schlagwort, sondern wurde vom Management im Tagesgeschäft vorgelebt.

2.4   Corporate Culture als Differenzierungsmerkmal

Nebst einer bahnbrechenden Produktpalette im obersten Preissegment versuchte Tom Siebel und sein Management seit Gründung eine Firmenkultur aufzubauen, welche auf für diese Zeit sehr vorbildlichen Grundsätzen beruhte, jedoch im Quervergleich in der Industrie relativ konservativ wirkte. Folgende Aussage von Pat House ist prägend für die Art und Weise, wie man sich innerhalb der Firma und gegenüber Kunden und Partnern verhielt:

> *"We have a 100 percent commitment to customer satisfaction, complete professionalism, the highest levels of business ethics, and professional courtesy. Let's face it. We're never going to look like a Porsche. We'll always look like a Volvo." - Pat House*

Jede Aktion war ausgerichtet auf die nachhaltige Sicherung des Erfolgs, den Auf- und Ausbau profitabler Kundenbeziehungen und der Sicherstellung von professionellem und korrektem Verhalten gegenüber intern und extern. Das ging von einfachen, innerbetrieblichen Verhaltensregeln bis hin zur Kleidung, welche für Sales bis zum Consultant lange Zeit vorgeschrieben war – tadellos in Anzug und Krawatte.

Im Gegensatz zu sonst in der damaligen .com Szene üblich, wurde bei Siebel nie eine T-Shirt-Kultur akzeptiert und gelebt, es gab keine ballspielenden Software-freaks in den Eingangshallen, keine Skateboards unter den Arbeitstischen.

2.4.1 Siebel Core Values

Diese Grundsätze wurden 2002 als Siebel Core Values beschrieben. Neueintretende wurden klar in diese Werte eingeführt mit dem Ziel, den professionellsten und diszipliniertesten Mitarbeiterstab in der Softwareindustrie zu entwickeln.

- Customer Satisfaction
  - 100% Kundenzufriedenheit als Bestandteil in den jährlichen Ziel-vereinbarungen aller Mitarbeiter
  - Zielerreichung von Kundenzufriedenheit als Lohnbestandteil des variablen Gehaltsanteils aller Mitarbeiter
  - Wurde halbjährlich in Kundenumfragen durch die unabhängige Beratungsfirma SatMetrix gemessen
- Professionalism
  - Das Handeln und Auftreten im Markt war von hohem Grad an Professionalität und Disziplin geprägt
  - Tom Siebels Ziel war „the most professional organization in the industry" zu bauen
- Professional Courtesy
  - Ausnahmslos respektvolles Verhalten gegenüber Mitarbeitern, Kunden und Partnern in jeder Geschäftssituation
- Goal and Action Orientation
  - Jede Initiative und Aktivität war zielgerichtet auf den Erfolg der eigenen Organisation, der Kunden und Partner ausgerichtet

2.4.2 „My Marxist Dream"

Ein weiteres Erfolgsrezept für den Aufbau einer Firmenkultur und die langfristige Bindung der Mitarbeiter war das seit Gründung bestehende Beteiligungsprog-ramm. Alle früh dazugekommenen Mitarbeiter haben sich ausnahmslos für Optio-nen- oder Aktienprogramme statt hoher Saläre entschieden, was dazu führte, dass beim Börsengang 1996 satte 85% der Firma den eigenen Mitarbeitern gehörte. Die verbleibenden 15% gehörten Tom Siebel, welcher dieses Beteiligungsprogramm scherzhaft „my Marxist dream" nannte.

Aus diesem Traum sind beim Going Public einige Multimillionäre hervorgegan-gen, nicht nur in den Rängen des Executive Management sondern auch auf Mitarbeiterstufe. Siebels Aktienwert (früher gehandelt bei Nasdaq unter dem Symbol SEBL) ist seit dem Börsengang bis 2000/2001 um etwa 1.200% gestiegen.

Jeder Mitarbeiter beteiligte sich somit automatisch an Risiko und am Erfolg der Firma und handelte deshalb auch selbst wie ein Unternehmer und Eigentümer.

2.4.3 Tom Siebels Grundsätze der Führung

Der CEO und sein Managementteam glänzten immer wieder mit vielen Führungsgrundsätzen, welche durch alle Ebenen vertreten wurden und welche die Siebel-Firmenkultur maßgeblich prägten. Diese Grundsätze hat vor allem Tom auch gegenüber der Presse, den Kunden, während öffentlichen Auftritten oder Vorträgen an Hochschulen offen geäußert und stets als Basis zum Erfolg der Firma positioniert. Diesem Beispiel sind auch andere herrausragende Vertreter des Executive Managements wie zum Beispiel Pat House oder Kevin Nix gefolgt.

2.4.3.1 Auswahl gesammelter Statements

Zur Meeting-Kultur und Entscheidungsfindung:

"If a consensus can't be reached at a meeting, the (most) senior manager present always makes a decision. Decisions are not postponed to future meetings. And employees are expected to act after that point – not second-guess. Provided (the decision) is legal and ethical, there is no room for discussion."   (Tom Siebel – 2002)

Kevin Nix, VP Industry Solutions, zum Thema Firmenkultur und Fokus:

"Our culture is a huge competitive advantage. You're not worried about your back, you're not worried about your sides. You're worried about customers, you're worried about revenues."   (Kevin Nix – 2002)

Tom Siebel hat mit großem Stolz auf Venture Capital für die Finanzierung seines Firmenaufbaus verzichtet. Der Erfolg der Firma und das zum Ausbau benötigte Kapital hat er klar abhängig vom Engagement und den Aktivitäten jedes einzelnen Mitarbeiters gemacht. Der Aktienkurs war seiner Ansicht nach nur das Resultat der konsequenten Ausrichtung an diesen Grundsätzen. Zum Thema Analysten meinte er:

"We give them respect, but they're irrelevant. As far as I'm concerned, they could close the stock market for five years. I don't really care. We don't need access to capital."   (Tom Siebel – 2002)

Pat House, Mitgründerin und Senior Vice President, vom *Fortune* Magazine im Jahre 2000 in die Liste "The 50 Most Powerful Women in Business" aufgenommen, zum Thema der Kundenzufriedenheit, welche als Bestandteil der variablen Gehaltsanteile eine wesentliche Rolle spielte:

"Our mantra is: 'Do whatever it takes to make the customer successful and satisfied'"

"Businesses are coming to understand that customer satisfaction is more critical than product functionality, distribution or geographic borders. The level of satisfaction that customers have fosters loyalty and the ability to cross-sell."   (Pat House – 2001)

Und zur Corporate Culture:

"We had done it before … We have a bias for action, and we lead by example, personally illustrating the behavior we want. You have to do it. You can't just say it … For a relatively new company, we have a very disciplined approach. It's a return to rational, old-fashioned values."   (Pat House – 2001)

Nicht alle diese Grundsätze wurden in der weltweiten Siebel-Organisation auch wirklich im Sinne des Erfinders gelebt und kamen deshalb nicht immer in dieser Form beim Kunden und bei Partnern an. Die Marktmacht von Siebel, die hohen Software-Lizenzpreise und letztlich das vielfach als aggressiv empfundene Auftreten der Vertriebsmannschaft hat durchaus seine Spuren hinterlassen.

Mit der Neubesetzung des CEO-Postens durch Michael Lawrie im 2004 ist Tom Siebel zwar nicht ganz von der Bildfläche verschwunden, doch die kulturbestimmenden Grundsätze sind bei weitem nicht mehr so ungefiltert an die Mitarbeiter, Partner und Kunden kommuniziert und vorgelebt worden wie zuvor.

2.5 Produktdifferenzierung Siebel CRM

Die Basis für die noch heute gültigen Differenzierungsmerkmale der Siebel Software wurde mit der Entwicklung von Siebel 5, 6, 7 und 7.5, also in der Zeit zwischen 1997 und 2002 gelegt. Diese haben noch heute Gültigkeit und wurden mit 7.7/7.8 und 8/8.1 natürlich stets weiterentwickelt, gerade in Bereichen des BI/Reportings, der CRM On Demand-Lösungen und Mobile Client-Varianten sowie Web 2.0/ Social CRM-Themen (auf die in den hinteren Kapiteln noch vertieft eingegangen wird).

Aus Sicht der Implementierung sind folgende Produktvorteile besonders hervorzuheben (diese können sich von den von Oracle hervorgehobenen Faktoren unterscheiden).

Tabelle 2-3:   Wesentliche Produktvorteile Siebel CRM aus Implementierungssicht

1) **Vollständigkeit**	• Software-Suite mit Modulen für alle CRM Prozesse • CRM Best Practices für Sales, Service, Marketing und BI/Reporting, keine Schnittstellen zwischen einzelnen CRM-Modulen
2) **Skalierbarkeit**	• Von Einzelarbeitsplätzen bis zu mehreren tausend Anwendern in internationalen, mehrsprachigen Organisationen • Einfache Freischaltung von Zusatzfunktionalitäten bei wachsenden Fachanforderungen • Technische Skalierbarkeit auf Ebene DB-, Applikations- und Webserver dank Multi Tier Architektur, hochverfügbar, lauffähig auf verschiedensten Betriebssystemen
3) **Konfigurierbarkeit**	• Aus der Entwickleroberfläche Siebel Tools einfach und schnell anpassbar, für Oberfläche wie auch für die Integration
4) **Integrationsfähigkeit**	• Offene Architektur, EIM und EAI, Web Services für synchrone und asynchrone Schnittstellen, für 1:1 Integrationen oder über Middleware • Standard-Adapter zu ERP Lösungen wie SAP, Oracle EBS, PeopleSoft, etc. • Prozessintegration über SOA und AIA und Process Integration Packs (PIP)
5) **Mehrkanalfähigkeit**	• Einheitliche Lösung für die Interaktion mit dem Kunden über beliebige Kanäle und Endgeräte • Einheitliche Lösung für beliebige Anwendergruppen einsetzbar, ob für Mitarbeiter, Partner oder Endkunden
6) **Bedienerfreundlichkeit**	• Hochinteraktives, intuitives Web User Interface, Integration mit MS Office und Outlook • iHelp, Task Based User Interface, rollenbasierende Screens, Mehrsprachigkeit
7) **Branchenlösungen**	• Heute über 20 Branchenlösungen, welche vordefinierte Objekte und „Industry Best Practices" Prozesse beinhalten

8)	**Deployment Optionen**	• Oracle CRM On Demand (hosted) und Oracle Siebel CRM (in-house) Deployment-Modelle für Sales, Service, Contact Center, Marketing und BI • Kombination obiger durch Hybrid-Modelle für Kunden, welche beide Lösungen parallel oder sogar im Verbund einsetzen
9)	**Analysewerkzeuge**	• Umfassende, integrierte CRM-Analysesuite basierend auf OBI EE (früherem Siebel Analytics) mit vordefinierten Reports für alle Objekte und Prozesse • Für Segmentierung und eingebettete Analysen innerhalb des CRM-Prozesses • Real-time Decisioning, analytische Rules Engine für Empfehlungen während der Kundeninteraktion auf Onlinekanal oder z.B. im Contact Center via Inbound Service

Siebel CRM war seit dem ersten Release eine für Systemintegratoren attraktive Lösung, weil das Produkt eine hohe Flexibilität für die Anpassung an die Kundenanforderungen und die Integration in bestehende Umgebungen mitbringt. Durch die Vollständigkeit der Lösung können praktisch alle über die Zeit aufgebauten Insellösungen durch eine einzige Plattform abgelöst werden, bereichsübergreifend für sämtliche CRM-Prozesse und abgestimmt auf die einzelne Industrie.

Dieser eigentliche Vorteil birgt auch einige Herausforderungen an die Systemimplementierung, welche vor und während des Projektes kontinuierlich zu berücksichtigen sind:

-   Respektierung des Produktstandards über den gesamten Projektverlauf, also schon bei der Anforderungsdefinition und während des Scopings (Gap Analyse)

-   Minimierung des Entwicklungsaufwandes, Durchsetzung von Product Best Practices, wo immer möglich gegenüber den Wünschen der Fachseite

-   Kompromisse suchen im Falle von Gaps zwischen reiner Fachanforderung und dem Produktstandard

-   Definition von klaren Zielsetzungen bezüglich einzuhaltender, maximaler Konfiguration gegenüber Verwendung des Produktstandards

2.6 Produkt-Evolution Siebel CRM

Wo sich Tom Siebel und sein Management-Team während der Gründungsjahre insbesondere mit dem Thema Sales Force Automation (SFA) auseinandergesetzt haben, sind während 1996-1997 entscheidende Entwicklungsgrundlagen geschaffen worden, welche den Aufbau und Ausbau der Produktpalette wesentlich beeinflussten. Das heutige Produkt Oracle/Siebel CRM unterscheidet sich im Fundament bezüglich Funktionalität und Technologie nur unwesentlich vom Ursprünglichen, vieles ist dazugekommen, aber die Grundzüge sind identisch.

Die Lücken wurden – besonders für Service, Marketing und BI – durch Akquisitionen geschlossen. Die dazugekauften Produkte wurden jeweils (mit Ausnahme der Schalterlösung von Eontec) in sehr kurzer Zeit in die Produktpalette integriert, so dass sich heute ein durchgängiges, homogenes Portfolio präsentiert.

Eine für den Markt einschneidende Periode war 2001 bis 2002, also beim Launch der ersten Web Client-Lösung. Dies bedeutete eine wesentliche Architekturänderung und zwang die Kunden zu großen Investitionen für den Upgrade. Viele der Upgrades kamen einer Neuimplementierung sehr nahe und stellten hohe Ansprüche an die Implementierungspartner, da die Erfahrung für Web Client-Lösungen in dieser Zeit noch weitgehend fehlte.

1995-97	1998	1999	2000	2001	2002-03	2004	2005	2007	Heute	Zukunft
Siebel 2-3	Siebel 98	Siebel 99	Siebel 6	Siebel 7	Siebel 7.5 OCOD 1.2	Siebel 7.7 OCOD 3-6	Siebel 7.8 OCOD 7-10	Siebel 8.0 OCOD 11-14	Siebel 8.1 OCOD 15-17	Siebel 9.x OCOD 18...
Siebel **Sales Information System** und **Siebel Sales Enterprise** Software	Akquisition von **Scopus**, Basis der späterer Siebel **Call Center** und **Field Service** Lösung	Web Access, Windows CE Client, Presentation Generator, Sales Coaching Tool, Analyse Tools	Akquisition von **Paragren**, Basis für späteres **Siebel Marketing**	Erste **Web Client** Lösung (zero install, zero footprint) war in der Anfangszeit noch recht instabil und langsam	Sign fikarte Verbesserung von **Stabilität** und **Performance** gegenüber 7.0	Optimierung von **Performance** & **Usability**	Erweiterter Integrat ons-Support durch Web Services	Erhohte Anwender-freundlichkeit mit **Task Based User Interface**	Neue **Self-Service**, **eCommerce** Suite mit 8.1.1	"**The Collaboration Release**"
Basis SFA und erwe terte Funktionalität	Erste Version des **Siebel Marketing Enterprise**	Bundling mit Compaq "**Siebel Everywhere**"	Erste **Wireless Clients**, Allianzen mit Palm und Nokia sowie Telcos	Akquisition von **nQuire**, Basis des Siebel Analytics und heutigen Oracle BI Enterprise	Erweiterte Industrie-Funktionalität	Erweitertes Analytics	Erweiterung der Industrie-Apps	**Neues Search Interface**	PDF Formular Eingabe und Integration	Industrie-spezifische Ende-zu-Ende Prozess-Orchestrierung (Banking; Telco; PS; Insurance; Manufact.; HighTech)
Siebel 2: **Sales Mgmt** Tracking Forecast, Opportunities, Quotes, Mutlicurrency	OEM von **Sagent** für Anlaysetools	Bundling mit ERP Arbeitern wie **GreatPlains** und **JD Edwards**		**Mid Market Edition** für SME Markt, technologisch identisch zur bestehenden Enterprise Lösung	Akquisition von **UpShot**, der späteren CRM On Demand Lösung	Verbesserte TCO bei Betrieb	Vertieftes BI/Analytics	Web Services gegenüber Endkunden	Verbessertes Loyalty, Sales, Marketing, Contact Center und PRM	
Siebel 3: **Industry Vertical** mit Akquisition von **Nomadic Systems**	Start der **Standard-Adapter Entwicklung** für SAP, PeopleSoft, Oracle, Baan	Agreement mit IBM für gemeinsame Vermarktung		OEM Agreement mit **Informatica** für ETL im BI		Erweiterung bei Siebel Marketing	**Neues Customer Order Mgmt**	Verbessertes Applikations-Change Management	Verbesserte Office Integration	
		Akquisition von **On Target** (Sales Methoden Training)						Verbesserte Diagnose und Monitoring		

Abbildung 2-4: Produkte-Roadmap von der Entstehung bis heute[3]

---

3 Quelle: Customer Presentations, Oracle 2005-2009

2.7 Horizontale CRM-Funktionalität, vertikaler Industriefokus

Grundidee des Produktaufbaus von Siebel CRM war schon seit Release 5, die horizontalen CRM-Funktionalitäten für Sales, Service und Marketing so zu entwickeln, dass sie industrieunabhängig genutzt werden können. Als wesentlicher Vorteil gegenüber anderen Suiten hat sich jedoch der frühe Entscheid erwiesen, industriespezifische Objekte und Best Practice-Prozesse in das Standardprodukt zu integrieren, um möglichst viele Funktionalitäten out-of-the-box nutzen zu können und damit den Implementierungsaufwand (Konfiguration, Customizing) minimal zu halten.

Diese „Verticals", wie sie von Siebel genannt wurden, haben sich in den einzelnen CRM-Implementierungsprojekten durchgesetzt, und nur noch vereinzelt wurden die horizontalen Anwendungen ohne Industriefokus eingesetzt.

In verschiedenen, durch ein unabhängiges Institut erhobenen Umfragen hat man auch festgestellt, dass Kunden, welche die vertikale Lösung ihrer Industrie implementiert hatten, eine weit höhere Kundenzufriedenheit auswiesen als Anwender der horizontalen Lösung.

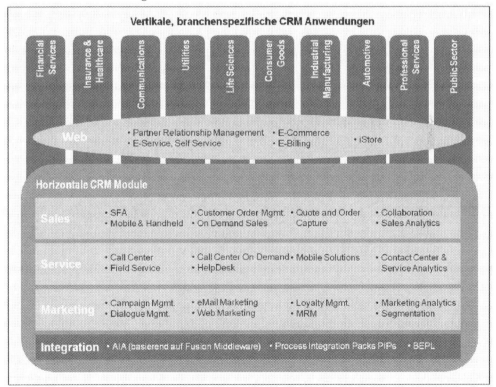

Abbildung 2-5:   Aufbau der horizontalen und branchenspezifischen CRM-Anwendungen

Bis heute sind über 20 verschiedene Industrieausprägungen der CRM Suite entstanden und werden laufend, den Kundenbedürfnissen entsprechend, ausgebaut.
Die Anforderungen für die Weiterentwicklung basieren auf konkreten Kundenanforderungen, welche in den periodisch stattfindenden Customer Advisory Boards
ermittelt und diskutiert werden.

In den frühen Phasen der Implementierung stellt sich dann immer wieder die Frage, soll eine horizontale Funktionalität kundenspezifisch weiterentwickelt werden,
d.h. inklusive der Eigenheiten der jeweiligen Industrie und Organisation, oder
sollen die im Produktstandard der Industrielösungen enthaltenen Best Practices
genutzt werden. Unter Berücksichtigung der Gesamtkosten ist es meistens sinnvoll, sich für letzteres zu entscheiden und damit die Kosten und den Zeitbedarf für
die Implementierung zu reduzieren und spätere Upgrades zu vereinfachen.

Was bedeutet das für die Implementierung?

- Dauernde, sorgfältige Analyse der Kundenanforderungen gegenüber den
  im Produkt enthaltenen Best Practices.

- Im Zweifelsfalle den Standard verwenden, um Kosten zu minimieren

- Einzelne Funktionalitätsblöcke aus Industrielösungen können auch für andere Industrien durchaus sinnvoll sein, z.B. Funktionen der Consumer
  Goods-Lösung können auch im Life Science-Umfeld (insbesondere Consumer Health) Sinn machen.

2.8   Sicht der Analysten

Kein CRM-Softwareunternehmen hat in seiner Geschichte eine derart dominante
Stellung wie Siebel einnehmen können. Auch heute noch, unter dem Brand von
Oracle, spielt Siebel CRM in der obersten Liga und zwar in allen Disziplinen: SFA,
Contact Center, Field Service und Multichannel Marketing. Dies erzeugt gleichzei-
tig auch eine große Erwartungshaltung auf Kundenseite, da Oracle Siebel CRM
meist als Benchmark für praktisch alle CRM-Themen hinzugezogen wird.

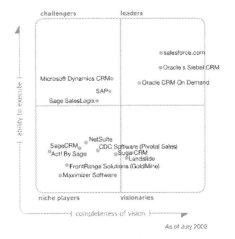

Abb. 2-6: Sales Force Automation[4]

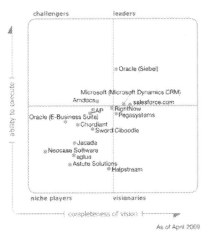

Abb. 2-7: Customer Service Contact Center[5]

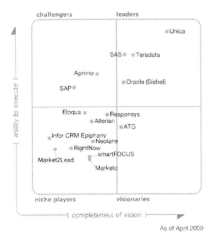

Abb. 2-8: Multi Channel Campaign Mgmt. [6]

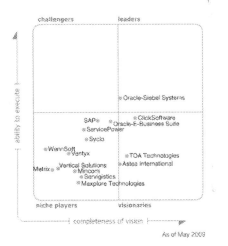

Abb. 2-9: Field Service Management[7]

Als Beispiel dieser Dominanz sind die CRM-Studien von Gartner hervorzuheben, wo Siebel noch immer in den meisten Bereichen im Magic Quadrant oben rechts anzutreffen ist; Sei es bei den Ursprungsthemen wie SFA oder Contact Center oder auch bei neueren Spezialthemen wie Campaign Management.

Gleichzeitig ist herauszustreichen, dass das Feld im Magic Quadrant deutlich enger geworden ist. Insbesondere die großen Konkurrenten wie SAP oder Microsoft, aber auch Herausforderer wie Salesforce.com für SaaS Modelle haben große Schrit-

---

4 Quelle: Gartner CRM Magic Quadrant April-Juli 2009
5 Quelle: Gartner CRM Magic Quadrant April-Juli 2009
6 Quelle: Gartner CRM Magic Quadrant April-Juli 2009
7 Quelle: Gartner CRM Magic Quadrant April-Juli 2009

te nach vorne gemacht und sind heute funktionell vergleichbar. Es ist auch klar ersichtlich, dass je spezifischer das Einsatzgebiet wird, desto dichter das Feld der Mitbewerber und desto weniger dominant die Stellung von Oracle Siebel CRM.

Bestes Beispiel dafür ist Multi Channel Campaign Management, wo die stärksten Anbieter nach Gartner, wie z.B. Unica, SAS oder Teradata, ihren Vorsprung über die letzten Jahre klar verteidigten oder sogar noch ausbauten. Dies ist mitunter ein Abbild davon, dass Siebel sehr selten als stand-alone-Lösung im Marketing verwendet wird, sondern meistens integrierter Bestandteil einer gesamten CRM-Installation basierend auf Oracle Siebel CRM ist.

2.9   Deployment-Varianten On Premise vs. On Demand

Ein klar hervorzuhebender Vorteil der Oracle CRM-Produktfamilie ist die Möglichkeit der unterschiedlichen Deployment-Varianten „On Premise" (in-house) und „On Demand" (hosted) aus einer Hand. Wo Siebel den Markt der in-house-installierten CRM-Systeme über lange Zeit klar dominierte, kamen mit dem neuen Trend der „hosted CRM Solutions" neue Mitbewerber hinzu, allen voran Salesforce.com. Anfänglich als Lösung für den KMU-Markt degradiert, haben sich die SaaS-Lösungen zur echten Konkurrenz im Enterprise Business etabliert. Keine große CRM-Entscheidung wird mehr gefällt, ohne Evaluation der Keyplayer für hosted CRM. Der Markt für ernst zu nehmende, kommerzielle SaaS-Lösungen ist relativ transparent und eine Evaluation für den Kunden entsprechend einfach durchzuführen.

Durch diese neue Möglichkeit, CRM als Service zu nutzen statt zu installieren, haben sich die Kunden immer öfter die Frage gestellt: „in-house CRM", also Aufbau der eigenen Infrastruktur und Nutzung der fast grenzenlosen Flexibilität oder „hosted CRM" und damit Nutzung aller wirtschaftlichen Vorteile einer SaaS-Lösung. Viele Organisationen, insbesondere die Geschäftsbereiche Marketing und Sales von Großunternehmen haben rasch realisiert, dass sie mit einer Entscheidung für eine SaaS-Variante alle technischen Diskussionen, Entscheide und Investitionen in IT Ressourcen und Infrastrukturen elegant umschiffen können. Das ermöglicht ein rasches Time-to-Market und höchste Flexibilität beim Auf- und Ausbau der CRM-Anwendergruppen.

Der aktuelle Trend – auch dank Vendors wie Oracle, die beide Varianten in verschiedenen Ausprägungen anbieten können – ist die Kombination der Vorteile von CRM On Premise (in-house) und CRM On Demand (hosted) im Wesentlichen in folgenden vier Szenarien denkbar:

1. **On Premise;** überall dort, wo höchste Flexibilität und die funktionelle Überlegenheit, die Anpassbarkeit der Lösung sowie die Integrationsvielfalt benötigt wird (z.B. im Marketing Campaign Management oder in großen Contact

Centers von Telekommunikationsunternehmen oder für die Abbildung komplexer Order Management-Prozesse.

2. **On Demand;** zum Beispiel in globalen Marketing- und Vertriebsorganisationen, für bestimmte Geschäftseinheiten, in denen geringere Funktionstiefe, dafür ein rascher Roll-out (Time-to-Market) zu relativ niedrigen Kosten gefragt sind, z.B. in Emerging Markets, wo die Geschäftsstrategie noch unklar ist, die finanziellen Mittel zu gering und keine IT-Infrastrukturen für On Premise vorhanden sind.

3. **Parallel On Demand und On Premise;** parallele Einführung und Betrieb von beiden Optionen, entweder als Hybridmodell, d.h. im Verbund miteinander, um einzelne Geschäftsobjekte zu teilen oder zu synchronisieren. Oder im autonomen, parallelen Betrieb, abhängig von Geschäftsanforderungen, CRM-Fachanforderungen oder den finanziellen Möglichkeiten.

4. **Sequentiell On Demand zu On Premise;** d.h. rasches Deployment der On Demand-Lösung, um unmittelbare Anforderungen z.B. von globalen Vertriebsorganisationen abzudecken. Danach Migration auf On Premise, wenn es der Geschäftsverlauf erlaubt und die Anforderungen durch On Demand nicht mehr abgedeckt werden können.

Natürlich spielen auch Fragen der Datenhaltung, d.h. rechtliche Aspekte eine große Rolle, insbesondere bei Financial Services-Organisationen oder bei der Öffentlichen Hand, welche besonders in Zentraleuropa das Halten von Kundendaten außerhalb des Landes per se nicht oder nur teilweise zulassen. Für diesen Fall hat Oracle das sogenannte „@Customer"-Modell entwickelt, welches die Vorteile der CRM On Demand-Variante mit dem Betrieb der Lösung beim Kunden kombiniert. Das heißt, der Server für die On Demand-Applikation und die Daten werden beim Kunden installiert, Oracle übernimmt lediglich Teile des Betriebs, die Wartung und Release-Upgrades von Remote.

In Fällen, in denen nicht die Datenhaltung im eigenen Land sondern vielmehr die Data Security / Data Privacy sowie die Flexibilität bezüglich Wartungsfenster und das Management für Upgrades im Vordergrund stehen, bietet Oracle die „Single Tenant"-Lösung an. Diese unterscheidet sich von der „Multi Tenant"-Lösung eigentlich nur darin, dass der Kunde für seine Anwendung und seine Daten separate Server und Datenbanken zur Verfügung hat.

2.9.1 Grundsätzliche Unterscheidung

Machbarkeitsstudien als Bestandteil von Implementierungsprojekten haben gezeigt, dass der direkte wirtschaftliche Nutzen der On-Demand Lösung bei einem Einsatz in seiner reinen Ursprungsvariante (Multi-Tenant oder Single-Tenant) eindeutig am größten ist, da die mit dem Aufbau, Implementierung und Lizenzen verbundenen Kosten am geringsten sind und sich der Business Case ganz klar am attraktivsten präsentiert. Auch ist eine solche Lösung im Vergleich zu @Customer und On Premise wesentlich rascher implementiert und ausgerollt, Quick Wins über das Gesamtprojekt sind einfacher zu realisieren und die Akzeptanz von der Fachseite und vom Management entsprechend höher.

Tabelle 2-10:   Oracle CRM Deployment-Varianten [8]

Oracle CRM Lösung	Deployment Variante	Beschreibung
On Demand	Multi-Tenant	Traditionelles SaaS Deployment, Server stehen im Oracle Data Center in Austin, USA.
	Single Tenant	Ähnlich Multi-Tenant aber mit dediziertem DB-, Applikations- und Analytics-Stack für größerer Flexibilität und Kontrolle über Performance Wartungsfenster und Upgrades.
	@Customer	Unterschied zu obigen ist einzig, dass die Lösung beim Kunden installiert und remote durch Oracle betrieben wird.
On Premise	Siebel CRM	Traditionelles Deployment von Siebel CRM, einzusetzen, wo die funktionelle Vielfalt und die Flexibilität der Lösung gefragt und die finanziellen Rahmenbedingungen gegeben sind. Der Kunde verantwortet Installation und Betrieb vollumfänglich.
	Siebel CRM, betrieben durch Oracle	Wie oben aber Betrieb im Data Center der Oracle in Austin, USA
On Premise und On Demand	Integriertes Modell	Kombination von On Premise- und On Demand-Modellen für die Abdeckung von spezifischen Anforderungen von einzelnen Geschäftseinheiten, Regionen oder Anwendergruppen.

Unsere Erfahrungen zeigen, dass heute fast jede zweite CRM Implementierung die Evaluation von SaaS und On Premise CRM Systemen beinhaltet, Tendenz steigend. Die Gründe sind vielfältig und begrenzen sich nicht auf die durch das Cloud

---

8 Evaluating CRM Solutions: Six Ways 'The Oracle Advantage' Benefits Your Organization, an Oracle White Paper, März 2008

Computing und SaaS mehrfach bewiesenen und weitgehend bekannten, wirtschaftlichen Vorteile sondern auch:

- Attraktiveres, schlankeres User Interface
  - o In einigen Fällen wurde dieser Grund auch als der einzige oder als der ausschlaggebende genannt
- Aktiver Verzicht auf Funktionalitätstiefe und damit Prävention gegen zu umfangreichen Projektscope und damit verbundene Zeitverzögerungen
- Schlankere Projektteams, meist gesteuert durch die Fachseite, reduziert internen Ressourcenaufwand und entlastet IT

2.9.2 Oracle Siebel CRM oder Oracle CRM On Demand, die Qual der Wahl

Wie beschrieben eignet sich in großen Deployments auch die Kombination der Varianten Oracle Siebel CRM (On Premise), Oracle CRM On Demand oder On Demand @Customer, doch muss im Vorfeld genau analysiert werden, was die Entscheidungsfaktoren sein können und wie diese fallspezifisch gewichtet werden. Diese Faktoren werden meist zu Beginn des Projektes erarbeitet und die entsprechenden Entscheidungen getroffen.

Folgende Evaluationskriterien und Entscheidungsfaktoren können in solchen Machbarkeitsstudien für die Entscheidungsfindung eingesetzt werden, um die Wahl des richtigen Deployment-Modells zu treffen.

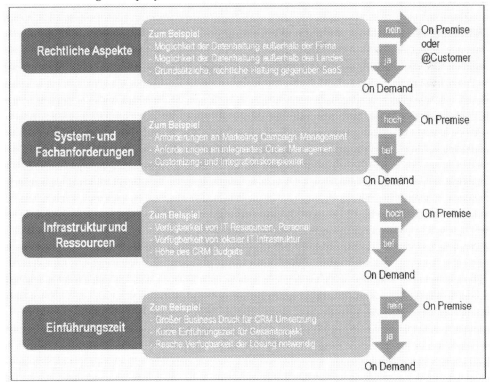

Abbildung 2-11: Wichtige, mögliche Entscheidungskriterien On Demand vs. On Premise

Was bedeutet das für das Implementierungsprojekt?

- Feasibility Study für die Entscheidungsfindung On Premise oder On Demand ist sehr empfehlenswert, da mit geringer Investition für spätere Phasen viel Geld gespart werden kann.

- Wirtschaftliche, rechtliche und technische Aspekte sind richtig abzuwägen. Die rechtlichen Aspekte sind prioritär zu betrachten, da sie gleichzeitig ein Grundsatzkriterium für oder gegen On Demand darstellen.

- Bei parallelem Betrieb von On Premise und On Demand sind die doppelt aufzubauenden Ressourcen für die unterschiedlichen Technologien zu berücksichtigen.

- Bei einer Absicht, On Demand später Richtung On Premise zu „migrieren", muss berücksichtigt werden, dass kein technischer Migrationspfad besteht. Es ist also mit einer Re-Implementierung in einem solchen Fall zu rechnen.

- Definition einer CRM-Roadmap, falls mit On Demand gestartet wird und später Richtung On Premise migriert wird (z.B. gemäß dem Verlauf des Geschäftes, Verfügbarkeit von Budget oder den wachsenden funktionellen und technischen Anforderungen).

3 Oracle CRM-Strategie

Oracle adressiert mit ihrer CRM-Strategie in erster Linie drei Business-Themen auf Unternehmensführungsstufe:

- Identifizierung des richtigen Potenzials
- Innovation in Wachstumssektoren
- Nachhaltige Kundenbindung

Oracle spricht mit ihren Kunden von „Transformational Growth", was bedeutet, dass in der nächsten Wachstumsphase auch eine klare Veränderung des Geschäftsverhaltens notwendig sein muss, um die Marktposition eines jeden Unternehmens zu stärken und nachhaltiges Geschäft zu sichern.

Den drei Themenfelder auf oberster Stufe der Geschäftsführung werden CRM-Initiativen gegenübergestellt, welche als Enabler wirken und die Umsetzung dieser Strategie ermöglichen sollen, wie die folgende Abbildung illustriert.

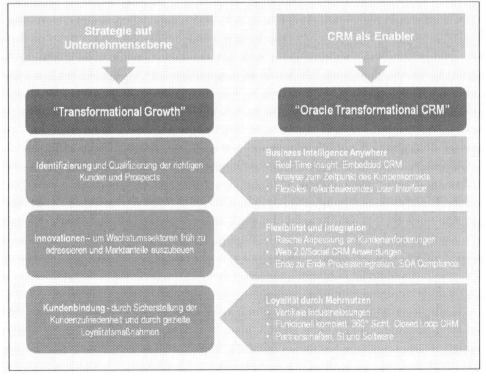

Abbildung 3-1: Transformational CRM als Enabler für die Erreichung der Geschäftsziele

3.1 Einbettung von Siebel CRM in Applikations-Strategie

Keine Frage, Siebel CRM hat dem Lizenzgeschäft für Geschäftsapplikationen bei Oracle weltweit sehr großen Vorschub verliehen. Schon die Übernahme von PeopleSoft hat großes Aufsehen erregt und Oracle zur nötigen Publicity verholfen, die es in einem solchen hart umkämpften Markt braucht. Gerade gegenüber dem Hauptkonkurrenten SAP hatte die Eingliederung von Siebel eine signifikante Signalwirkung bewirkt, insbesondere außerhalb Nordamerikas und speziell in den Regionen der Welt, in denen Oracle bis zu diesem Zeitpunkt keine bemerkenswerten Geschäfte im Enterprise-Applikationsgeschäft tätigen konnte. Dies gilt besonders für das deutschsprachige Zentraleuropa, wo Siebel zwar bereits einen gefestigten Platz im Markt der Geschäftsanwendungen erarbeiten konnte, Oracle jedoch bis zu diesem Zeitpunkt weit weg von der Konkurrenz SAP war.

Siebel wurde als „goldenes Kalb" fast unverändert in die mächtige Oracle integriert, die Vertriebsorganisation als Best Practice vor alle anderen gestellt, um möglichst von den Vorteilen des etablierten Vertriebsmodelles zu profitieren – denn genau dort verspürte Oracle in der Vergangenheit den größten Leidensdruck. Mit ein Grund, weshalb die Fluktuation von ehemaligen Siebel-Mitarbeitern im Gegensatz zu anderen Übernahmebeispielen verhältnismäßig gering gehalten werden konnte war, dass man den eingegliederten Geschäftseinheiten sehr viel Freiheit und Flexibilität übertragen hatte mit dem Ziel, den Schwung und die Erfahrung von Siebel als Motor für das gesamte Lizenzgeschäft einzusetzen.

Dies ist sehr gut gelungen, insbesondere auch deshalb, weil Siebel als Produkt weiter bestehen blieb und unter der Initiative „Applications Unlimited" kontinuierlich weiterentwickelt und unterstützt wurde. Mit dieser Initiative hat Oracle den Kunden zugesichert, die zugekauften Applikations-Suiten auch in Zukunft laufend weiterzuentwickeln und mit Service- und Wartungsleistungen solange zu unterstützen, wie sie die Kunden im Einsatz haben (Lifetime Support). Ziel der Oracle Roadmap soll sein, alle Applikationen letztlich im Projekt Fusion zu vereinen und in einer neuen Produktfamilie aufgehen zu lassen, basierend auf der Oracle Fusion Middleware-Technologie. Heute präsentiert sich das Applikationsportfolio im ERP und CRM-Umfeld wie folgt:

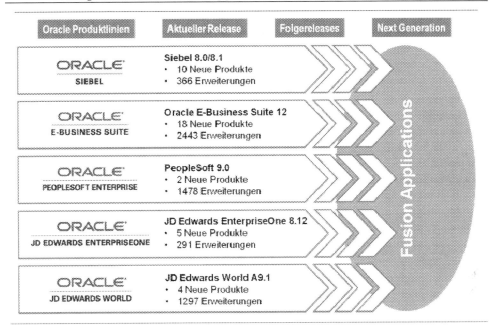

Abbildung 3-2: Oracle Applications Unlimited-Strategie[9]

Innerhalb des CRM-Produktportfolios hat Siebel klar die führende Stellung bei Oracle übernommen und ist seit der Übernahme in 2006 bezüglich Funktionalität und Architektur im Grundsatz unverändert geblieben. Man redet bei den Erweiterungen eher von Optimierung als von bahnbrechender Zusatzfunktionalität. Ausgenommen vielleicht die mit Release 8.1.1 eingeführte Self Service Suite, deren Frontend-Technologie jedoch unterschiedlich zur bekannten Siebelfamilie ist (Java, ADF). Und diese Konstanz wird vom Kunden geschätzt, da Architektur- und Technologiewechsel immer auch komplexe Upgrades und hohe Kosten mit sich bringen.

Innerhalb der Oracle Gesamtstrategie hat sich Siebel wie gesagt zur Zugmaschine für das gesamte Lizenzneugeschäft entwickelt. Vielfach wird ein Siebel CRM-Vertriebsprojekt bei Oracle gleichzeitig als Gelegenheit für den Vertrieb von anderen Applikations- oder Technologiekomponenten verwendet. Man nutzt quasi die CRM-Initiativen, um auch Infrastrukturfragen im DB-Umfeld, Sicherheit und Hochverfügbarkeit oder Integrationsplattformen mit dem Kunden zu diskutieren, mit dem Ziel, möglichst den gesamten Oracle Stack zu positionieren.

---

9 Quelle: Siebel CRM Kundenpräsentation, 2008

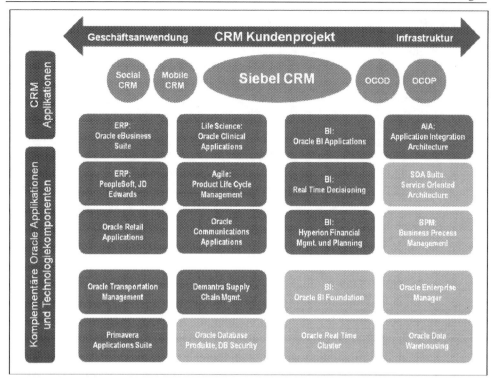

Abbildung 3-3:   Siebel CRM und komplementäre Oracle Lösungskomponenten

Die Akquisition von Siebel bietet Oracle die Gelegenheit, nicht wie in der Vergangenheit überwiegend Technologiethemen mit dem Kunden zu diskutieren, sondern in erster Linie Businessprobleme zu adressieren und CRM als Vehikel zu nutzen, um auch komplementäre Lösungsbausteine zu verkaufen. In dieser Position erreicht die aus der Historie v.a. als Technologieunternehmen bekannte Oracle eine neue Zielgruppe innerhalb der strategischen Enterprise Accounts und beeinflusst somit Plattformentscheidungen mehrheitlich über Geschäftsapplikationen und nicht wie früher über Infrastruktur- und Datenbankthemen.

3.2 Übergeordnete Vorteile und Nutzen der Oracle Siebel CRM-Lösung

Oracle Siebel CRM positioniert sich innerhalb der Anbieter von Enterprise Suiten als komplette Lösung, welche dank ihrer offenen Architektur einfach in bestehende Environments zu integrieren ist und deren einzelnen Bausteine nicht durch Interfaces miteinander verbunden sind.

Mit anderen Worten, es ist beim Aufbau eines Siebel CRM-Systems nicht mit komplexen Interfaces zwischen den einzelnen CRM-Modulen zu rechnen. Dies ermöglicht die medienbruchfreie Kollaboration der einzelnen Anwendergruppen von CRM und spart Implementierungszeit sowie Infrastrukturkosten. Bei der Implementierung von Gesamtprozessen in bestehende, heterogene Systemlandschaften bietet Oracle Siebel CRM im Verbund mit Technologiekomponenten basierend auf Fusion Middleware eine umfangreiche Integrationsarchitektur.

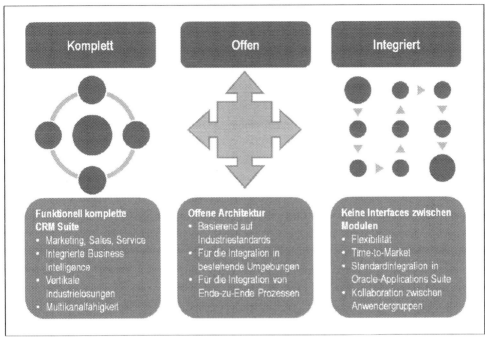

Abbildung 3-4: Übergeordnete Vorteile und Nutzen der Oracle Siebel CRM Suite

Die noch heute offene Architektur hat einen geschichtlichen Hintergrund: Siebel Systems hat sich immer ausschließlich auf das CRM/Frontend Business konzentriert und wurde deshalb in jedem Projekt mit der Herausforderung der Integration konfrontiert, um Daten aus umliegenden Systemen ins CRM zu bringen und Prozesse durchgehend, über verschiedene Umsysteme abzubilden. Deshalb hat man sich schon bei den frühen Releases zum Ziel gesetzt, möglichst einfach und über vielfältige Technologien (EAI, EIM, WebServices, Standard-Adapter zu SAP und Oracle Applications) andere, bestehende Umgebungen zu integrierten.

Mit der Übernahme durch Oracle bekam dieses Thema nochmals neuen Schwung, da durch die SOA Integrationstechnologie Fusion Middleware und Application Integeration Architecture (AIA) eine neue Generation an Möglichkeiten zur Verfügung stand.

3.3 Mehrwerte im Oracle Siebel CRM der Zukunft

3.3.1 Vorsprung durch Business Intelligence Everywhere

Oracle verfügt über eine sehr umfangreiches Business Intelligence Produktlinie, basierend auf Oracle BI Enterprise Edition, welche durch den Grad der Integration mit dem operativen CRM einzigartig ist. Die industriespezifischen Dashboards für Sales, Service und Marketing Analytics, die durch die Lösung im Standard vorkonfiguriert in Form von sogenannten Dashboards mitgeliefert werdenund die Möglichkeiten der ad-hoc-Analysen als Bestandteil des analytischen CRM ermöglichen die volle Transparenz aller CRM-relevanten Daten. Unabhängig davon, ob als On Demand oder als On Premise-Lösung im Einsatz, Analytics ist als integrierter Bestandteil der Gesamtlösung zu betrachten und trägt einen wesentlichen Anteil zum Gesamtnutzen des Systems bei.

Im Zusammenhang mit Oracle CRM On Demand ist zusätzlich der Vorteil herauszustreichen, dass keine zusätzlichen Lizenz-, Infrastruktur- sowie Installationskosten anfallen. Im Gegensatz dazu sind bei der In-house Variante (On Premise) die Gesamtkosten für den Aufbau der BI-Lösung doch annähernd gleich groß wie für das gesamte operative CRM. D.h. eine Entscheidung für die Anschaffung eines solchen Systems hängt stark von der Priorität von BI im Gesamtkontext mit dem Business Case, dem Projektbudget und der möglichen Projektlaufzeit ab.

3.3.2   Mehrnutzen durch Embedded Analytics und RTD

Der Mehrnutzen von analytischem CRM zeigt sich insbesondere in den Möglichkeiten, Analysen in jeder Geschäftssituation verfügbar zu haben und durch Geschäftsintelligenz gesteuerte Prozesse direkt im CRM zu implementieren (Embedded Analytics). Das Hauptziel einer solchen Analysefunktionalität ist es, einerseits gezielt Zusatzgeschäft mit dem Kunden zu realisieren und ihn andererseits langfristig an die Unternehmung zu binden. In diesem Zusammenhang hat Oracle dem Trend hin zum „Real Time Enterprise" schon früh Rechnung getragen. Mit Real Time Decisions (RTD) verfügt Oracle über eine integrierte Lösung, welche es ermöglicht, basierend auf der Kundenhistorie, kombiniert mit Echtzeitdaten aus der laufenden Interaktion, jeweils die richtige Entscheidung zu treffen und die ideale nächste Aktion vorzuschlagen: Zum Beispiel im Telesales das richtige Produkt anzubieten oder im Contact Service Center die adäquate und meist gewählte Problemlösung vorzuschlagen, abgestimmt auf vorhandene und neu entstehende Kundeninformationen.

Im Gegensatz zu traditionellen, statischen Data Mining-Lösungen ist bei RTD der manuelle Aufwand für die Erstellung der Geschäftsregeln verhältnismäßig groß und unterstützt durch die „Self Learning"-Eigenschaft erfolgt die Anpassung der Regeln dann weitgehend automatisiert.

Man spricht in diesem Zusammenhang auch von Real Time Marketing, welches – im Gegensatz zum traditionellen Marketing – auf Inbound Interaktionen mit dem Kunden aufbaut. Mit anderen Worten holt man mit RTD den Kunden dann ab, wenn er aus eigenen Beweggründen den Kontakt mit der Unternehmung über den Kanal seiner Wahl sucht. Dadurch ist der Kunde in einer anderen, positiveren Kaufstimmung, als wenn er durch Kampagnen mit Informationen zugedeckt wird.

Man erzielt dadurch wesentlich bessere Resultate, z.B. bezüglich der Konversions-raten von Leads. Eine Studie von Gartner hat schon 2003 den Erfolg von RTD mit der Aussage belegt, dass die Nutzung von Inbound Interaktionen bis zu 10-mal erfolgreicher als traditionelle Outbound Marketing-Kampagnen sein kann.[10]

Natürlich bieten solche Echtzeitanalysen vor allem beim Einsatz im Onlinekanal und im Massengeschäft mit Individualkunden den größten Mehrnutzen, d.h. überall dort, wo nicht der Mensch, sondern das System die Entscheidung über Response zum Anwender trifft. Dies ist zum Beispiel im Telekommunikations-markt oder im Finanzsektor, wo große Volumen verarbeitet werden, der Fall. Die Möglichkeit, dass RTD gegenüber den früheren, statischen Lösungen auch lernfä-hig ist, bringt eine völlig neue Dimension bezüglich der Qualität der Kundeninter-aktion über alle Berührungspunkte (z.B. Sales, Contact Center, IVR, Web) hinweg.

- Die Implementierung von Lösungen basierend auf RTD bringt die Heraus-forderung, dass eine Integration zum operativen und gegebenenfalls auch zum analytischen CRM notwendig und sinnvoll ist.

- Es bestehen Standardintegrationen z.B. zu Siebel CRM (On Premise), was die Implementierungszeit vermindert.

- RTD basiert auf einer eigenen Technologie (SOA) und bedarf für die Im-plementierungspartner die nötige Zusatzausbildung für eine erfolgreiche Projektumsetzung.

3.4 Social CRM – Oracles Antwort auf den Sales 2.0 Trend[11]

Immer mehr Unternehmen haben realisiert, dass ein Umdenken bezüglich des durch Software und Methoden unterstützten Vertriebs stattfinden muss. Viele haben zudem erkannt, dass insbesondere die neue Generation von Anwendern völlig veränderte Anforderungen an CRM-Systeme haben, getrieben durch den allgemeinen Web 2.0 Trend und den damit verbreiteten sozialen Netzwerken und Informationsplattformen wie Facebook, XING, Plaxo, LinkedIn, MySpace, Twitter, Wikipedia usw.

Dieser Trend hat eine komplett veränderte Entwicklung zur Folge, wie zum Bei-spiel Informationen beschafft und ausgetauscht werden oder wie Kontakte ge-knüpft und genutzt werden – zu privaten aber auch immer öfter zu geschäftlichen Zwecken. Getrieben durch diese Entwicklung möchte man die Anwendergewohn-heiten aus den sozialen Netzwerken in den Geschäftsanwendungen widerspiegeln und deren Vorteile und vor allem die hohe Akzeptanz nutzen.

---

10 Gareth Herschel, Gartner, 2003

11 Ganzes Kapitel 5.15 enthält Informationen aus dem White Paper: *Sales 2.0: How Businesses are Using Online Collaboration to Spark Sales*, TechDirt Insight Community und Social Me-dia Today für TheCustomerCollective, August 2008

Eines der tragenden Elemente des Web 2.0-Trends ist das Bedürfnis der Anwender hin zur „Collaboration", d.h. der Zustand des dauernden Kontaktes untereinander, den Austausch von Informationen und Erfahrungen über eine einheitliche Anwendung und die damit verbundene Möglichkeit, andere von selber Erarbeitetem direkt und in Echtzeit profitieren zu lassen.

Wikipedia – ebenfalls eine unter die Kategorie Web 2.0 fallende Anwendung - beschreibt dies wie folgt sehr treffend:

> „Der Begriff Web 2.0 bezieht sich neben spezifischen Technologien oder Innovationen wie *Cloud Computing* primär auf eine veränderte Nutzung und Wahrnehmung des Internets[12]. Die Benutzer erstellen, bearbeiten und verteilen Inhalte in quantitativ und qualitativ entscheidendem Maße selbst, unterstützt von interaktiven *Anwendungen*. Die Inhalte werden nicht mehr nur zentralisiert von großen Medienunternehmen erstellt und über das Internet verbreitet, sondern auch von einer Vielzahl von Nutzern, die sich mit Hilfe *sozialer Software* zusätzlich untereinander vernetzen[13]. Im Marketing wird versucht, vom *Push-Prinzip* (Stoßen: aktive Verteilung) zum *Pull-Prinzip* (Ziehen: aktive Sammlung) zu gelangen und Nutzer zu motivieren, Webseiten von sich aus mit zu gestalten."

Die Geschäftswelt hat schnell erkannt, dass Web 2.0-Anwendungen signifikante Vorteile in der Online-Zusammenarbeit (interne wie auch externe) bringen können, um Produkte und Dienstleistungen einfacher und effektiver anzubieten und zu vertreiben. Aus diesen Erkenntnissen ist eine komplett neue Generation von Geschäftsanwendungen entstanden, die heute unter dem Schlagwort Sales 2.0 bekannt sind.

Oracle hat diesen Trend rasch aufgegriffen und die ersten Social Applications für CRM entwickelt, um den Limitierungen der bisherigen Lösungen entgegenzuwirken: Reduktion der repetitiven Administrationsarbeiten, Eliminierung der Mehrfacheingaben von Daten und letztlich die verbesserte Anwenderfreundlichkeit. Zusammengefasst hat man die Social CRM-Anwendungen zur Erreichung folgender Zielsetzungen entwickelt:

- Intuitiveres Arbeiten (wie gewohnt von den öffentlichen sozialen Netzwerken)
- Vereinheitlichung und Modellierung gemeinsamer, repetitiver Aktivitäten
- Möglichkeit der gemeinsamen Erarbeitung und Nutzung von Wissen, Inhalten und Erfahrung

---

12 Competence Site (1. März 2007): E-Interview mit Prof. Wolfgang Prinz: Web 2.0 - Bedeutung, Chancen und Risiken
13 Neue Zürcher Zeitung (18. Mai 2007): Präventivschlag gegen journalistische Neugier

Parallel zur bestehenden Produktfamilie entwickelt Oracle die Social CRM Applications, welche in erster Linie auf die Anforderungen der Marketing- und Vertriebsmitarbeiter ausgerichtet sind mit dem Ziel, durch einfacheres, effektiveres Arbeiten die Zeit hinter dem Desktop zu vermindern und stattdessen für Geschäfte mit dem Kunden zu nutzen. Dies wird erreicht, indem man die technologischen Möglichkeiten von Web 2.0 nutzt und Inhalte von verschiedenen Quellen in einer fokussierten, einfach anzuwendenden Applikation dem Anwender verfügbar macht.

Dies kann auch vermehrt über sogenannte Mash-ups geschehen, also die Integration von bestehenden internen oder externen Teilapplikationen innerhalb des Social CRM Frameworks. Dies ermöglicht den zentralen Zugriff und die fokussierte Nutzung bestehender Systeme und Datenquellen und schützt gleichzeitig deren Investment.

Die Familie der Social Applications steht bei Oracle noch in der Entstehung, bis heute verfügbar sind folgende Module[14]:

- **Oracle CRM Sales Prospector On Demand**
  - Hilft bei der Identifikation der richtigen potenziellen Kunden, basierend auf Merkmalen von bestehenden Kunden mit gleichen oder ähnlichen Attributen. Des Weiteren unterstützt der Sales Prospector beim Finden der richtigen Referenz, welche den Anforderungen des neu zu gewinnenden Kunden entspricht. Durch das gezielte Zusammenführen von Informationsquellen aus dem Front- und Back-Office sowie von öffentlich verfügbaren Informationen aus dem Internet wird dem Anwender ein klarer Informationsvorsprung verschafft und die Administrations- und Reportingzeit minimiert.
- **Oracle CRM Sales Campaigns On Demand**
  Dieses Modul ermöglicht die Ermittlung der bestmöglichen HTML E-Mail-Kampagne für eine beliebige Zielgruppe basierend auf den Qualifikationen und Ratings von früheren Anwendern sowie Rücklaufquoten und Erfolgsresultaten von einzelnen Kampagnen. Dies ermöglicht die flexible Durchführung von gezielten Kampagnen auf Vertriebsstufe – eine Funktion, die bisher nur dem Marketingpersonal zugänglich war.

---

14 Oracle Social CRM Applications – Data Sheet (25.8.2009)

Abbildung 3-5:   Beispiel Sales Prospector: Das richtige Angebot dem richtigen Kunden[15]

Abbildung 3-6:   Beispiel Sales Campaigs: Flexible E-Mail-Kampagnen durch den Ver-
                      trieb[16]

-    **Oracles CRM Sales Library On Demand**

---

15 Quelle: Oracle, 2010.
16 Quelle: Oracle 2010

Flexible Erstellung von Slide-Sets aus verschiedenen bestehenden Sammlungen für gezielte Kundenpräsentationen, Angebote oder andere Dokumentationen. Sales Library bietet die Möglichkeit der einfachen Suche nach durch andere Anwender bereits bewerteten Inhalten, ermöglicht die Vorschau und das flexible Zusammenführen zu einem neuen Ganzen.

Abbildung 3-7: Beispiel Sales Library: Flexible Inhaltssuche, Vorschau und Bewertung[17]

- **Oracle Mobile Sales Assistant[18]**

Für das Management von Kundenbeziehungen von unterwegs, die Durchführung von Sales Tasks, wie z.B. die Kollaboration mit Teammitgliedern, die Kommunikation mit Kunden oder das Nachführen von Leads und Opportunities. Die Anwendung ist wesentlich schlanker und anwenderfreundlicher als bisherige bekannte Anwendungen und ist auf den heute verbreiteten iPhones™ und BlackBerrys® verfügbar.

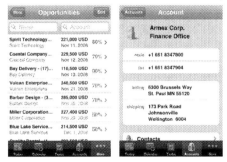

Abbildung 3-8: Beispiel Mobile Sales Assistant – Manage Opportunities & Accounts

17 Quelle: Oracle, 2010
18 Quelle: Oracle Mobile Sales Assistant Data Sheet (2009)

3.4.1   Oracle CRM Gadgets[19]

Unter CRM Gadgets versteht man Mini-Anwendungen, die den sicheren Zugriff auf Enterprise Applikationsdaten und Services erlauben. Ziel ist es, dem Anwender persönliche Informationen nahtlos integriert mit Internet-basierenden Inhalten und Informationen der eigenen Organisation in einer einfachen Ansicht zu bieten (Mash-ups).

Top Account Gadget—Ist eine konsolidierte Sicht von Key Account Management-Daten aus Siebel CRM oder On Demand, angereichert mit Internet-basierenden Inhalten. News über die eigenen Kunden werden über lokale Finanzdatenanbieter und RSS Feeds integriert, so dass der Anwender über ein möglichst aktuelles und vollständiges Bild seiner Top Kunden verfügt.

Abbildung 3-9:   Beispiel des Top Account Gadgets[20]

Contacts Gadget—Erlaubt die einfache Suche und Interaktion mit Kontakten, die in Siebel CRM oder CRM On Demand gespeichert sind. Direkt über die Bediener-oberfläche können Anrufe durchgeführt oder E-Mails geschrieben und verschickt werden. Darüber hinaus erlaubt dieses Gadget die direkte Suche nach externen Kontakten, z.B. über soziale Netzwerke.

Top Deals Gadget—Bietet Einblick in die Opportunities aus dem vorhandenen CRM-System mit den wichtigsten Eckdaten und dem Status. Anwender können einfach und schnell den Fortschritt der wichtigsten Verkaufsprojekte überwachen und ggf. Maßnahmen ergreifen, ohne ins CRM-System einzusteigen.

---

19 Aktuelle Oracle Homepage
20 Quelle: Oracle, 2010

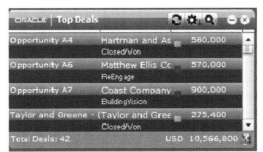

Abbildung 3-10: Beispiel des Top Deals Gadgets – Einsicht in die Pipeline-Eckdaten[21]

Oracle Sales Quota Gadget—Echtzeit-Informationen bezüglich der Zielerreichung des laufenden Geschäftsquartals. Stellt auf einen Blick das bereits abgeschlossene Geschäft der Pipeline gegenüber.

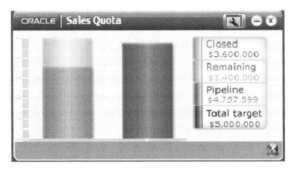

Abbildung 3-11: Beispiel des Sales Quota Gadgets – Controlling Ist vs. Soll vs. Pipeline[21]

Search Gadget— Ermöglicht die rasche Suche und den direkten Zugriff auf Siebel CRM-Daten. Anwender können entweder die gesamte Datenmenge oder nach Teilmengen davon durchsuchen

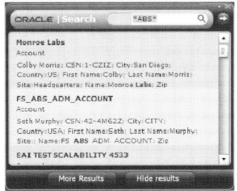

Abbildung 3-12: Beispiel des Search Gadgets – Rascher Zugriff ohne Öffnen des CRM Systems[22]

---

21 Quelle: Oracle 2010

Was gilt es bei der Implementierung von Social CRM Applications zu beachten?

- Social CRM-Anwendungen basieren nicht auf denselben Technologien wie Siebel und sind deshalb nicht mit den selben Tools zu konfigurieren
- Heute verfügbare Oracle Social CRM-Anwendungen sind erst der Beginn einer neuen Anwendungs-Generation, weitere ähnlicher Art werden in Zukunft erwartet
- Social CRM ersetzen in der heutigen Form das operative und analytische CRM nicht, sondern sind als komplementäre Anwendungen zu sehen
- Diese Anwendungen sind nicht direkt Teil des operativen Siebel CRM oder CRM On Demand, können aber mit vertretbarem Aufwand integriert werden

3.5 Trend Mobile CRM

Den Trend zu kleineren Endgeräten und zur Unabhängig vom Netzwerk, also dem Offline-Arbeiten, ist ganz klar getrieben durch die Außendienst-Vertriebsorganisationen. Weniger, um umfangreiche Dateneingaben zu tätigen, sondern vielmehr, um Informationen über bestehende Accounts, einzelne An-sprechpartner, Produkte, Preise, Angebote und Vertriebsprojekte oder Bestellstatus, etc. abzufragen.

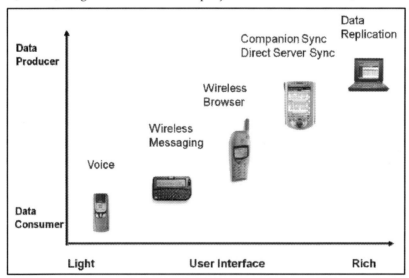

Abbildung 3-13:   Siebel Geschichte – Mobile Clients Positionierung 2001[23]

---

22 Quelle: Oracle, 2010
23 Quelle: Präsentation Mobile Sales Solution, Siebel User Week, Chicago Oktober 2001

3.5.1 Remote Client

Eines der Flaggschiffe von Siebel ist seit der Patentierung der für diese Zeit bahnbrechenden Replikations-Technologie im Jahre 1996 der Remote Client für Laptop
Computer. Er basiert auf der selben Technologie wie der Connected Client, auch ist
die Oberfläche genau identisch und wird im Web Browser angezeigt. Die Soft-
ware- und Datenbank-Verteilung auf die Clients erfolgt über die oben erwähnte
Replikation (Sync) und wird – sobald mit dem zentralen Server verbunden – automatisch ausgeführt. Dank der damit gegebenen Möglichkeit, offline zu arbeiten,
hat sich Siebel früh einen klaren Wettbewerbsvorteil geschaffen. Zahlreiche Kunden, vor allem aber jene mit großen Außendienst-Organisationen (SFA, Field Service), haben sich oft aus diesem Grund überhaupt für Siebel CRM entschieden.
Auch technisch hat diese Lösung gegenüber den Konkurrenzprodukten entscheidende Vorteile: die Anwendung wird nur einmal entwickelt und konfiguriert, also
für den online und offline Betrieb. Über die Replikationstechnologie wird die ferti-
ge Lösung dann auf die mobilen Clients ausgerollt. Daraus ist der Begriff „develop
once – deploy everywhere" entstanden.

Die lokale Datenbank auf dem mobilen Computer (Laptop, Tablet PC) kann im
Zusammenspiel mit dem Replikationsmodul Sync so eingerichtet werden, dass nur
genau diejenigen Datensätze synchronisiert werden, welche auch dem Anwender
zugeordnet sind. Beim stattfindenden Datenabgleich wird dann jeweils auch nur
das Delta synchronisiert, was Zeit und Bandbreite spart.

Insbesondere in Branchen, wo die Analysefunktionen eine große Rolle im Tagesgeschäft eines Anwenders spielen – zum Beispiel im Life Sciences oder Consumer
Goods-Markt – hat auch die mobile BI Anwendung großen Anklang gefunden.
Damit ist es möglich, Standard-Reports oder ad-hoc Analysen auf den Remote
Clients durchzuführen. Dies verlangt jedoch einen periodischen Abgleich der lokalen Datenbank und benötigt angemessene Rechnerleistungen, um noch genügend
produktiv arbeiten zu können.

3.5.2 Handheld Clients

Weniger stark verbreitet waren die Windows CE Clients, obwohl bereits 1998 verfügbar. Auch die Wireless Clients für Mobiltelefone oder die ersten Anwendungen
für Palm und RIM BlackBerry® haben im Markt nicht den Erfolg gefeiert, welchen
man sich bei Siebel versprochen hat. Die Gründe dafür sind vor allem in der relativ
starren und schwierig anzupassenden Anwenderoberfläche, aber auch die verhältnismäßig geringe Funktionalität und die Abhängigkeit der unterstützen Betriebs-
systeme bremsten die flächendeckende Ausbreitung dieser Mobile Client-Familie.

Und trotzdem waren sie der Anfang einer sehr wichtigen Entwicklung, von der
man heute mit den neuen Generationen von Mobile Clients klar profitiert. Mit der
Einführung von leistungsstarken iPhone™-, BlackBerry®- und Windows-Geräten
sind diese Anwendungen klar vorangekommen und heute nicht mehr wegzuden-

ken. Sie ersetzen sogar in vielen Projekten bereits den oben beschriebenen Remote Client, da Oracle-Kunden den Trend hin zur iPhone™-Generation wahrgenommen haben und der Endanwender gegenüber früheren Zeiten ein klar verändertes Anwenderverhalten aufzeigen – sie sind den täglichen Umgang mit diesen Geräten gewohnt.

3.5.3   CRM On Demand Mobile Sales Assistant und Mobile Forecast

Speziell für den CRM On Demand-Anwender wurde eine eigene Produktfamilie entwickelt, welche dem Anwender den raschen und gezielten Zugriff auf CRM-Daten von unterwegs erlaubt. Darüber hinaus erlaubt die auf BlackBerry® von Research in Motion (RIM) und iPhone™ von Apple unterstützte Applikation die geführte Bearbeitung von einzelnen Vertriebsaktivitäten über die intuitive, einfach zu bedienende Oberfläche. Das Ziel der neu entwickelten Anwendung war es, mit möglichst wenigen Klicks effektiv repetitive Tasks durchzuführen. Durch das Angebot als On Demand-Anwendung entfallen aufwändige Synchronisationstechnologien und halten sich die Kosten in einem niedrigen Rahmen.

Sales Assistant

Die ausgerichtet auf Smart Phones entwickelte Oberfläche unterstützt den Vertriebsmitarbeiter bei Informationsbedarf über CRM-Inhalte und einzelne Aktivitäten wie zum Beispiel:

- Kontakt und Account Management
- Kalender und Task Integration
- Opportunity und Lead Management
- Integration von Maps
- Eintrag von Kurznotizen zu CRM-Objekten wie Kontakte oder Opportunities
- Schnellzugriff zu oft benutzten Seiten
- Übersicht der täglichen Aktivitäten und Kontakte auf einen Blick
- „Store & Forward"-Funktion beim Arbeiten im offline Modus

Abbildung 3-14:   Mobile Sales Assistant unterstützt auf BlackBerry® und iPhone™ [24]

---

24 Quelle: Oracle 2010

Abbildung 3-15:   Kalender, Kontakt-Informationen, Anhängen von E-Mails (v.l.n.r.)

Mobile Forecast

Ermöglicht den ununterbrochenen Zugriff auf Opportunities über Smart Phones und liefert wertvolle Informationen an Vertriebsmitarbeiter bezüglich der Pipeline und den erwarteten Umsätzen gegenüber den Zielsetzungen:

- Ansicht der Opportunities Pipeline
- Filterung von Opportunities nach unterschiedlichen Dimensionen
- Vergleiche erwarteter Umsatz gegenüber Zielsetzung
- Datenzugriff im offline Modus durch Data Caching
- Durchführung von „what if"-Analysen

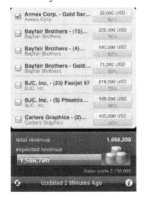

Abbildung 3-16:   Mobile Forecast - Einfacher Zugriff auf Opportunities Pipeline[25]

3.5.4   Sales on the Go

Das neue Schlagwort schlechthin, wenn es um die neue, bedienerfreundliche Generation von Offline Clients geht, heißt „SonGo" (Sales on the Go). Obwohl noch nicht released, redet man innerhalb Oracle bereits seit längerer Zeit darüber, einen einfacheren, bedienungsfreundlicheren Client auf den Markt zu bringen, welcher in seiner geplanten Ausführung für die CRM On Demand-Produktgruppe in Zukunft einsetzbar sein soll.

Im Vergleich zum bekannten Remote Client für Siebel CRM oder dem Offline Client für Oracle CRM On Demand hat man ein Gewicht auf die User Acceptance gelegt, d.h. die Oberfläche soll einfacher, selbsterklärender, ähnlich zu den früher

25 Quelle: Oracle 2010

erläuterten CRM Social Applications sein. Das bedeutet Reduktion der Komplexität, klarere Strukturierung, größere Buttons, etc.

3.6   Trend Integration

Wie in vorangehenden Kapiteln bereits angesprochen, ist der Trend im Rahmen der SOA-Strategie klar die zukünftige Integration über den Oracle Technologie-Layer basierend auf Oracle Fusion Middleware. Immer mehr sogenannte Process Integration Packs (PIP) basierend auf Application Integration Architecture (AIA) und SOA Suite Fusion Middleware werden für die nahtlose Integration von Oracle Siebel CRM und Oracle CRM On Demand mit dem Back-Office angeboten.

Diese sind in erster Linie zur Abbildung von Ende-zu-Ende-Prozessen wie zum Beispiel „Opportunity to Quote" entwickelt und sind natürlich vorderhand für die Integration mit Oracle-eigenen Anwendungen (v.a. eBusiness Suite ERP) verfügbar.

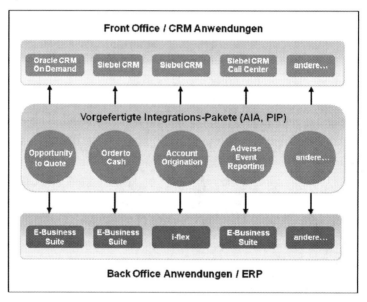

Abbildung 3-17:   Beispiele von Ende-zu-Ende Prozessen über PIP basierend auf AIA[26]

Vorteile der Integration über PIP/AIA

- Rasche Implementierungszeit durch vorgefertigte Integration
- Transparenz über den gesamten Prozessfluss innerhalb der Oracle-Anwendungen
- Das Common Object Model und die hohe Flexibilität bezüglich Erweiterbarkeit ermöglicht die Upgradefähigkeit über mehrere Releases

---

26 Quelle: Oracle CRM Präsentation, Mike Betzer, 2009

- Reduktion der Unterhaltskosten, da die Integrations-Intelligenz als Bestandteil des PIP/AIA-Produktes vorhanden ist und damit in gewissem Maße standardisiert ist

Immer mehr Oracle Software Partner und v.a. die Beratungshäuser bieten auch PIP für die Integration von nicht-Oracle-Anwendungen an, um möglichst in Richtung Standardisierung zu arbeiten und dem Kunden ein möglichst reibungsloses und rasches Integrationsprojekt zu ermöglichen.

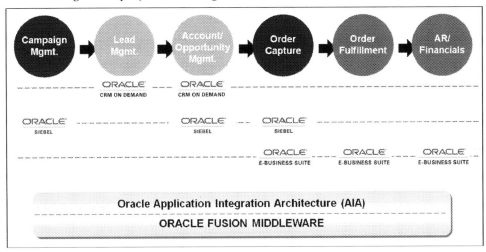

Abbildung 3-18:   „Campaign to Cash"-Prozess über AIA und verschiedene Oracle Front Office und Back Office-Systeme[27]

Viele der namhaften Gesamtanbieter (welche auch CRM Suiten im Angebot haben) sind erfahrungsgemäß jedoch nicht sonderlich interessiert, von ihrer proprietären Technologie abzuweichen, und gehen solche Schritte erst bei klarer Aufforderung und unter Druck des Kunden oder als Teil eines vom Kunden finanzierten Implementierungsprojektes.

Was ist beim Einsatz von AIA bei Oracle CRM-Integrationsprojekten zu beachten?

- PIP zu nicht-Oracle-Applikationen müssen von den Softwareherstellern respektive dem Implementierungspartner entwickelt werden

- Eine PIP-Entwicklung basierend auf AIA und Fusion Middleware lohnt sich erst ab einer gewissen Komplexität der zu implementierenden Prozesse

- Hinsichtlich der Gesamt-Roadmap Oracle Fusion Applications ist es jedoch sinnvoll, sich mit diesem Thema bereits heute auseinander zu setzen und das Fundament für die neue Produktfamilie zu legen

---

27 Quelle: Oracle CRM Präsentation, Mike Betzer, 2009

3.7   The Road to Fusion CRM Applications[28]

Ein schon lange angekündigtes Kapitel der zukünftigen Applikationsfamilie bei
Oracle, welche vollständig SOA-basierend aufgebaut sein wird, heißt Fusion Applications. Keine der heute bei Oracle-Kunden im Einsatz stehenden Anwendungen
wie zum Beispiel PeopleSoft, eBusiness Suite, Hyperion oder auch Siebel waren
auf diesem Standard. Alle genannten waren auf eigenen, proprietären Technologien aufgebaut und in der Regel als Gesamtsuite einsetzbar. Dadurch ließen sich
diese nur mit verhältnismäßig hohem Aufwand in bestehende Umgebungen integrieren.

Die neue Generation soll es nun erlauben, einzelne Applikationen viel leichter und
granularer in bestehende Umgebungen zu integrieren und miteinander interagie-
ren zu lassen. Das bedeutet, dass die heute zu Giganten angewachsenen Systeme
wie zum Beispiel Oracle Siebel CRM, welche bisher mit eigenen Entwicklungs-
werkzeugen wie Siebel Tools konfiguriert und integriert wurden, Schritt für Schritt
durch eine neue, SOA-basierende Softwaregeneration abgelöst werden.

3.7.1   Koexistenz der Oracle Applikations-Generationen

Die in vorangegangenen Kapiteln erwähnten, im Markt etablierten Anwendungen
wie PeopleSoft, Siebel, JD Edwards oder eBusiness Suite werden in der bekannten
Form weiter existieren und im Rahmen des Programms „Applications Unlimited"
auch laufend weiterentwickelt und unterstützt. Man redet von mindestens zusätzlichen 10 Jahren, in denen diese noch bestehen und weiterentwickelt werden. Parallel dazu wird mit den ersten Fusion Applications ein komplett neues Kapitel
aufgeschlagen, um bestehende oben erwähnte und in großen Enterprises veranker-
te Geschäftsanwendungen zu ergänzen oder diese ganz oder teilweise zu ersetzen.
So kann zum Beispiel eine bestehende eBusiness Suite Installation durch ein neues
Fusion Applications Modul wie beispielsweise Customer Data Hub ergänzt werden, ohne diese abzulösen. Die gewählte, auf Standards basierende Technologie
erlaubt dies.

Oracle überlässt es also ihren Kunden, ob und wie konkret der Schritt in Richtung
Fusion gemacht wird, entsprechend den Bedürfnissen für oder gegen diesen
Schritt.

3.7.2   Vorteile durch Technologiewandel

Die Vorteile der kommenden Generation an Fusion Applications haben vor allem
einen technologischen Hintergrund, das heißt die Umstellung auf eine neue, SOA-
basierende Plattform ist die Basis für die im folgenden dargestellten Nutzen dieser
neuen Familie an Geschäftsanwendungen. Auch aus der Sicht des Implementie-

---

28 Quelle: Key Note Präsentation, Larry Ellison, Oracle Open World 2009

rungspartners sind dies alles Punkte, die bei den bestehenden Lösungen und Anwendungen klare Negativpunkte und wesentliche Kostentreiber waren.

- **Auf Java Standards basierend entwickelt**
  - Fusion Middleware als Basistechnologie, kein spezifisches Wissen über proprietäre Entwicklungstools wie z.B. Siebel Tools benötigt, sondern kann von Java-Entwicklern implementiert und konfiguriert werden
- **Business Intelligence innerhalb der Anwendung und nicht separat**
  - BI wird zentraler und integrierter Bestandteil der Applikation sein, ein dauernder Begleiter bei allen Funktionalitäten und Prozessen, welcher zu treffende Entscheidungen und nächste Schritte dynamisch vorschlägt und den Anwender durch den Prozess führt
- **Einfachere Integration durch SOA Architektur**
  - Integration in bestehende Anwendungsumgebungen, vereinfachtes Zusammenspiel und Orchestrierung der einzelnen Fusion-Applikationselemente oder die Integration und Interaktion mit anderen, nicht-Fusion-Anwendungen
- **Alle Komponenten als In-house-Anwendung und als SaaS-Lösung**
  - Alle Anwendungen zeitgleich geplant als in-house wie auch als hosted SaaS-Modell mit Self Service Administration, so wie dies von Oracle CRM On Demand bekannt ist

Abbildung 3-19:   Fusion Applications basierend auf SOA Standards (Fusion Middleware)[29]

---

29 Quelle: Offizielle Fusion Applications Präsentation, Oracle Open World, 2009

3.7.3   Veränderungen flexibel Umsetzen

Durch die Verwendung der modernen Technologie basierend auf Fusion Middleware wird es möglich sein, Geschäftsprozesse innerhalb der Anwendung genau so abzubilden, wie sie von den verschiedenen Anwendergruppen gewünscht werden. Fusion Applications sind keine vorgefertigten 80%-Lösungen, welche mit großem Aufwand angepasst werde müssen, sondern bieten die Möglichkeit, Prozesse sehr präzise abzubilden und flexibel und schnell zu verändern – entsprechend den Marktveränderungen oder veränderten Rahmenbedingungen innerhalb der eigenen Organisation. Sogar die Fachseite wird in der Lage sein, ohne spezifisches technisches Fachwissen bestehende Anwendungen und Prozesse zu verändern und der Dynamik ihres eigenen Geschäftes anzupassen.

Die Tatsache, dass nicht mehr auf den proprietären Technologien der Vorgängeranwendungen geschultes Fachpersonal die Entwicklung vornehmen kann, sondern Java-Fachleute, wird ein immenses Umdenken, sowohl bei den Betreibern von CRM als auch bei den Implementierungspartnern zur Folge haben. Das Profil des IT-Fachangestellten und des Consultants wird sich dadurch maßgeblich verändern.

3.7.4   Business Intelligence Driven

Auch bei den Anwendungen basierend auf heutiger Technologie haben BI und Embedded Analytics an Stellenwert laufend dazugewonnen. Bei der neuen Generation an Fusion Applications wird BI eine noch zentralere Rolle zugeordnet. Man spricht davon, die Anwendung durch direkt eingebautes BI zu steuern und den Anwender gezielt durch Arbeitsschritte zu führen. Waren es Endbenutzer gewohnt, die Informationen bei Bedarf selber und zum Teil umständlich zusammenzutragen, so spielt BI in Zukunft diese Informationen dem Anwender zu, wie beispielsweise Task Listen, Statusmeldungen oder Alerts. Bei der Bearbeitung dieser Tasks wird der Anwender auch durch den Prozess geführt, es wird ihm also neben dem „Was" auch die beste Möglichkeit des „Wie" vorgeschlagen.

Die Intelligenz wird soweit gehen, den Anwender aktiver auf Problembereiche aufmerksam zu machen und auch die Gründe für einen entsprechenden Status anzugeben, zum Beispiel:

- Welche Geschäftseinheit ist unter Zielerreichung?
- Welcher KPI führt zu diesem Zustand?
- Was ist zu unternehmen, um dies zu verändern?
- Was waren die Hintergründe, dass es zu diesem Status gekommen ist?

Durch dieses veränderte, systemunterstützte Arbeiten werden in Zukunft weit bessere Resultate bezüglich Anwenderakzeptanz, Effizienz und Produktivität zu erwarten sein.

3.7.5 CRM im Fokus

Die Definition der technischen und funktionellen Anforderungen wird mit einer großen, repräsentativen Anzahl an Bestandskunden der Oracle durchgeführt, die auch in das Design und in die Validierung der Anwendungsmodule direkt eingebunden sind. Man arbeitet mit großer Intensität an der Fertigstellung der ersten Fusion Applications, wobei CRM (Sales and Marketing) ein sehr hoher Stellenwert zugeordnet wird. Dies reflektiert auch die Erwartung der Kunden an Oracle, viele davon warten seit Jahren auf diese neue Generation und die damit verbundenen Vorteile. Andere Fokusbereiche für die ersten Releases, welche Ende 2010-2011 erscheinen werden, sind:

- Financial Management
- Human Capital Management
- Supply Chain Management
- Project Portfolio Management
- Procurement Management
- Governance, Risk and Compliance

Was bedeutet die neue Generation CRM Fusion Applications aus der heutigen Sicht des Implementierungspartners?

- Die Einführung der vollständig SOA-basierenden Anwendungen wird ein Paradigmenwechsel für die Implementierung bedeuten, es wird eine weitere Kategorie an Beratern für die Projektumsetzung benötigt

- Aus Sicht des Kunden werden sich neue Möglichkeiten bieten, andere, günstigere Ressourcen im Projekt einzusetzen, da die Entwicklung auf Java basiert und nicht wie bisher auf „proprietären" Entwicklungsplattformen der jeweiligen Suite

- Das Industriewissen (Best Practices, Prozesse, etc.) wird bei den Implementierungspartnern noch viel wichtiger

- Ein Ersatz einer bestehenden Siebel-Anwendung durch Fusion Applications bedeutet eine Neuimplementierung

3.8 Ableitung einer CRM-Strategie

Es ist offensichtlich, dass sich CRM während der Boomjahre auch deshalb zum Reizwort der IT Industrie entwickelte, weil es kaum jemandem gelungen ist, die einmal entworfene Strategie auch wirklich konsequent und zielführend umzusetzen und die erhofften Resultate zu erzielen. In der Folge neigten Siebel-Kunden schnell dazu, der gewählten Software oder dem Implementierungspartner die Schuld zuzuweisen.

Eigene Erfahrungen haben gezeigt, dass es eine Kombination an Faktoren ist, welche den Erfolg einer CRM-Implementierung ausmachen. Tragendes Element und zugleich die Basis für den Erfolg ist die Definition der unternehmenseigenen CRM-Strategie. Diese hat sich in den letzten Jahren im Zusammenhang mit Oracle CRM stark gewandelt, von früheren „Big Bang"-Ansätzen ist man weitgehend weggekommen und hat sich hin zu einem wesentlich pragmatischeren Vorgehen bewegt.

> Die Festlegung einer klaren CRM-Strategie ist wichtig und sinnvoll. Die Umsetzungsprojekte sind an kurz- und mittelfristigen Meilensteinen auszurichten. Das pragmatische Vorgehen ist den Monsterprojekten vorzuziehen.

3.8.1   Eine Frage der Zieldefinition

Verschiedene Beispiele von Implementierungsprojekten haben gezeigt, dass die gesetzten Ziele an CRM weit höher waren, als das überhaupt Mögliche und Machbare, sowohl von der Fach- als auch von der IT-Seite. Entscheidend für die Wahl der CRM-Strategie im Zusammenhang mit Oracle CRM ist die Berücksichtigung der zu erreichenden, übergeordneten Geschäftsziele auf der Unternehmensführungsstufe sowie auf Stufe der entsprechenden Bereichsziele im Marketing, Vertrieb und Service. Diese müssen klar definiert, realistisch und erreichbar sein und in direktem Zusammenhang zur CRM-Initiative stehen.

Es hat sich in den Projekten erwiesen, dass die erzielten Erfolge und greifbaren Nutzenaspekte bei klar definierten, messbaren Zielen weit höher waren, als wenn die Ziele zu unspezifisch oder gar nicht definiert wurden. In der Folge ist es nicht möglich, den greifbaren Nutzen einer Projektumsetzung zu messen und den erhofften ROI darzustellen.

> Klassisches Beispiel waren die frühen CRM-Zeiten Mitte der 90-er Jahre bis zum Platzen der .com-Blase, in denen CRM einfach gemacht wurde, weil es zum guten Ton gehörte – CRM um des CRM-Willen sozusagen. Diese Generation wurde definitiv abgelöst durch eine neue Generation, die sehr klare Erwartungen an CRM hat und immer auch konkrete Zielsetzungen mit der Einführung verbindet und diese laufend misst.

3.8.2   Tooleinsatz oder Plattformstrategie

Vom Management und von der Fachseite ist im Rahmen der Strategiedefinition die entscheidende Frage zu klären, ob CRM als Mittel zum Zweck gesehen wird, d.h. als Tooleinsatz zur Erledigung von einzelnen Teilaktivitäten, die im Zusammenhang mit dem Kundenbeziehungsmanagement stehen, oder ob CRM als Vision in der Unternehmung verankert sein soll und über eine Strategie schrittweise umgesetzt werden soll.

-   Ersteres ist dann relevant, wenn CRM in den Organisationen bereits gelebt wird, jedoch in einzelnen Bereichen Problemzonen bestehen (zum Beispiel im Call Center, im Kampagnenmanagement oder beim Außendienst).

- Letzteres ist die umfassende und konsequente Einführung einer neuen Plattform für ein umfassendes Closed Loop, Multichannel CRM, meistens auch
im Zusammenhang mit der Umsetzung einer Vision.

Diese beiden Fragestellungen geben die Zielrichtung der Strategie vor, das Fundament sozusagen.

> Oracle CRM hilft sehr stark bei der Umsetzung einer Plattformstrategie, da die
> Suite umfassend ist und im Gesamtkontext mit den Oracle Applications und
> den Oracle Kerntechnologien steht. Geht es um die Ablösung einer einzelnen
> Insellösung durch einen neuen Tooleinsatz, kommen die Vorzüge der Suite
> nicht entscheidend zum Tragen.

3.8.3 Oracle CRM als strategische, unternehmensweite Entscheidung

Der Definition einer CRM-Strategie basierend auf Oracle ist eine Grundsatzdiskus-
sion vorzulagern und die Betrachtungsweise ist auf Themen, welche über CRM
hinausgehen auszudehnen, wie zum Beispiel Integrationsplattform, Technologie-
strategie, eBusiness Strategie, Content Management, etc. Dadurch wird der langfristige Nutzen einer solchen Entscheidung transparenter, und die Umsetzungs-
projekte sind einfacher strukturierbar.

Oracle hat eine deutlich dominante Stellung bezüglich IT-Standards und unter-
nimmt klare Schritte in eine neue Welt der offenen Architektur, mit CRM als Vorreiter. Eine Entscheidung für eine CRM-Strategie basierend auf Oracle wird immer
mehr auch mit einer Entscheidung für Oracle als Partner im größeren Umfang
verbunden.

> Entscheidet sich ein Kunde für eine CRM-Strategie basierend auf Oracle, ist
> dies meistens von unternehmensweiter Bedeutung. Eine solche Entscheidung
> kann für große Unternehmen ein idealer Türöffner sein, das Kapitel der SOA-
> Anwendungen bereits heute aufzuschlagen und die bestehenden Architektu-
> ren– Schritt für Schritt – auf eine neue Zielarchitektur umzubauen.

3.8.4 Strategie der Transformation

Die Strategie basierend auf Oracle CRM soll die klare und konsequente Transformation von bereichsfokussiertem Auftreten gegenüber den Kunden und Partnern
zum Ziel haben. Ungeachtet des verwendeten Modells, ob Oracle Siebel CRM,
Oracle CRM On Demand oder in Kombination, eine solche Transformation wird
durch die sehr umfangreichen Plattformen ideal unterstützt.

Eine CRM-Strategie basierend auf Oracle CRM beinhaltet immer auch die konse-
quente Ablösung von Insellösungen pro Geschäftsbereich und die Integration von
Ende-zu-Ende-Prozessen gegenüber den Kunden und Partnern. Nur so lassen sich
Kostenvorteile erreichen und Infrastrukturen sowie Ressourcen konsolidieren.

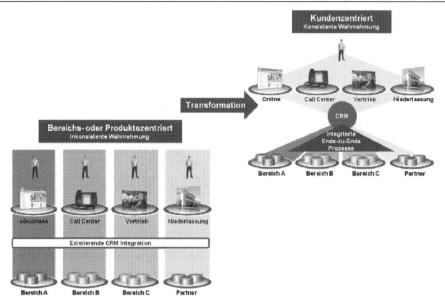

Abbildung 3-20:   Transformation zur kundenzentrierten Organisation[30]

Es gilt in diesem Zusammenhang, auch unbedingt Zielsetzungen bezüglich der Wahrnehmung des Kunden und der Partner zu beschreiben, konsequent zu verfolgen und zu messen. Letztlich sind diese ja auch der Maßstab dazu, ob sich das CRM Investment gelohnt hat oder nicht und schlagen sich in Zusatzgeschäften, Kundenzufriedenheit und Kundentreue nieder.

---

30 Quelle: offizielle Kundenpräsentation, Oracle Siebel CRM On Premise, 2009

4 Best Practices für die Fachkonzeption

Die relevanten Fachprozesse innerhalb eines Oracle CRM-Projekts beziehen sich in aller erster Linie auf die CRM-Prozesse in Marketing, Vertrieb und Service, welche durch Analyse und Controlling angereichert werden (vgl. Abbildung 4-1). Als Steuerungsgröße für die Prozesse dient der Kundenwert. Die Kernprozesse und damit verbundene Best Practices werden in den folgenden Unterkapiteln beschrieben.

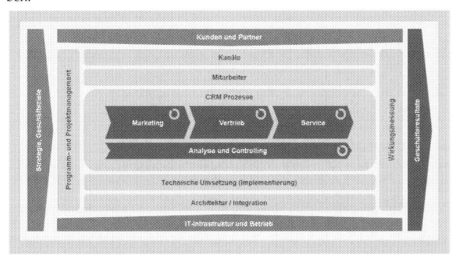

Abbildung 4-1:   Einordnung der Fachprozesse in Oracle CRM-Projekten

Quelle: in Anlehnung an Stadelmann, 2008.

4.1 Kundenwert als zentrale Steuerungsgröße im CRM

4.1.1 Etablierung des Kundenwerts als zentrale Steuerungsgröße

Eine optimale Kundenbetreuung im Sinne der Identifikation und Förderung gewinnbringender und wertsteigender Kundenbeziehungen setzt die Kenntnis des Kundenwerts voraus. Durch die Zusammenfassung von Kunden anhand der Höhe ihrer Wertbeiträge in Kundenwertsegmente (z. B. die Kategorien A - E) und die Umsetzung entsprechender Kundenbetreuungs- und Entwicklungskonzepte wird die Anwendung rentabilitätsorientierter Kundenmanagement-Aktivitäten zur Steigerung des Kundenwerts ermöglicht.

Hierbei ist es sinnvoll, neben dem Betreuungsansatz und dem daraus resultierenden Betreuungsaufwand auch kundenspezifische Entscheidungen (wie z.B. Preis- und Konditionenfragen) jeweils am Kundenwert zu orientieren. Der Kundenwert repräsentiert demzufolge den Ausgangspunkt eines CRM-Planungsprozesses als zentrale Steuerungsgröße, bei welchem der jeweilige Kundenbetreuer anhand der Kundenwertigkeiten die Basis für eine gezielte Marktbearbeitung in seinem Aufgabengebiet legt. Der Kundenwert avanciert somit zur zentralen Steuerungsgröße für alle Kundenaktivitäten.

Die Ermittlung eines ganzheitlichen Kundenwerts setzt voraus, dass sowohl die materiellen als auch die immateriellen „Werttreiber" erfasst werden. Die rein ökonomische Betrachtung eines Kunden für das Unternehmen darf sich nicht nur auf die derzeitigen und zukünftigen Erträge beschränken. Der Betrag eines Kunden zum Unternehmenserfolg ist wesentlich komplexer.

Grundsätzlich kann die Betrachtung des Kundenwertes aus zwei Perspektiven erfolgen:

- **Kundenwert aus Nachfragersicht (Customer Value)**: Aus einer wertorientierten Perspektive entscheiden sich Kunden beim Kauf einer Anbieterleistung für diejenige Alternative mit dem höchsten „customer value" bzw. mit dem besten Kosten-Nutzen-Verhältnis. Der Kundenwert aus Nachfragerperspektive ist damit der vom Kunden wahrgenommene, bewertete Beitrag des Anbieters zur Erreichung der monetären und nicht-monetären Ziele des Kunden.
- **Kundenwert aus Anbietersicht (Customer Lifetime Value)**: Der Kundenwert kann als der vom Unternehmen wahrgenommene und bewertete Beitrag eines Kunden bzw. eines Kundensegments zur Erreichung der monetären und nicht monetären Ziele des Unternehmens verstanden werden.

Beide Perspektiven sind fachlich gesehen innerhalb eines Oracle CRM-Projektes relevant. Der Kundenwert aus Anbietersicht (Customer-Lifetime-Value (CLV)) ist allerdings innerhalb eines CRM-Vorhabens vorrangig, da er die Basis für die Steuerungsgröße Kundenwert innerhalb eines Unternehmens bildet. Im Idealfall ist der CLV für jeden Kunden zu berechnen.

Soll ein Kundenwert im Rahmen einer CRM-Initiative als zentrale Planungs- und Steuerungsgröße etabliert werden, so sind zwei Aspekte zu berücksichtigen:

1. Definition: Wie lautet die unternehmensindividuelle Definition des Kundenwerts?
2. Messung: Woher können die relevanten Informationen bezogen und aufbereitet werden?
3. Operationalisierung: Wie soll der Kundenwert operational als Steuerungsgröße eingesetzt werden und welchen Mitarbeitern und in welchen Prozessen soll der Kundenwert unterstützend zur Verfügung stehen?

4.1.2 Definition des Kundenwerts

Im Rahmen eines CRM-Vorhabens zeigt die Erfahrung, dass zwei Dimensionen für den Kundenwert sinnvoll sind:

1. **Dimension: Wert (Kundenattraktivität heute)**
2. **Dimension: Potenzial (Kundenattraktivität künftig)**

Die beiden oben genannten Dimensionen setzen sich aus unterschiedlichen Bestimmungsgrößen zusammen, die je nach Kundengruppe zu festgesetzten Zeitpunkten berechnet werden sollen.

4.1.2.1 Wertdimension

Zur Berechnung der Wertdimension werden zahlreiche Komponenten auf der Ertragsseite definiert. Untenstehende Tabelle zeigt diejenigen Bestimmungsgrößen im Rahmen der Wertdimension, welche unmittelbar in die Kundenbewertung einfließen sollten (vgl. Tabelle 4-1). Die Bestimmungsgrößen variieren pro Unternehmen und Branche und stellen hier nur einen Orientierungsrahmen dar.

Tabelle 4-1:   **Wertdimension und ihre Bestimmungsgrößen**

Dimension	Bestimmungsgrößen	Definition	Systemberechnung/ Benutzereingabe
Wert	**Deckungsbeitrag**	Absoluter Deckungsbeitrag / Jahr	Systemberechnung/ Schnittstelle erforderlich
	Umsatz	Gesamtumsatz des Kunden / Jahr	Systemberechnung/ Schnittstelle erforderlich
	Menge	Menge der dem Kunden fakturierten Produkte/ Jahr	Systemberechnung/ Schnittstelle erforderlich
	Zahlungsverhalten	Kurzfristig: Mahnstufe des Kunden (inkl. entsprechendem Scoring) Mittelfristig: Zahlungsverhalten in Abhängigkeit vom Zahlungsziel	Systemberechnung/ Schnittstelle erforderlich
	Schadensquote	Schadenssumme in % zum Umsatz/Jahr	Systemberechnung/ Schnittstelle erforderlich
	Warenart	Operativer Kleinpakete-Anteil/Monat	Systemberechnung/ Schnittstelle erforderlich
	Strategische Bedeutung	lokale/regionale/zentrale Bedeutung für Systemauslastung, Konzernzugehörigkeit	Benutzereingabe

4.1.2.2   Potenzialdimension

Die Erfassung einer dynamischen, nicht-monetären Komponente zur Erweiterung der Kundenwertdefinition in Form des Kundenpotenzials erfolgt implizit. Um die Potenzialdimension operationalisieren zu können, sollten zwei Bestimmungsgrößen festgelegt werden (vgl. nachstehende Tabelle).

Tabelle 4-2:   **Potenzialdimension und ihre Bestimmungsgrößen**

Dimension	Bestimmungsgrößen	Definition	Systemberechnung/ Benutzereingabe
Potenzial	Gewichtetes Cross-/Up-Selling-Potenzial	Die Abfrage des Cross-/Up-Selling-Potenzials sollte über einen Besuchsbericht oder über eine Potenzialanalyse im Marketing erfolgen. Dort sollte pro Produkt die Menge (inkl. einem Gewichtungsfaktor je Produkt) und die Abschlusswahrscheinlichkeit eingegeben werden.	Benutzereingabe
	Verhältnis zum Kunden	Bei Systemberechnung: Kundenzugehörigkeit (einfaches Scoring für Anzahl Jahre) oder bei Benutzereingabe: Einschätzung des Mitarbeiters über das Verhältnis zum Kunden	Systemberechnung oder Benutzereingabe

Das *gewichtete Cross-/Up-Selling-Potenzial* bezieht sich auf sämtliche zusätzliche produktbezogene Potenziale, die ein Unternehmen beim Kunden erschließen kann. Die Erfassung dieses Potenzials erfolgt auf Basis eines Besuchsberichtes durch den jeweiligen Kundenbetreuer (Vertrieb Außendienst oder Innendienst) oder durch systematisierte Potenzialanalysen innerhalb des Marketings.

Die Potenzialdaten sollten je Kundensegment durch die jeweiligen Betreuer mindestens jährlich (in der zweiten Jahreshälfte) aktualisiert werden, so dass diese zu Beginn des neuen Geschäftsjahres aktuell sind und der CRM-Planungsprozess entsprechend vollzogen werden kann. Erfolgt diese Aktualisierung nicht, muss ein systembasierter Eskalationsautomatismus bestehen, der den jeweiligen Vorgesetzten über diese Versäumnisse in Kenntnis setzt.

Neben dem gewichteten Cross-/Up-Selling-Potenzial sollte das *Verhältnis zum Kunden* – im Sinne eines Loyalitätspotenzials – in die Bewertung einfließen. Dieses ergibt sich aus der Kundenaffinität zur Kontinuität in der Beziehung mit der Unternehmung und wird anhand der Beziehungsdauer (Anzahl Jahre) automatisiert bewertet oder durch den Vertriebs- oder Marketingmitarbeiter selbst beurteilt.

4.1.3 Messung des Kundenwerts

Unternehmen, die ein wertorientiertes Kundenmanagement praktizieren, können den Unternehmenswert maßgeblich steigern. In der Praxis ähnelt das Kundenmanagement leider oft der Vorgehensweise nach dem „Gießkannenprinzip" als einer zielgenauen und individuellen Beziehungspflege.

Die zunehmende Wettbewerbsintensität und ein verändertes Kundenverhalten zwingen Unternehmen, Produktivitätssteigerungen in allen Unternehmensbereichen zu erzielen, wobei die größten Produktivitätsreserven in den Bereichen Marketing und Vertrieb anzutreffen sind. Allerdings ist festzustellen, dass es gerade im Marketing bei vielen Unternehmen an den relevanten Kennzahlen mangelt. Eine kundenwertorientierte Marktbearbeitung kann zu erheblichen Steigerungen der Produktivität und damit des Unternehmenserfolgs führen.

Für die Messung des Kundenwertes lassen sich grundsätzlich nachfolgende Kundenwertanalysen anwenden:

Monetär. Kennzahl / Zeithorizont	Umsatz	Erfolg (d.h. zusätzlich zu Umsätzen werden Kosten- bzw. Auszahlungsgrößen berücksichtigt)
Statisch-Kurzfristig (einperiodig, i.d.R. 1 Jahr)	z.B.: Share of Customer, relative Lieferantenposition, **ABC-Analysen** Nachteil: zukünftige Kundenwertentwicklung ausgeblendet, Profitabilität der KB unberücksichtigt	z.B.: **Kundendeckungsbeitragsrechnungen,** Kundenrentabilität Nachteil: vergangenheitsbezogen
Dynamisch-Langfristig (perioden-übergreifend)	z.B.: zukünftig erwarteter Umsatz, Maximalumsatz einer Kundenbeziehung Nachteil: Profitabilität der KB unberücksichtigt	z.B.: **Customer Lifetime Value (CLV)-Analysen,** Migrationsmodelle, Markov-Ketten Nachteil: Datenbeschaffung (Prognose-Unsicherheiten)

Abbildung 4-2: **Kundenwertberechnungsmethoden**

In der Theorie sollte die Customer Lifetime Value (CLV-) Analyse für eine periodenübergreifende Betrachtung des Kundenwertes herangezogen werden, da eine kurzfristige, einperiodige Betrachtung des Kundenwerts für eine Analyse und Optimierung des Wertsteigerungsbeitrags von Kundenbeziehungen nicht optimal ist[31].

---

31 Vgl. Pufahl, 2006.

Definition: Customer Lifetime Value

Barwert aller Zahlungsüberschüsse /Cash Flows, die durch einen Kunden im Laufe der gesamten Geschäftsbeziehung generiert werden.

Customer Lifetime Value ist der Kapitalwert des Investitionsobjektes „Kunde"

$$\text{CLV} = \sum_{t=0}^{t=n} \frac{e_t - a_t}{(1+i)^t} = e_0 - a_0 + \frac{e_1 - a_1}{(1+i)} + \frac{e_2 - a_2}{(1+i)^2} + \ldots + \frac{e_n - a_n}{(1+i)^n}$$

e_t : (erwartete) Einnahmen aus der Geschäftsbeziehung in der Periode t

a_t : (erwartete) Ausgaben aus der Geschäftsbeziehung in der Periode t

i: Kalkulationszinsfuß zur Abzinsung auf einen einheitlichen Referenzzeitpunkt

t: Periode (t = 0,1,2,..., n)

n: Dauer der Geschäftsbeziehung

Bei der Berechnung des CLV werden alle zukünftigen Ein- und Auszahlungen eines Kunden geschätzt und kumuliert. Die anzunehmende Dauer der Kundenbeziehung wird prognostiziert, und alle künftigen Ein- und Auszahlungen der jeweiligen Perioden werden mit dem Kalkulationszinssatz diskontiert.

In der praktischen Umsetzung innerhalb von Oracle CRM-Projekten hat sich jedoch durchaus die Operationalisierung des Kundenwerts über Scoringmodelle bewährt. Zudem bestimmt sich ein Kundenwert über mehr als den rein monetären Wert. Daher sollte ein Kundenwertscoring die monetären und nicht monetären Einflussgrößen auf den Kundenwert berücksichtigen. Das Scoring an sich soll dabei über eine Punktvergabe pro Periode (wie Monat, Quartal, Halbjahr, Jahr, weitere Zeiträume) erfolgen (vgl. Abbildung 4-3).

Die Berechnung und Messung des Kundenscorings in Oracle Siebel CRM kann auf zwei unterschiedlichen Wegen erfolgen:

1. Berechnung im operativen CRM (Oracle CRM on Demand oder Oracle Siebel CRM on Premise)
2. Berechnung im analytischen CRM (Oracle Business Intelligence)

Im optimalen Fall steht ein analytisches CRM zur Verfügung (Best Practice). Die Daten werden aus unterschiedlichen Datenquellen zusammengetragen und werden zum Kundenwert im analytischen CRM konsolidiert. Dies hat den Vorteil, dass Daten aus anderen Systemen wie SAP Business Warehouse, wo beispielsweise häufig die finanziellen Daten führend gehalten werden, nicht nochmals (redundant) abgespeichert werden und für die Berechnung der Kundenwertigkeiten genutzt werden können. Der Aufbau eines Oracle Business Intelligence wird in Kapitel 5.1.9 beschrieben.

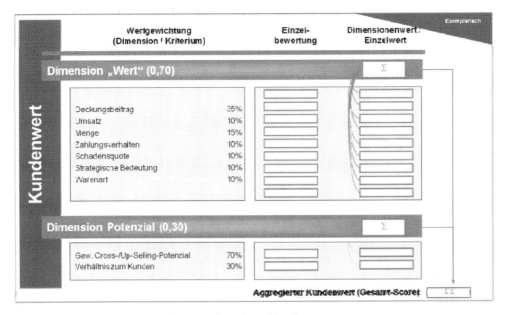

Abbildung 4-3:   Beispielhaftes Scoring eines Kundenwerts

Die Bestimmungsgrößen des Kundenwerts können nicht immer gleich berechnet werden, sondern sind für die jeweiligen Kundengruppen je nach Datenverfügbarkeit unterschiedlich anzuwenden, um den Kundenwert in Abhängigkeit zur Kundenzugehörigkeit (Interessent, Kunde, War-Kunde) zu berechnen (vgl. Abbildung 4-4).

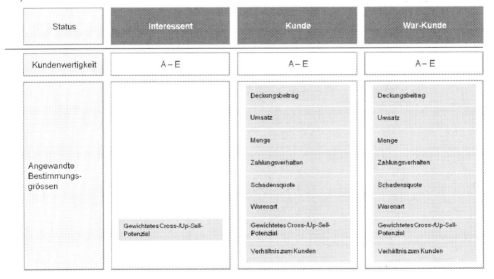

Abbildung 4-4: Berechnung des Kundenwerts nach Kundengruppen

4.1.4   Operationalisierung des Kundenwerts als Steuerungsgröße

Die Operationalisierung des Kundenwerts als Steuerungsgröße erfolgt über das User Interface innerhalb von Oracle Siebel CRM.

Einerseits kann der Kundenwert dem einzelnen Mitarbeiter pro Kundendatensatz im Account Management angezeigt werden. (Abb. 4–5) Andererseits besteht innerhalb der Segmentierung in Oracle BI die Möglichkeit, den Kundenwert als Basis für die Segmentbildung nach Kundengruppen zu nutzen.

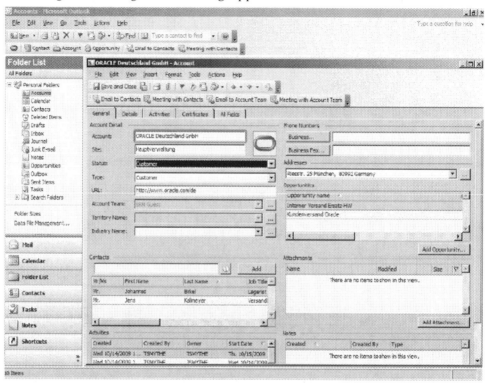

Abbildung 4-5:   **Anzeige von Kundenwertigkeiten im Account Management**[32]

Zudem kann der Kundenwert mittels Oracle BI in einer Matrix mit den beiden festgelegten Dimensionen „Wert" und „Potenzial" eine eindeutige Klassifizierung des Kunden ermöglichen. Die jeweiligen Kundensegmente werden anhand einer Wert-/Potenzial-Matrix dargestellt. In einem weiteren Schritt können die Bewegungen innerhalb der Kundengruppen dargestellt werden, um positive und negative Kundenentwicklungen (Kundenmigrationen innerhalb der Kundenwertsegmente) zu identifizieren. (Abb. 4–6)

---

32 Quelle: Oracle, 2010.

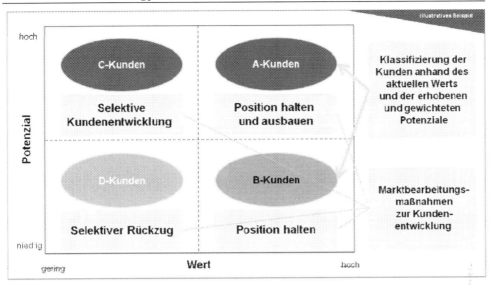

Abbildung 4-6:   **Darstellung des Kundenportfolios anhand des Kundenwerts**

4.1.5 Best-Practices für eine Fachkonzeption für ein Oracle Siebel CRM

Daraus ergeben sich folgende Best Practices, die für eine Fachkonzeption in einem Oracle Siebel CRM-Projekt relevant sind:

-   Fragen Sie sich, ob eine Steuerung des Unternehmens anhand des Kundenwerts wirklich sinnvoll ist.

-   Führen Sie einen Kundenwert sukzessive in das Unternehmen ein. Fragen Sie sich zunächst, welche Informationen bereits im Unternehmen für die Kundenwertberechnung verfügbar sind, bevor Sie neue Informationen in einem zweiten Schritt hinzunehmen.

-   Achten Sie auf Transparenz und Verständnis bezüglich des Kundenwerts innerhalb der Organisation. Es sollte verständlich sein, warum der Kundenwert sinnvoll ist und warum dieser eingeführt wird.

-   Stellen Sie die Kundenwerte in der CRM-Anwendung möglichst einfach für den Endanwender dar. Nutzen Sie eine sprachliche Darstellung wie „Top-Kunde", damit dieser Wert optimal gedeutet werden kann.

4.2 Relevante Marketingprozesse für Oracle Siebel CRM

4.2.1 Marketingplanung

Allgemein lässt sich feststellen: Je dynamischer und wettbewerbsintensiver die Marktbedingungen eines Unternehmens sind, desto wichtiger sind die bestehenden Kundenbeziehungen des Unternehmens. Die Gründe für die gewandelten Marktbedingungen lassen sich auf zwei wesentliche Entwicklungen zurückführen:

Zunehmender Wettbewerb durch:

- Deregulierung
- Öffnung der Märkte auf nationaler und internationaler Ebene
- Marktsättigung der Konsumenten, damit würden Neuakquisitionen erschwert und kostenintensiver
- Zunahme der Austauschbarkeit von Produkten (Qualitätsunterschiede bei gleichartigen Produkten verschiedener Hersteller werden immer geringer)
- Kleinere Preisspielräume

Verändertes Kundenverhalten durch:

- Anspruchsinflation bei Kunden (verschärft wird diese Tendenz zusätzlich durch die neuen Kommunikationstechnologien wie Internet, SMS, Mobilfunkt, Fax, WAP)
- Zunahme kritischer Käufer (Kunden sind besser informiert, aufgeklärter und emanzipierter)
- Steigende Markt- und Preistransparenz für den Kunden
- Erhöhte Erwartungen bzgl. Serviceleistungen und Produktqualität

Durch die Zunahme des Wettbewerbsdrucks gekoppelt mit zunehmend emanzipierten, aufgeklärten und sehr gut informierten Kunden besteht die Notwendigkeit, dass Unternehmen immer mehr den Kunden und die Pflege dieser Beziehung in den Vordergrund stellen. Die Produktqualität wird damit in den Hintergrund der angebotenen Leistungen gestellt und als „selbstverständlich" betrachtet. Ein wertorientiertes Kundenmanagement rückt in den Vordergrund der Marketingstrategie. Damit ein solches wertorientiertes Customer Relationship Management in Oracle Siebel CRM umgesetzt werden kann, ist es notwendig, dass CRM sowohl als Top-Down als auch Bottom-Up-Ansatz im Unternehmen gelebt wird. Das Topmanagement muss CRM als strategisches Unternehmensziel definieren (Top-Down), das dann durch konkrete Aktivitäten, Maßnahmen und Projekte verfolgt wird (Bottom-Up).

Der Marketingplanungs- und Kampagnenmanagementprozess in Oracle Siebel CRM gliedert sich grob in die Phasen Marketingplanung, Kampagnendefinition, Kampagnendurchführung sowie Kampagnenanalyse und -reporting. Dieser Ablauf ist als Kreislauf und somit als iterativer Prozess zu verstehen, bei dem immer der zweite Durchlauf auf Basis des vorherigen optimiert wird. (Abb. 4–7)

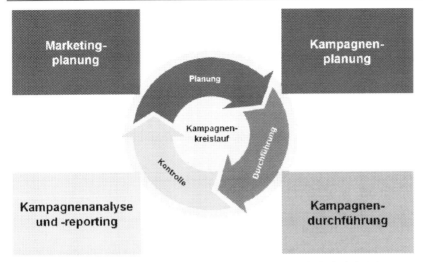

Abbildung 4-7: Relevante Marketingprozesse in Oracle Siebel CRM

Die einzelnen Prozesse innerhalb des Marketings und deren Unterstützung in Siebel werden in den folgenden Kapiteln beschrieben.

4.2.1.1 Grobe Prozessdarstellung

Die Phase Marketingplanung erfolgt in der Regel zentral durch den Geschäftsführer Sales & Marketing und/oder den Marketingmanager. Die Marketingplanung stellt das Bindeglied zwischen den Vorgaben der Unternehmensführung, die vornehmlich durch die Unternehmensziele sowie das Marketingbudget spezifiziert werden, und der operativen Planung und Durchführung von Marketingmaßnahmen – insbesondere von „Kampagnen" – dar (vgl. Abbildung 4-8).

Abbildung 4-8: Prozessuale Einordnung der Marketingplanung

Schließlich soll die Marketingplanung einerseits die Konformität aller Marketing-maßnahmen bzw. Kampagnen mit den übergeordneten Zielsetzungen der Unternehmung gewährleisten, andererseits stellt sie sicher, dass die zur Verfügung stehenden Marketingressourcen so eingesetzt werden, dass ihr Zusammenspiel im Hinblick auf die absatzmarktgerichteten Unternehmensziele einen möglichst hohen Nutzen erbringt.

Folgende Inputs stoßen den Prozess im Bereich Markétingplanung jährlich an:

- Unternehmensziele
- Businessziele (zentral, regional)
- Marketingbudget
- Geplante Aktivitäten der anderen Unternehmensbereiche
- Fundierte Analysen über die Vorjahreskampagnen

Darauf aufbauend präsentiert sich der Ablauf im Bereich Marketingplanung wie folgt.

1. **Marketing-Zieldefinition** ausgehend von den Unternehmenszielen in Bezug auf folgende Zielkategorien:

   - Kundenakquisition
   - Kundenbindung (Cross-/Up-Selling und Retention)
   - Produkteinführung/-innovation
   - Produktpflege/-relaunch
   - sowie ggfs. Image/Bekanntheitsgrad und Kanalmigration.

   Ziele müssen jeweils konkret und messbar formuliert werden (z.B. Steigerung der Kundenbasis um 10 % bis …).

2. Auf Basis der Zieldefinition erfolgt die **Budgetzuteilung** zu den entsprechenden Zielen.

3. In einem dritten Schritt werden **zielkonforme Kampagnenprogramme** definiert und damit die Frage beantwortet, welche Ziele durch welche Programme optimal unterstützt werden können.

4. Danach wird jeweils in einer festgelegten Periode der **Marketingplan** durch den Geschäftsführer Sales & Marketing und/oder die Marketingmanager erstellt. Diese stellen die zeitliche, inhaltlich logische und bereichsübergreifende Taktung der Maßnahmen sicher. Zudem werden im Marketingplan Platzhalter definiert zur Sicherstellung unterjähriger Flexibilität für ad-hoc-Kampagnen seitens der regionalen Niederlassungen.

5. Der von der Zentrale festgelegte **Marketingplan** wird mit den regionalen Niederlassungen **abgestimmt**. Im Zuge dessen wird auch die Ressourcenverfügbarkeit seitens regionaler Niederlassungen zur Durchführung der einzelnen Maßnahmen geklärt.

6. Für die im abgestimmten Marketingplan definierten Kampagnenprogramme werden entsprechende **Kampagnenowner** durch den Geschäftsführer Sales & Marketing benannt. Zudem werden das **High-level-Kampagnendesign** sowie die **Eckdaten der Kampagnen** in Abstimmung mit den Marketingmanagern festgelegt (insbesondere Ziel, Budget, Zielgruppen inkl. Ausschlusskriterien, Laufzeit). Letztere Angaben fungieren als Basis für die Kampagnendefinition.

Der zentrale Output aus der Phase Marketingplanung ist der zentrale Marketingplan (Jahr) inkl. darin enthaltener Kampagnenprogramme. Diese wird an alle Bereiche des Unternehmens kommuniziert. Zudem erfolgt ein halbjährliches Update des Marketingplans sowie eine entsprechende Kommunikation.

4.2.1.2 Best-Practices für eine Fachkonzeption für ein Oracle Siebel CRM

Auf Basis der groben Prozessdarstellung für die Phase Marketingplanung ergeben sich folgende Best Practices für ein Oracle Siebel CRM.

Grundsätzlich muss das System in der Lage sein, die jährliche Erstellung eines (zentralen) Marketingplans zu unterstützen. Ferner müssen im Rahmen des Marketingplans verschiedene Kampagnenprogramme geplant bzw. verwaltet werden können. Ein Kampagnenprogramm besteht dabei aus einer oder mehreren Einzelkampagnen (eine Einzelkampagne soll somit stets als Kampagnenprogramm angelegt werden).

Die einzelnen Kampagnenprogramme können im Marketingplan neu angelegt, hinzugefügt oder wieder entfernt werden. Nach Anlage eines Kampagnenprogramms auf Marketingplanebene soll der Benutzer durch ein Drilldown direkt auf die Kampagnenprogrammebene gelangen. Die so geplanten Kampagnenprogramme können im Rahmen des Marketingplans in Kalenderform grafisch dargestellt werden.

Seitens Marketingplanung können folgende Best-Practices innerhalb eines Oracle Siebel CRM-Projekts genannt werden:

- Erstellen Sie einen übergeordneten zentralen Marketingplan inkl. Verwaltung und Abbildung darin enthaltener Kampagnenprogramme. Stellen Sie eine Übersicht über sämtliche Kampagnenprogramme in Kalenderform in Oracle Siebel CRM dar.

- Planen und spezifizieren Sie Kampagnenprogramme innerhalb einer entsprechenden Kampagnenprogramm-Detailsicht in Oracle Siebel CRM.

- Stellen Sie Kundengewinne und Kundenverluste dar: Die Anzahl der Kundengewinne und Kundenverluste kann über verschiedene Perioden über Oracle BI ausgewertet werden (aggregiert, pro Produkt, pro Region, pro Niederlassung, pro Zeitraum).

- Analysieren Sie Gründe für Kundenverluste: Kundenverlustgründe können anhand definierter Kriterien in Oracle BI ausgewertet werden.

- Analysieren Sie die Produktnutzung: es sollten verschiedene Auswertungen über die Produktnutzung von bestehenden Kunden und differenziert nach Segmenten in Oracle BI gemacht werden.

- Werten Sie Potenzialdaten aus Kundenwertdefinition aus: die jeweils auf Basis eines Besuchsberichts erfassten produktspezifischen Potenzialdaten müssen in Oracle BI ausgewertet werden (aggregiert, pro Region, pro Niederlassung, nach Branchen, nach Zeiträumen).

- Bewerten Sie Zielkunden in Oracle Siebel CRM: Aus dem CRM-System sollen Auswertungen über jeweils aktuelle Zielkunden gemacht werden können (aggregiert, pro Region, pro Niederlassung, nach Branchen, pro Produkt).

4.2.2 Kampagnenmanagement

4.2.2.1 Grobe Prozessdarstellung

Ein systematisiertes Kampagnenmanagement durchläuft die Phasen Kampagnendefinition, Kampagnendurchführung sowie Kampagnenanalyse und -reporting.

Abbildung 4-9: Prozessuale Einordnung des Kampagnenmanagements

Kampagnen in Oracle Siebel CRM können grundsätzlich über unterschiedliche Kanäle erfolgen:

- Mailings / Lettershops (postalisch / Fax)
- E-Mail, Newsletter
- Webbasierte Kundenumfragen

- Telefon
- SMS
- Persönlich (via Vertrieb)

Im Folgenden werden die wesentlichen Prozessschritte skizziert.

Kampagnendefinition

Während die Tätigkeiten innerhalb der Marketingplanung den Rahmen liefern, welche Kampagnen(-programme) unter welchen Rahmenbedingungen detailliert geplant werden sollen, werden in der Kampagnendefinition alle Aspekte dieser Kampagnen geplant. Hierzu gehört insbesondere die inhaltliche Ausgestaltung der Kampagne, der Ablauf, die benötigten Ressourcen und Budgets für die Kampagnendurchführung. Die Kampagnendefinition soll sicherstellen, dass

- die Ergebnisse vorheriger Kampagnen zwecks Optimierung verwertet werden,
- die richtigen Kunden mit der richtigen Botschaft erreicht werden,
- die Kampagnen in der Durchführung störungsfrei ablaufen,
- die Kampagnen auf Grund von Kapazitätsengpässen nicht verschoben werden müssen,
- die Kampagnenauswertung und das -monitoring sicher gestellt sind,
- alle beteiligten Bereiche informiert und vorbereitet sind, damit die Kundeninteraktion effektiv ist.

Somit bildet die Kampagnendefinition im Sinne eines „Handbuchs" die Grundlage für die Kampagnendurchführung, indem der logische Zusammenhang zwischen einer oder mehreren Kampagnen sowie der konkrete Inhalt und zeitliche Ablauf definiert werden.

Folgende Inputs stoßen den Prozess im Bereich Kampagnendefinition an:

- Verabschiedeter Marketingplan
- Definierte Vorgaben an einzelne Kampagnen(-programme)
- Festgelegter Kampagnenowner je Kampagne(-programm)

Darauf aufbauend präsentiert sich der im Rahmen der CRM-Vorstudie festgelegte Ablauf im Bereich Kampagnendefinition wie folgt:

1. In einem ersten Schritt erfolgt die Einberufung einer Projektgruppe durch den jeweiligen Kampagnenowner.

2. Im Rahmen der Projektgruppe wird das in der Marketingplanung festgelegte Ziel des Kampagnenprogramms konkretisiert und entsprechende Messgrößen festgelegt. Neben der Definition der finalen Zielsetzungen (z.B. Anzahl Neukunden) werden auch Etappenziele definiert (z.B. Anzahl Responses / Anzahl Sales Interessenten etc.).

3. Danach erfolgt eine umfassende und detaillierte Kampagnendefinition (= „Detailkonzept"). Hierbei werden im Rahmen der Projektgruppe folgende Punkte definiert/geklärt:

   a. Konkretisierung der fachlichen Selektionskriterien (Welche Kunden sollen angesprochen werden?)

   b. Konkretisierung der Ausschlusskriterien (Welche Kunden sollen nicht angesprochen werden?)

   c. Definition der Methodik (Mit welcher Message soll welche Kundengruppe über welches Medium/welchen Kanal angesprochen werden?)

   d. Definition des Responsemodells (Welche Schritte erfolgen bei welcher Art der Reaktion seitens der Kunden?)

   e. Definition des Kampagnenbaums (Wer ist wofür und wann in der Durchführung verantwortlich? = Prozessbeschreibung der Kampagnendurchführung)

   f. Definition der Kontrollgruppe (Welche und wie viele Kunden sollen in der Kontrollgruppe enthalten sein?)

   g. Definition des operativen Reportings (Welche Reports sollen wann wem zur Verfügung gestellt werden?)

   h. Detaillierte Ressourcenplanung (welche Bereiche sind in welchem Ausmaß in die Durchführung der Kampagne involviert?)

4. Ferner werden im Rahmen der Kampagnendefinition entsprechende Angebote externer Partner eingeholt und die Kosten detailliert bzw. das erforderliche Budget festgelegt.

5. In einem fünften Schritt erfolgt die Planung einer internen Kommunikation.

6. Danach erfolgt die Durchführung eines Kampagnentests mit kleiner Kundenzahl (low cost).

7. Schließlich wird eine Feinabstimmung zum Kampagnenprogramm bzw. zur Kampagne mit allen beteiligten Partnern bzw. Fulfillmentparteien (intern und extern) vorgenommen sowie eine Entscheidungsvorlage zu Händen des Geschäftsführers Sales & Marketing erstellt.

Die zentralen Outputs aus der Phase Kampagnendefinition sind das Detailkonzept inkl. Ressourcenplanung, das Kommunikationskonzept sowie die Entscheidungsvorlage.

Kampagnendurchführung

Die Kampagnendurchführung stellt die operative Umsetzung der in der Kampagnendefinition definierten Maßnahmen für eine Kampagne dar. Ziel ist der störungsfreie Ablauf des Zusammenspiels des Marketingbereichs mit den beteiligten (internen und externen) Fulfillmentpartnern sowie eine systematische, zeitnahe sowie möglichst weitgehend automatisierte Responseerfassung und -bearbeitung.

Gegenstand der konkreten Festlegung und Ausgestaltung sind hierbei:

- Art und Ablauf der Durchführung
- Responseerfassung
- Monitoring und Steuerung der Durchführung
- Optimierungsmechanismen

Die wesentlichen Prozessschritte in der Kampagnendurchführung sind:

1. Kommunikation der Kampagne in der eigenen Organisation und ggfs. bei Partnern (Handbuch, Roadshow, Telefonkonferenz, Intranet, …)

   - Kenntnis, Verständnis
   - Information und Schulung

2. Briefing der beteiligten Kommunikations-/Interaktionskanäle auf Basis der Kampagnenbäume und des Responsemodells

3. Start der Kampagne

4. Kontakthistorie führen, Response über Kanäle erfassen

5. Überwachung und Steuerung des Kampagnenprozesses (laufendes Kampagnenmonitoring)

6. Laufende Information des Kampagnenowners (insbesondere bei Planabweichungen, Störungen, unvorhergesehen Ereignissen oder Änderungen der Rahmenbedingungen)

7. Regelmäßige Statusmeldung und Veranlassung von Maßnahmen bei wesentlichen Planabweichungen

8. Laufende Information der Beteiligten in der eigenen Organisation und bei den Partnern

Kampagnenanalyse und -reporting

Die Kampagnenanalyse und das -reporting bilden die logische Klammer um den Kampagnendefinitions- und -ausführungsprozess (vgl. Abbildung 4-10).

Die bestehenden Kampagnen sollen hinsichtlich der Einhaltung der Zeitpläne, Aktionen, Rückmeldungen und Budgets im laufenden Prozess analysiert und gesteuert werden. Die Steuerung erfolgt durch die Kampagnenowner oder durch das zentrale Marketing.

Darüber hinaus sollen Standardberichte zum Kampagnenmanagement analysiert werden, um den Kampagnenerfolg zu messen und Erkenntnisse aus bisherigen Kampagnen auf neue Kampagnen zu transferieren.

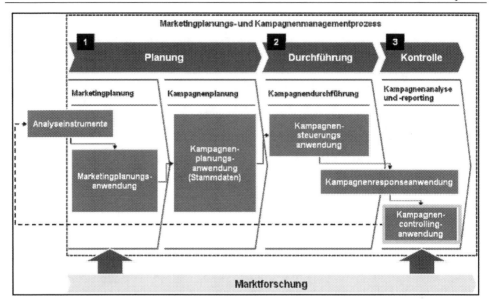

Abbildung 4-10: Prozessabbildung Kampagnenanalyse und -reporting

4.2.2.2   Best-Practices für eine Fachkonzeption für ein Oracle Siebel CRM

Kampagnendefinition

Grundsätzlich müssen in der Kampagnendefinitionsanwendung alle Parameter der Kampagne abschließend definiert werden. Die im Rahmen der Marketingplanung auf „Kampagnenprogrammebene" definierten Vorgaben sollen hierfür übernommen und entsprechend detailliert werden. Im Rahmen der Kampagnenprogrammebene bedarf es einer entsprechenden Detailmaske (Screen), innerhalb derer die für die Planung erforderlichen Spezifikationen vollzogen werden können. In der Detailansicht müssen die in der Marketingplanung angelegten Felder zudem nochmals ersichtlich sein. Für jedes Kampagnenprogramm sollen im Rahmen der Kampagnendefinition eine oder mehrere Kampagnen angelegt werden können. Die Kampagne stellt dabei eine konkrete Marketingmaßnahme (z.B. E-Mail-Kampagne oder telefonische Nachfassaktion) dar.

Auf Basis der groben Prozessdarstellung für die Phase Kampagnendefinition muss ein Oracle Siebel CRM in diesem Zusammenhang folgende Anforderungen erfüllen:

Achten Sie in Oracle Siebel CRM-Projekten auf

-   die Definition von Zielgruppen durch die Zentrale (Kampagnenowner) und stimmen Sie diese mit den regionalen Niederlassungen ab. Dies erfordert idealerweise eine Anbindung an eine analytische Systemumgebung (Oracle BI).

- die Durchführung und Verwaltung der einzelnen Kampagnen bzw. Kampagnendefinitionsschritte: Hierbei muss das Oracle Siebel CRM primär die Segmentierung und Kontrollgruppenbildung unterstützen. Darüber hinaus sollen die beschriebenen Teilschritte im Rahmen der Kampagnendefinition durch das System weitgehend unterstützt werden.

- die Erstellung und Verwaltung von Checklisten zur Vorbereitung der Kampagnendurchführung.

- die Zuweisung frei definierbarer Ansprachekanäle zur Kampagne.

- eine Erfolgs-, Ressourcen- und Kostenplanung.

- ein Management eines ganzheitlichen Kampagnenportfolios (= Gesamtheit aller geplanten und laufenden Kampagnen(-programme))

- die Nutzung des Listenmanagements in Siebel: neben Segmenten sollten Listen zur Bestimmung der Zielgruppen (Zielpersonen) verwendet werden.

Kampagnendurchführung

Die Kampagnendurchführung bedarf der bereits vorab in der Kampagnendefinition definierten Kampagnen. In diesem Prozessschritt muss klar definiert sein, wer die Kampagne durchführt, über welchen Kanal die Kampagne durchgeführt werden soll und wie die Budgets sind.

Die Kampagnendurchführung beginnt mit der Finalisierung der Kampagne, indem die wesentlichen Parameter aus der Kampagnendefinition noch einmal geprüft und bei Bedarf detailliert werden:

- *Kampagnenname*: Bezeichnung der Kampagne (Pflichtfeld)

- *Kampagnen-Code*: Systemwert, durch Benutzer nicht veränderbar

- *Kampagnenziel*: Beschreibung, was mit der Kampagne erreicht werden soll (inkl. Etappenziele)

- *Status* (in Planung, in Ausführung, abgeschlossen, abgebrochen). Der Vorschlagswert soll hierbei „in Planung" sein.

- *Typ*: Eingabewerte aus Auswahlliste, die das konkrete Ziel der Kampagne beschreiben. Die Werteliste soll im CRM-System beliebig erweitert werden können. Eingabewerte sind z.B.:

  o Akquisition (Kundengewinnung)
  o Steigerung des Bekanntheitsgrads (Awareness)
  o Cross-Selling
  o Kundenbindung (Loyalty)
  o Produktempfehlung (Referral)
  o Up-Selling
  o Zurückgewinnung

    o   Weitere können ggfs. definiert werden.

- **Zentral/Lokal:** Festlegung, ob die Kampagne zentral oder in den Niederlassungen durchgeführt wird

- **Geplantes Start- und geplantes Enddatum**: Zeitraum, in dem die Kampagne durchgeführt wird

- **Geplante Ausführungsperiode:** Periode, in der die Kampagne durchgeführt wird

- **Genehmigungsstatus:** Freigabestatus, wenn die Kampagne aus diversen Gründen freigeben werden soll (z. B. Budget)

- **Genehmigungshistorie:** Historie, wann und von wem die Kampagne freigeben wurde

- **Priorität** (Sofort, Hoch, Mittel, Niedrig)

- **Kategorie**: Ausprägung der Kampagne, z. B. als Marketingaktion

- **Region/Niederlassung**: Wert, der in Abhängigkeit von der Vertriebsstruktur/Position gesetzt werden soll, wenn eine Kampagne angelegt wird

- **Organisation/Mandant:** zunächst immer das Unternehmen, aber wichtige Ausprägung hinsichtlich der möglichen Internationalisierung

- **Team**: Zugriffssteuerung für das Kampagnenteam

Die beschriebenen Prozessschritte der Kampagnendurchführung sollten durch Oracle Siebel CRM wie folgt unterstützt werden:

1. Kommunikation der Kampagne in der eigenen Organisation und ggfs. bei Partnern (Handbuch, Roadshow, Telefonkonferenz, Intranet …):

   - Zentrale Bereitstellung von Marketingvorlagen wie Handbüchern, Broschüren, etc., um diese für die Marketingkampagne zu individualisieren

   - Hinterlegung von relevanten Informationen wie Handbüchern, Broschüren, etc. zur Kampagne

   - Hinterlegung von Berechtigungen zur Einsicht der Kampagne über Freigabemechanismen durch den Kampagnenowner (z. B. über Definition eines Teams für die Kampagne)

   - Möglichkeiten der Benachrichtigung von Kampagnenmitgliedern in den Niederlassungen (z. B. durch Aktivitäten oder Aufgaben, die im System automatisch hinterlegt werden)

2. Briefing der beteiligten Kommunikations-/Interaktionskanäle auf Basis der Kampagnenbäume und des Responsemodells:

   ■ Grafische Darstellung der Kampagnenbäume und des Response-modells

   ■ Versand von Kampagneninformationen über das CRM-System in Form von E-Mails oder Flatfiles

3. Start der Kampagne:

   ■ Eine Kampagne muss sowohl manuell gestartet werden können, als auch zeitgesteuert durch die Hinterlegung eines Ausführungs-zeitpunkts.

4. Kontakthistorie führen, Response über Kanäle erfassen:

   ■ Das CRM-System soll eine Responseerfassung ermöglichen.

   ■ Die Responseerfassung soll sowohl manuell als auch automatisiert erfolgen.

   ■ Eine automatisierte Responseerfassung soll bei E-Mail- und News-letterkampagnen erfolgen.

   ■ Die Einspielung von Responseerfassungen von externen Dienst-leistern, die über strukturierte Excel-Tabellen angeliefert werden, soll möglich sein.

5. Überwachung und Steuerung des Kampagnenprozesses (laufendes Kam-pagnenmonitoring)

   ■ Während der Kampagnendurchführung soll für den Kampagnen-owner oder berechtigte Teammitglieder in der Kampagne ersicht-lich sein, welchen Status die Kampagne durchläuft und ob dieser Status erfolgreich durchlaufen wurde. Die Abarbeitung der Kam-pagne sollte mindestens in Logfiles dokumentiert sein. Eine einfa-chere Darstellung für den fachlichen Endanwender ist wün-schenswert.

6. Laufende Information des Kampagnenowners (insbesondere bei Planab-weichungen, Störungen, unvorhergesehenen Ereignissen oder Änderun-gen der Rahmenbedingungen):

   ■ Keine unmittelbare Systemunterstützung außer den bereits defi-nierten Funktionalitäten

7. Regelmäßige Statusmeldung und Veranlassung von Maßnahmen bei we-sentlichen Planabweichungen:

- Keine unmittelbare Systemunterstützung außer den bereits definierten Funktionalitäten

8. Laufende Information der Beteiligten in der eigenen Organisation und bei den Partnern:

- Kommunikation an die Beteiligten in der eigenen Organisation über Aktivitäten/Aufgaben oder über ein InfoCenter

- Versand von Kampagneninformationen über das CRM-System in Form von E-Mails oder Flatfiles

---

Achten Sie in Oracle Siebel CRM-Projekten auf

- die zentrale Bereitstellung von Marketingvorlagen wie Handbüchern, Broschüren, etc., um diese für die Marketingkampagne zu individualisieren.

- die Hinterlegung von relevanten Informationen wie Handbüchern, Broschüren, etc. zur Kampagne.

- die Hinterlegung von Berechtigungen zur Einsicht der Kampagne über Freigabemechanismen durch den Kampagnenowner (z. B. über Definition eines Teams für die Kampagne).

- die Möglichkeiten der Benachrichtigung von Kampagnenmitgliedern in den Niederlassungen (z. B. durch Aktivitäten oder Aufgaben, die im System automatisch hinterlegt werden).

- die Definition und grafische Darstellung von Responsemodellen und Kampagnenbäumen (Abbildung operativer Kampagnenprozess in der Durchführung).

- den Versand von Kampagneninformationen an externe Dienstleister über das CRM-System in Form von E-Mails oder Flatfiles.

- sowohl manuellen als auch Zeit gesteuerten Start einer Kampagne durch die Hinterlegung eines Ausführungszeitpunkts.

- die Möglichkeit von manuellen als auch automatisierten Responseerfassungen (z. B. bei E-Mail-Kampagnen oder Newslettern).

- die mögliche Einspielung von Responseerfassungen von externen Dienstleistern, die über strukturierte Excel-Tabellen angeliefert werden.

- die Durchführung von Kampagnen für die Kanäle externer Lettershop, Serienbrieferstellung, Fax, E-Mail und Telefon.

- die Möglichkeit der automatisierten Newsletterverwaltung. Die Newsletter können in Oracle Siebel CRM im Text- und HTML-Format gestaltet werden. Zudem sind Textbausteine und Logiken (z. B. individualisierte Begrüßung und Verabschiedung) möglich.

- die Möglichkeit, dass sich die Teilnehmer innerhalb der Newsletterverwaltung automatisiert über einen Link vom Newsletter abmelden können.

- die Unterstützung einer automatisierten Responseerfassung bei Versand von E-Mails (E-Mail-Kampagnen oder Newsletter) (Bouncing, Opt-In, Confirmed-Opt-in, Double-Opt-In, Click-through, Unsubscribe, One-Click-Unsubscribe)

Kampagnenanalyse und -reporting

Die folgenden Aufgaben müssen innerhalb von Kampagnenanalyse und -reporting durch Oracle Siebel CRM unterstützt werden:

1. Erstellung von konsolidierten Auswertungen in einem Kampagnen-Gesamtreporting (Ergebnisse)

2. Debriefing innerhalb der Planungsgruppe und Hinterlegen im System (Welche Verbesserungsmöglichkeiten gibt es?)

3. Reporting an Geschäftsführung (kampagnenübergreifende Ableitung und Entwicklung von Entscheidungsgrundlagen zu Händen des Geschäftsführers Sales & Marketing = Voranalyse für die nächste Marketingplanung)

Die Best Practices seitens Kampagnendefinition sind nachfolgend aufgeführt.

Achten Sie in Oracle Siebel CRM-Projekten darauf, dass

- ausgewählte Auswertungen über einen Filter für Inhalte verfügen. Es sollte eine Filterung auf die Daten der jeweiligen Spalte möglich sein. Eine Datenfilterung kann den Datenbereich verkleinern, aber nicht vergrößern.

- jede Region/jede Niederlassung nur Zugriff auf den Datenbereich hat, auf die laut der Datenzugriffsberechtigung Einsicht genommen werden darf. Die Zentrale kann niederlassungübergreifend die Daten sichten.

- die jeweiligen Aggregationsstufen über Hyperlinks dynamisch verbunden sind.

- die Durchführung von Kampagnendebriefings („lessons learned") und Erfassung bzw. Verwaltung der entsprechenden Ergebnisse und Erkenntnisse (Debriefingnotizen, Formular) auf Ebene Einzelkampagne möglich sind.

4.2.3 Analyse und Controlling

4.2.3.1 Analyse der Marketingplanung

Summarische Auswertung Marketing-Aktivitäten

Dieser Report dient dazu, auf höchster Aggregationsebene einen Überblick über Umfang und Ausmaß sämtlicher Marketing-Aktivitäten mit Blick auf die Anzahl der durchgeführten Marketing-Pläne, Programme, Kampagnen pro Region oder Niederlassung sowie in der Zentrale zu gewinnen.

Folgende Informationen sollen auf dem Report angezeigt werden:

- Zentrale / Region / Niederlassung
- Marketingplananzahl
- Programmanzahl
- Kampagnenanzahl
- Kosten
- Anzahl Adressaten
- Anzahl Reaktionen

Marketing-Plan Detail

Dieser Report dient dazu, für die einzelnen Marketing-Pläne einen Überblick über die Anzahl der durchgeführten Programme und Kampagnen, die kontrahierten Kosten, die Anzahl der kontaktierten Adressaten sowie die Anzahl der Reaktionen zu gewinnen.

Folgende Informationen sollen auf dem Report angezeigt werden:

- Name Marketing Plan
- Region / Niederlassung
- Programm Anzahl
- Kampagnen Anzahl
- Kosten
- Anzahl Adressaten
- Anzahl Reaktionen

4.2.3.2 Analyse des Kampagnenmanagements

Überblick Kampagenprogramme

Dieser Report dient dazu, für die einzelnen Kampagnenprogramme einen Überblick über die Anzahl der durchgeführten Kampagnen, die kontrahierten Kosten, die Anzahl der kontaktierten Adressaten sowie die Anzahl der Reaktionen zu gewinnen.

Folgende Informationen sollen auf dem Report angezeigt werden:

- Region / Niederlassung
- Name Marketingplan
- Plan Status
- Plan Typ
- Programmname
- Programm Typ
- Art des Programms (zentral/lokal)

- Programmstatus
- Anzahl Kampagnen
- Marketing Kosten
- Anzahl Adressaten
- Durchschnittliche Response
- Prozentuale Response
- Kosten pro Kontakt

Überblick Kampagnen

Dieser Report dient dazu, für die einzelnen Kampagnen einen Überblick über die Anzahl der durchgeführten Kampagnen, die kontrahierten Kosten, die Anzahl der kontaktierten Adressaten sowie die Anzahl der Reaktionen zu gewinnen.

Folgende Informationen sollen auf dem Report angezeigt werden:

- Niederlassung / Region
- Name Marketingplan
- Programmname
- Programm Typ
- Kampagnenname
- Kampagnenstatus
- Kampagnen Typ
- Art der Kampagne (zentral/lokal)
- Aktuelle Marketingkosten
- Anzahl Adressaten
- Anzahl Reaktionen
- Prozentuale Response
- Kosten pro Reaktion

Übersicht Reaktionen pro Kampagne

Dieser Report dient dazu, für eine einzige Kampagne einen Überblick über die Anzahl der unterschiedlichen Reaktionstypen zu gewinnen und die Kosten für alle erfolgreichen Reaktionen zu ermitteln.

Folgende Informationen sollen auf dem Report angezeigt werden:

- Gesamtkosten der Kampagne
- Anzahl Reaktion – Interesse
- Anzahl Reaktion – Kein Interesse
- Anzahl Reaktion – Andere/Weitere

Abschlussquote pro Kampagne

Dieser Report dient dazu, den gesamten Verkaufsprozess vom Kampagnen-Interessent bis zum Verkaufsabschluss über verschiedene organisatorische Ebenen (Region, Niederlassung, einzelner Vertriebsmitarbeiter) zu steuern. Auswertungen über den Verkaufsprozess erfordern jedoch, dass der einzelne Vertriebsmitarbeiter das Verkaufsprojekt mit der Kampagne verknüpft.

Folgende Informationen sollen auf dem Report angezeigt werden:

- Kampagne

- Anzahl Responses / Interessenten

- Anzahl Besuche

- Anzahl Angebote / Abschlüsse pro Kampagne

4.2.4   Best-Practices für eine Fachkonzeption für ein Oracle Siebel CRM

Auf Basis der dargestellten Berichte im Marketing für die Phase Analyse und Controlling ergeben sich folgende Best Practices für ein Oracle Siebel CRM.

> Achten Sie bei der Definition der analytischen Anforderungen innerhalb des Marketings auf
>
> - die Definition von möglichst einfachen Dashboards zur Übersicht von wichtigen Marketingkennzahlen auf einen Blick.
>
> - die Definition von zentralen Standardabfragen, die dem Nutzer ermöglichen, Best-Practices-Abfragen direkt zu nutzen.
>
> - die Definition von Reports zur Aggregation von Marketingaktivitäten (insbesondere in grafischer Form).
>
> - die Messung der Marketingaktivitäten über die Erfassung und Darstellung von Kampagnenreaktionen und -kosten.
>
> - den Brückenschlag zum Vertrieb, indem die Abschlussquote vom Lead zum Vertriebserfolg ausgewertet und dargestellt wird.

4.3   Relevante Vertriebsprozesse für Oracle Siebel CRM

4.3.1   Vertriebsplanung

Die Herausforderungen der Marketingplanung, die bereits in Kapitel 4.2.1 dargestellt wurden, sind auch für die Vertriebsplanung relevant, daher wird darauf nicht noch einmal eingegangen.

4.3.1.1   Grobe Prozessdarstellung

Die Phase Vertriebsplanung erfolgt in der Regel zentral durch den Geschäftsführer Sales & Marketing und/oder den Vertriebsmanagern. Die Vertriebsplanung stellt –

ebenso wie die Marketingplanung – das Bindeglied zwischen den Vorgaben der Unternehmensführung, die vornehmlich durch die Unternehmensziele sowie das Vertriebsbudget spezifiziert werden, und der operativen Planung und Durchführung von Marktbearbeitungsmaßnahmen dar.

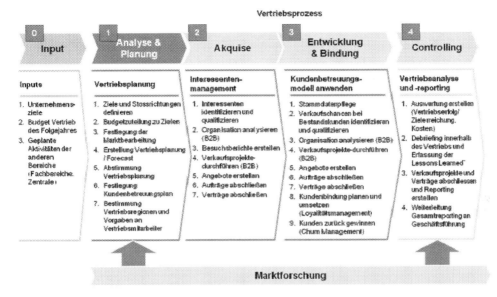

Abbildung 4-11: Prozessuale Einordnung der Vertriebsplanung

Zwischen der Vertriebs- und der Marketingplanung gibt es viele prozessuale Parallelen. Allerdings gibt es für die Vertriebsplanung auch einige Besonderheiten.

Folgende Inputs stoßen den Prozess im Bereich Vertriebsplanung jährlich an:

- Unternehmensziele

- Businessziele (zentral, regional)

- Vertriebsbudget

- Geplante Aktivitäten der anderen Unternehmensbereiche

- Fundierte Analysen über die Vorjahresaktivitäten

Darauf aufbauend präsentiert sich der Ablauf im Bereich Vertriebsplanung wie folgt.

1. **Vertriebs-Zieldefinition** ausgehend von den Unternehmenszielen in Bezug auf folgende Zielkategorien:

   - Kundenakquisition

   - Kundenbindung (Cross-/Up-Selling und Retention)

   - Produkteinführung/-innovation

- Produktpflege/-relaunch

- sowie ggfs. Image/Bekanntheitsgrad und Kanalmigration.

Ziele müssen jeweils konkret und messbar formuliert werden (z.B. Steigerung der Kundenbasis um 10 % bis ...).

2. Auf Basis der Zieldefinition erfolgt die **Budgetzuteilung** zu den entsprechenden Zielen.

3. In einem dritten Schritt werden **zielkonforme Vertriebsaktivitäten, Forecasting und Kundenbetreuungsmodelle** definiert und damit die Frage beantwortet, welche Ziele durch welche Vertriebsaktivitäten optimal unterstützt werden können.

4. Danach wird jeweils in einer festgelegten Periode der **Vertriebsplan** durch den Geschäftsführer Sales & Marketing und/oder die Vertriebsmanager erstellt. Diese stellen die zeitliche, inhaltlich logische und bereichsübergreifende Taktung der Maßnahmen sicher. Zudem werden im Vertriebsplan Platzhalter definiert zur Sicherstellung unterjähriger Flexibilität für ad-hoc-Aktionen seitens der regionale Niederlassungen.

5. Der von der Zentrale festgelegte **Vertriebsplan** wird mit den regionalen Niederlassungen **abgestimmt**. Im Zuge dessen wird auch die Ressourcenverfügbarkeit seitens regionalen Niederlassungen zur Durchführung der einzelnen Maßnahmen geklärt.

6. Für die im abgestimmten Vertriebsplan definierten Vertriebsaktivitäten werden entsprechende **Verantwortliche** durch den Geschäftsführer Sales & Marketing benannt. Zudem werden das **High-level-Kundenbetreuungsmodell** sowie die **Eckdaten der Marktbearbeitung und Kundenbetreuung** in Abstimmung mit den Vertriebsmanagern festgelegt (insbesondere Ziel, Budget, Zielgruppen inkl. Ausschlusskriterien, Laufzeit). Letztere Angaben fungieren als Basis für die Besuchsplanung.

Der zentrale Output aus der Phase Vertriebsplanung ist der zentrale Vertriebsplan (Jahr) inkl. darin enthaltenem Forecast sowie der geplanten Markt- und Kundenaktivitäten. Diese wird an alle Bereiche des Unternehmens kommuniziert. Zudem erfolgt ein halbjährliches Update des Vertriebsplans sowie eine entsprechende Kommunikation.

Forecast

Einer der häufigsten Produktivitätkiller in vielen Vertriebsorganisationen ist die regelmäßige Vertriebsplanung bzw. der so genannte Forecast.

Die Vertriebsplanung ist in der Regel ein iteratives Vorgehen, welches Top-Down von der Vertriebsleitung durch Vorgaben für die einzelnen Vertriebsregionen zum Jahresende für das Folgejahr angestoßen wird. Im zweiten Schritt planen die einzelnen Vertriebsmitarbeiter die jeweiligen Ab- und Umsätze pro Kunde, Produkt, Produktlinie, Region, etc. Resultat ist häufig eine mehr oder minder gute Planung, in der die Vorgaben aus dem Management bestmöglich auf die einzelnen Planungsobjekte herunter gebrochen werden. Allerdings entsteht hier häufig ein Resultat am grünen Tisch, was nur bedingt mit der Realität zu tun hat.

Ist die initiale Planung zu Jahresende oder -beginn fixiert, so kommen unterjährige Forecasts oder Planungsanpassungen im nächsten Schritt bis hin zu Planungen je Verkaufschance.

Im Alltag arbeitet ein Vertriebsmitarbeiter an Verkaufschancen. Dies trifft insbesondere für größere Verkaufschancen im B2C oder im Projektgeschäft im B2C zu. In der Regel arbeitet ein Vertriebsmitarbeiter nur an den Vertriebschancen, die auch Erfolg versprechend sind. Dennoch haben diese Verkaufschancen statistisch betrachtet zum Teil schlechte Chancen.

Ein guter Weg ist, die Verkaufschance als Projekt zu betrachten und nach klar messbaren Meilensteinen zu strukturieren.

Auf Basis der initialen und laufenden Vertriebsplanung verschaffen Berichte und Analysen einen Überblick über die Verkaufspipeline eines Unternehmens. Hierzu werden Informationen aus den Bereichen Vertrieb, Kundenservice und Finanzen zu einem vollständigen Bild über die Leistung des Vertriebs zusammengefügt. Wenn hinter den Prognosen Business Intelligence-Lösungen stehen, können einzelne Geschäftsmöglichkeiten genauer verfolgt und besser reagiert werden. Man erhält zudem genauere Aussagen über das aktuelle und zukünftige Umsatzpotenzial und über die Einflussgrößen, die das Geschäft steuern. Gewinne und Verluste von Aufträgen lassen sich damit genau analysieren. Das Führungsteam erhält grafisch aufbereitete Übersichten, um darüber die aktuellen Ist-Daten und im Vergleich dazu die Planungen abzurufen. Strategische Entscheidungen zur Erhöhung der Effizienz im Vertrieb basieren damit auf genauen Fakten.

Folgende Aufgaben einer Vertriebsplanung können mittels Business Intelligence unterstützt werden (vgl. hierzu u.a. www.microstrategy.com)

- **Effektive Vertriebsplanung durch Trendanalysen und Hinweise auf Abschlussmöglichkeiten:** Die Manager im Vertrieb und das Führungsteam erwarten genaue Informationen, bei der aktuelle Informationen genauso berücksichtigt werden wie historische Informationen, um etwa die Wahrscheinlichkeit eines Abschlusses zu ermitteln. BI-Lösungen bieten übersichtliche und leicht verständliche Darstellungsmöglichkeiten – gleichzeitig aber auch statistische Funktionen, um prognostische Modelle zu entwickeln.

- **Analyse der Pipeline aus verschiedenen Blickwinkeln:** Das Management muss alle Entwicklungen kennen und verstehen, die zum Auftragsabschluss oder -verlust führen. Diese Trends können unterschiedlich ausfallen und von der Region, vom Mitarbeiter (seiner Erfahrung, seiner Ausbildung usw.), von der Wettbewerbspräsenz und vom Produkt abhängen. Business Intelligence bietet hier die nötige Flexibilität, um die Pipeline nach den gewünschten Kriterien betrachten zu können. Dabei hat man jederzeit Zugriff auf Daten von einzelnen Abschlüssen.

- **Die Kombination von Daten aus** den **Bereichen Vertrieb, Marketing, Produkte und Kunden:** Zur genaueren Analyse von Vertriebs- und Marketingprozessen benötigt man in der Regel mehr Informationen als diejenigen, die von den üblichen SFA-Systemen (Sales Force Automation) verwaltet werden. Für die Darstellung der Profitabilität, des Umsatzpotenzials nach Kundengruppe oder für die Analyse von Marketingkampagnen benötigt man Informationen aus allen Systemen des Unternehmens. BI-Lösungen integrieren Daten aus allen im Unternehmen genutzten Systemen. Nur dann erhält man die gewünschte Transparenz zu allen Faktoren, die die Vertriebspipeline eines Unternehmens beeinflussen.

- **Sicheres Berichtswesen für alle Hierarchiestufen:** Bei einer unternehmensweit verteilten Vertriebsplanung müssen alle Manager und Mitarbeiter im Vertrieb individuellen Zugriff auf ihre spezifischen Informationen haben. Der Einsatz einer Lösung über das Intra- oder Internet erfordert für den Schutz dieser wichtigen Daten sehr hohe Sicherheitsstandards und eine skalierbare Infrastruktur, damit diese Informationen an eine weit verteilte Anzahl von Benutzern zugestellt werden können. Bei der Vertriebsplanung sind die Anforderungen an die Skalierbarkeit, an die Datenaufbereitung und -sicherheit äußerst hoch.

Es ist eine der wichtigsten Aufgaben des Vertriebscontrollings, zuverlässige Aussagen über den künftigen Auftragseingang zu liefern. Der einzelne Vertriebsmitarbeiter sollte aber nicht durch zu intensive Datenpflege in IT-Systemen von seiner eigentlichen Aufgabe, dem Verkaufen, abgehalten werden. Vielmehr sollte der einzelne Vertriebsmitarbeiter wie beschrieben eine initiale Planung liefern, die mögliche Auftragseingänge pro Produktlinie, Produkt, Region bzw. Kunde oder Kundengruppe prognostizieren lässt. Zudem muss der einzelne Vertriebsmitarbeiter im Tagesgeschäft – allerdings abhängig vom jeweiligen Geschäftsmodell – den rollierenden Planungsprozess unterstützen, um notwendige Plananpassungen durch das Vertriebscontrolling frühzeitig erkennen zu können.

Der Forecasting-Prozess in Oracle Siebel CRM soll kurz skizziert werden:

- Der Vertriebsmitarbeiter (FC1 oder FC2) pflegt seinen Forecast manuell in das System nach Kriterien wie Kunden, Region oder Produkt/Produktlinie ein.

- Der Vertriebsmitarbeiter leitet seinen Forecast an seinen Vorgesetzten im Oracle Siebel CRM weiter.

- Der Vorgesetzte prüft den Forecast seiner Teammitglieder, macht bei Bedarf Anpassungen und sendet ihn an seinen Vorgesetzten.

- Im Fall eines fehlerhaften Forecasts eines Mitarbeiters kann der Vorgesetzte den Forecast zurückweisen.

- Der Vertriebsmitarbeiter kann den zurückgewiesenen Forecast erneut anpassen und wieder an den Vorgesetzten weiterleiten.

- Dieser Prozess wird so lange durchlaufen, bis der Forecast final ist.

Kundenbetreuungsmodell

Das Kundenbetreuungsmodell ist ein wichtiges Ergebnis aus dem Vertriebsplan und dem Forecasting (vgl. Abbildung 4-12). Nach Analyse der Kundenstrukturen und der Besuchsstatistiken des Vorjahrs sowie daraus resultierender Vorjahresergebnisse und geplanter Vertragsabschlüsse (Umsatz, Menge, EBIT) sollte das Kundenbetreuungsmodell regelmäßig (jährlich oder halbjährlich) überprüft werden, um optimal auf die aktuellen Marktgegebenheiten mit Vertriebsaktivitäten zu reagieren.

Wichtig: Mit „Kunden" sind Interessenten, Bestandskunden und War-Kunden gleichermaßen gemeint.

Zukünftiger Kundenwert Wert + Potenzial	Kontaktmanagement (proaktiv)	Organisation/ Verantwortlichkeit	Verkaufsprozess-management
Key Accounts	persönlich mind. 4mal telefonisch mind. 2mal	Regionenübergreifendes Key Account Management	Vertriebsmethodik anwenden
A-Kunden	persönlich mind. 4mal telefonisch mind. 2mal	Außendienst	Vertriebsmethodik anwenden
B-Kunden	persönlich mind. 2mal telefonisch mind. 2mal	Außendienst	Vertriebsmethodik anwenden
C-Kunden	persönlich mind. 1mal telefonisch mind. 1mal	Außendienst	Vertriebsmethodik nicht anwenden
D-Kunden	telefonisch 1x	Innendienst	Vertriebsmethodik nicht anwenden
E-Kunden	Auf Anfrage	Innendienst (ggfs. zentral)	Vertriebsmethodik nicht anwenden

Abbildung 4-12:   **Beispielhaftes Kundenbetreuungsmodell**

Ziel des Kundenbetreuungsmodells ist es, die Bestands- und Zielkunden des Folgejahres in ein Betreuungsschema anhand der Kundenwertigkeiten einzuteilen (vgl. zu Kundenwertigen das Kapitel 4.1). Das Kundenbetreuungsmodell ist eine wichtige Komponente im Vertrieb, um die Vertriebsplanung operativ zu unterstützen, da aus dem Modell konkrete Vorgaben für die Vertriebsregionen abgeleitet werden können.

Die folgenden Vorgaben für die Vertriebsregionen resultieren aus einem Kundenbetreuungsmodell innerhalb der Vertriebsplanung:

- **Segmentierung:** Klassifikation von Bestandkunden und Interessenten nach Vertriebspotenzialen.

- **Kontaktfrequenz:** Vorgaben für das Kontaktmanagement durch den Vertriebsmitarbeiter, die systemisch durch Oracle Siebel CRM unterstützt werden können (Besuche, Telefonate, Kampagnen, etc.).

- **Verantwortlichkeit:** Organisatorische Vorgaben, welche Region welchen Kunden betreut und welche Mitarbeiter die Kundenbetreuung und Interessentenakquise betreiben.

- **Methodik:** welche Informationen sind zu welchem Vertriebsvorgang zu dokumentieren (z. B. Nutzung von Vertriebsmethodiken wie TAS im Oracle Siebel CRM).

4.3.1.2   Best-Practices für eine Fachkonzeption für ein Oracle Siebel CRM

Auf Basis der groben Prozessdarstellung für die Phase Vertriebsplanung ergeben sich folgende Best Practice für ein Oracle Siebel CRM.

Grundsätzlich muss das System in der Lage sein, die jährliche Erstellung eines (zentralen) Vertriebsplans insbesondere eines Forecasts zu unterstützen. Ferner müssen im Rahmen des Vertriebsplans verschiedene Vertriebsaktivitäten wie Events und Vertriebskampagnen geplant bzw. verwaltet werden können.

Die einzelnen Vertriebsaktivitäten können im Vertriebsplan neu angelegt, hinzugefügt oder wieder entfernt werden. Zur Spezifikation der Vertriebsaktivitäten im Rahmen der Vertriebsplanung sind folgende Felder zusätzlich zum Kampagnenmanagement aus der Marketingplanung vorgesehen:

- Name der Veranstaltung

- Typ (das konkrete Ziel des Events: z.B. Akquisition, Cross- und Up-Selling, Kundenbindung/-loyalität, Steigerung Bekanntheitsgrad/Image, Kundenrückgewinnung → weitere können jeweils neu definiert werden)

- Budget

- Geplantes Start- und geplantes Enddatum

- Verantwortlicher

- Projektgruppe (= beteiligtes Team)

- Status

- Freigabestatus

Die so geplanten Veranstaltungen können im Rahmen des Vertriebsplans in Kalenderform in Oracle Siebel CRM grafisch dargestellt werden können.

Achten Sie bei der Definition der Anforderungen für die Vertriebsplanung auf

- die Erstellung eines übergeordneten zentralen Vertriebsplans inkl. Verwaltung und Abbildung des darin enthaltenen Forecasts. Grafische Übersicht über sämtliche Veranstaltungen in Kalenderform.

- die Planung und Spezifikation von Vertriebsaktivitäten innerhalb einer entsprechenden Kundenbearbeitungs-Detailsicht.

- die Darstellung von Kundengewinnen und Kundenverlusten: Die Anzahl der Kundengewinne und Kundenverluste soll über verschiedene Perioden ausgewertet werden können (aggregiert, pro Produkt, pro Region, pro Niederlassung, pro Zeitraum).

- die Analyse der Gründe für Kundenverluste: Kundenverlustgründe können anhand der definierten Kriterien ausgewertet werden.

- die Produktnutzung in der Vergangenheit: Es sollten verschiedene Auswertungen über die Produktnutzung von bestehenden Kunden und differenziert nach Segmenten gemacht werden können.

- die Darstellung der Potenzialdaten aus der Kundenwertdefinition: Die jeweils auf Basis des Besuchsberichts erfassten produktspezifischen Potenzialdaten müssen ausgewertet werden können (aggregiert, pro Region, pro Niederlassung, nach Branchen, nach Zeiträumen).

- die Unterstützung des Forecasting-Prozesses innerhalb der Vertriebsplanung.

- die Möglichkeiten der schnellen Pflege der Vorgaben aus dem Kundenbetreuungsmodell für den jeweiligen Vertriebsmitarbeiter und die dezentrale Einsicht für den Mitarbeiter.

4.3.2 Akquise

4.3.2.1 Grobe Prozessdarstellung

Der folgende Prozessablauf (Abb. 4–13) beschreibt die Eingliederung der Akquise in den Vertriebsprozess.

Der Akquiseprozess besteht im Ideal aus einzelnen Phasen, die im Nachgang beschrieben werden. Hierbei ist zu erwähnen, dass einzelne Phasen wie das Verkaufsprojektmanagement häufig nur bei großen Projekten oder im Business-to-Business (B2B)-Vertrieb greifen, da der Administrationsaufwand im Business-to-Consumer (B2C) häufig zu hoch ist.

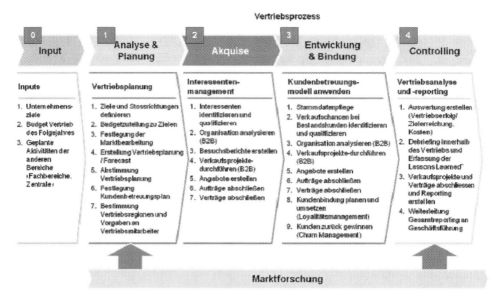

Abbildung 4-13:   Prozessuale Einordnung der Akquisephase

Interessenten identifizieren und qualifizieren

Bei der Neukundenakquise werden verschiedene Interessenten-Quellen verwendet:

1. **Interessentengenerierung durch den Außendienst**
   Im Rahmen der Kaltakquise und bei Fahrten durch sein Verkaufsgebiet soll der Außendienst neue Adressen sammeln. Diese Adressen sollen über eine Maske in das Oracle Siebel CRM als Interessenten eingegeben werden.

2. **Interessentengenerierung durch externe Dienstleister (z.B. IHK, Hoppenstedt)**
   Adressdaten werden von verschiedenen externen Dienstleistern zugekauft, um neue Interessenten zu generieren und Datensätze mit Informationen (z.B. Bonität) zu erweitern. Diese Adressen können über ein so genanntes Listenmanagement in Oracle Siebel CRM eingespielt werden können.

Relevante Informationen für den Interessenten:

- Allgemeine Informationen wie Firmenname, Adresse, Firmendaten, Kontaktinformationen der Firma, etc.

- Kontaktinformationen der natürlichen Person wie Name, Adresse, Telefonnummer, eMail-Adresse, Marketingmerkmale, etc.

Bereits bei der Stammdatenanlage ist darauf zu achten, dass der Interessent seine Einwilligung für etwaige Marketingmaßnahmen gibt. Die Marketingmerkmale sollten regelmäßig am Ansprechpartner erfasst werden. Dies erspart eine spätere, sehr aufwändige Nachqualifikation der Interessenten (Abb. 4–14).

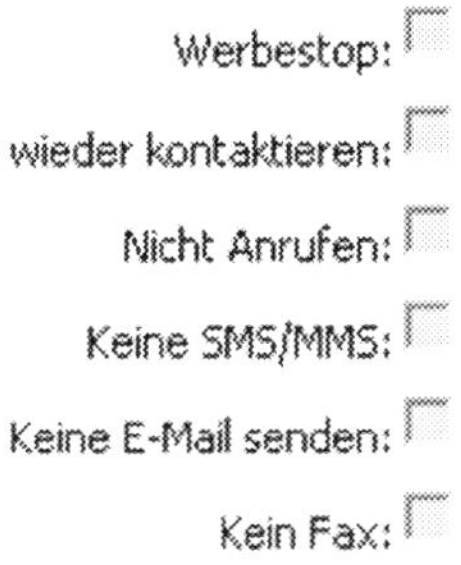

Werbestop: ☐

Nie wieder kontaktieren: ☐

Nicht Anrufen: ☐

Keine SMS/MMS: ☐

Keine E-Mail senden: ☐

Kein Fax: ☐

Abbildung 4-14:   Erfassung von Marketingmerkmalen in Oracle Siebel CRM

Im Rahmen einer Best Practices-Lösung im Oracle Siebel CRM bietet sich zudem die Einbindung einer Adress- und Dublettenprüfung über Fuzzy an. Hierzu gibt es eine standardisierte Schnittstelle zur Adressprüfung (Fuzzy Post) und Dubletten- prüfung (Fuzzy Double). Es empfiehlt sich, die Prüfungen direkt beim Kunden per Knopfdruck aufrufbar zu machen.

Die Datenqualitätsprüfung greift auch beim automatisierten Laden von Interessen- tendaten über das Listenmanagement in Oracle Siebel CRM. Im Nachgang emp- fiehlt sich allerdings die automatisierte Zuweisung der automatisiert geladenen Interessenten über den so genannten Assignment Manager von Oracle Siebel. Da- durch wird gewährleistet, dass die geladenen Interessenten zu den richtigen Ver- triebsmitarbeitern anhand der Gebiets- oder Kundenbetreuungsstrukturen zuge- wiesen werden. Gängige Zuordnungskriterien sind hierbei die Adresse, Produkte oder Konzernzugehörigkeiten.

Nachdem der Interessent vorqualifiziert wurde, empfiehlt sich bei konkretem Interesse an einer Geschäftsbeziehung häufig der persönliche Kundenkontakt. Es ist ratsam, dass relevante Kundenkontakte mit einem Interessenten (oder auch Bestandskunden) in einem Oracle Siebel CRM dokumentiert werden, um eine voll- ständige Kundenkontakthistorie vom ersten Tag an zu erhalten. Hierbei ist aller- dings darauf hinzuweisen, dass es nicht realistisch ist, jeden einzelnen Kunden- kontakt zu erfassen. Vielmehr sollten Kundenkontakte gezielt erfasst werden, um die Kundenkontakthistorie sinnvoll zu dokumentieren. Daher sollten Kundenbe- suche, wichtige Telefonate sowie Schriftverkehr jeglicher Art dokumentiert wer- den.

Kundenkontakte werden in Oracle Siebel CRM als Aktivitäten erfasst. Dies gilt auch für die Planung von Kundenbesuchen.

Die folgenden Informationen sollten bei der Besuchsplanung erfasst werden:

- Besuchter Kunde
- Ansprechpartner (alle relevanten Informationen zum Interessenten)
- Fällig/Termin am
- Status
- Betreff
- Alarm
- Anzeigen in
- Ergebnis

Ein geplanter Kundenbesuch liegt regelmäßig in der Zukunft. Daher ermöglicht Oracle CRM Siebel im Standard bereits die Nutzung einer Erinnerungsfunktion bzw. einer Wiedervorlage über einen so genannten Alarm in der Aktivität.

Darüber hinaus kann der Vertriebsmitarbeiter in Oracle Siebel CRM alle geplanten Vertriebsaktivitäten (sofern als Aktivität in das System eingegeben) nicht nur in seinen Aktivitäten als Übersichtsliste verfolgen, sondern auch noch Unterscheidungen in „Aufgaben" und „Kalendereinträge" vornehmen.

Oracle Siebel CRM unterstützt eine Synchronisation mit Microsoft Outlook, die es ermöglicht, den Kalender eines Nutzers zwischen den beiden Systemen synchron zu halten. Das erspart Doppelarbeiten in der Kalenderpflege. Zudem erlaubt Oracle Siebel CRM die Nutzung einer BlackBerry® oder iPhone™-Applikation, wodurch der Nutzer frei entscheiden kann, wo er seine Daten pflegt (Abb. 4–15).

Eine nützliche Hilfestellung im Vertrieb bei der Qualifikation von Interessenten im Vertriebsinnendienst ist die so genannte Delegierungsfunktion von Oracle Siebel CRM. Diese erlaubt es im Vertrieb, Aktivitäten wie Besuche durch den Vertriebsinnendienst zu planen und diese dann dem jeweiligen Vertriebsmitarbeiter als delegierte Aktivität einzustellen. Hierzu wird der Vertriebsmitarbeiter nach Anlage der Besuchsplanung als Verantwortlicher für die Aktivität aufgenommen. Sinnvolle Voraussetzung ist die Kalenderfreigabe durch den Vertriebsmitarbeiter in Oracle Siebel CRM, damit der Vertriebsinnendienst die Aktivität zeitlich sauber planen kann. Dies entspricht dem Siebel Standard. Der Vertriebsinnendienstmitarbeiter kann nach Besuchsplanung die geplanten Besuche in einer gesonderten Ansicht nachverfolgen.

Abbildung 4-15:   Kalender in Oracle Siebel CRM[33]

Organisation analysieren (B2B)

Insbesondere im B2B-Vertrieb ist eine Organisationsanalyse in Form einer Buying Center-Analyse sinnvoll. Hierbei werden die Einkaufsmitarbeiter beim Interessenten oder Bestandskunden einer Analyse auf deren Verhältnis zum eigenen Unternehmen untersucht (vgl. zur Buying-Center-Analyse ausführlich Backhaus, 2003).

Die Promotoren und Opponenten sollten identifiziert und beachtet werden. Die Machtpromotoren verfügen über die benötigte Entscheidungsbefugnis und die Fachpromotoren über das nötige Wissen, um die Implementierung eines Business Performance Managements erfolgreich zu gestalten.

Oracle Siebel CRM erlaubt die Darstellung von Beziehungsgepflechten zwischen Personen und die Klassifizierung der jeweiligen Stakeholder.

Besuchsberichte erstellen

Die Dokumentation von Besuchen ist in der Regel eine unliebsame Aufgabe im Vertrieb, daher sollte diese Aufgabe bestmöglich durch Oracle Siebel CRM unterstützt werden, um hier eine hohe Effizienz im Vertrieb zu gewährleisten. Es empfiehlt sich, einen elektronischen Besuchsbericht zu verwenden.

---

33 Quelle: Oracle, 2010.

Definition: Der elektronische Besuchsbericht stellt eine *Aktivität* vom *Typ Besuchsbericht* dar, die zum Ansprechpartner/Geschäftspartner *auf Benutzeranforderung* erstellt werden soll.

In einem elektronischen Besuchsbericht sollten die relevanten Daten zum Besuch erfasst bzw. angezeigt werden. Die einzelnen Teile des Besuchsberichts werden nachfolgend detailliert beschrieben:

1. **Fakten zum Geschäftspartner und Ansprechpartner:** Die Stammdaten zum Geschäftspartner und Ansprechpartner sollen automatisch auf Grundlage des CRM-Datenbestands im elektronischen Besuchsbericht angezeigt werden. Des Weiteren sollte über eine Auswahl-Liste das Besuchsziel durch den Vertriebsmitarbeiter ausgewählt werden können. Hierdurch lassen sich Besuchsziele und Besuchsergebnisse später abgleichen.

2. **Besprochene Produkte und Dienstleistungen:** Der Vertriebsmitarbeiter sollte diese Daten manuell in den elektronischen Besuchsbericht eingeben. Die Produkte sollten bei Bedarf aus einem anderen führenden System (z. B. SAP) im CRM bereit gestellt werden. Die Produkte sollten aus einer Auswahl-Liste ausgewählt werden können.

3. **Wettbewerber (Up-Sell-Potenzial):** Die Wettbewerbsdaten sollten manuell durch den Vertriebsmitarbeiter eingegeben werden. Es sollte eine Schnittstelle zum analytischen CRM für die Übertragung der Informationen zur Berechnung der Potenzialdimension im Rahmen der Kundenbewertung bestehen. Der Benutzer sollte auch die Möglichkeit haben, aus einem Up-Sell-Potenzial ein Verkaufsprojekt zu erzeugen. Dies sollte auf Benutzeranforderung erfolgen.

4. **Folgeaktivitäten (Nächste Schritte):** Hier sollte der Vertriebsmitarbeiter die aus dem Besuch resultierenden Aktivitäten eingeben können. Hierbei handelt es sich <u>nicht</u> um Freitextfelder. Vielmehr müssen hier (1) der Name der Aktivität erfasst werden, (2) der verantwortliche Bearbeiter ausgewählt werden (aus einer Auswahl-Liste oder über eine Abfrage) und (3) ein Enddatum definiert werden. Zusätzlich soll es in diesem Bereich des elektronischen Besuchsberichts möglich sein, *Aktivitäten-Pläne* für Routine-Abläufe auszuwählen (z.B. Paketscheine verschicken, Kampagne operationalisieren). Hierdurch werden mehrere vordefinierte Aktivitäten im System automatisch angelegt.

5. **Gesprächsverlauf:** Der weitere Gesprächsverlauf soll in diesem Freitext-Bereich dokumentiert werden.

Zusätzlich sollten so genannte *Aktivitäten-Pläne* in Oracle Siebel CRM definiert werden. Die resultierenden Aktivitäten werden einer eindeutigen Rolle zugewiesen und mit einem definierten Enddatum (z.B. heute plus eine Woche) vorgefüllt. Dieses Enddatum sollte durch den Endanwender änderbar sein.

Es sollte einen automatisierten Mechanismus geben, der diese Aktivitäten nach vordefinierten Regeln eskaliert. Eine Regel hierfür könnte lauten: „Melde die Aktivität an den Verkaufsleiter der Niederlassung, wenn der Status nach 5 Tagen noch offen ist."

Der aktuelle Eskalationsstatus der Aktivitäten sollte durch eine Ampel-Funktion visualisiert werden. Es sollte auch möglich sein, die Eskalationsaktivitäten z.B. in einer separaten Maske oder durch einen speziellen Filter getrennt von den anderen Aktivitäten anzeigen zu lassen.

Im Idealfall wird ein Besuchsbericht in Oracle Siebel CRM mit der Adobe Forms Integration einfach in das System eingelesen. Eine andere Möglichkeit bieten Gesprächsleitfäden (so genannte Smart Scripts) (Abb. 4–16).

Abbildung 4-16: elektronische Besuchsberichte über Adobe Forms Integration[34]

Verkaufsprojekte durchführen (B2B)

Das Hauptziel einer jeden Unternehmung ist es, wirtschaftlich erfolgreich zu sein. Ferner sind sämtliche marktorientierte Organisationen – in Anbetracht beschränkter Budgets – darauf bedacht, maximale Effizienz in allen Prozessen und Geschäftsbereichen – als direkten Hebel auf Umsatz und Gewinn – zu erzielen. Insbesondere im B2B-Vertrieb, der vertrieblichen Interaktion zwischen Unternehmen, stecken erhebliche Effizienzsteigerungs-Potenziale, die es zu identifizieren und auszuschöpfen gilt.

Eine der Herausforderungen im Vertriebscontrolling besteht darin, sowohl die entsprechenden *organisatorischen Voraussetzungen* zur Effizienzsteigerung als auch die prozessnahe und permanente *Messung von Effizienz* im Vertrieb zu etablieren. Effizienz setzt immer Methodik voraus. Es ist demzufolge erforderlich – als Derivat der jeweiligen Vertriebsstrategie und der Marktgegebenheiten – eine adäquate Vertriebsmethodik einzurichten. Bei der Einführung einer solchen ist es von zentraler Wichtigkeit, nebst der strukturierten und konsistenten Vorgehensweise, so genannte *Key Performance Indicators (KPIs)* zu definieren, welche das Unternehmen

---

34 Quelle: Oracle, 2010.

letztlich in die Lage versetzen, Effizienz zu quantifizieren und folglich mess- bzw. steuerbar zu machen.

Eine effiziente Vertriebssteuerung wird durch Verkaufsprojekte gewährleistet. Die Verkaufsprojekte dienen innerhalb des Vertriebsprozesses als logische Klammer zwischen in der Akquisephase, welche in Oracle Siebel CRM im Standard abgebildet sind. Es dient dazu, den Vertriebsprozess ab der Qualifikation des Interessenten im B2B-Vertrieb zu strukturieren und zu dokumentieren.

> **Definition Verkaufsprojekt**
>
> Ein Verkaufsprojekt wird als «überprüfte und qualifizierte Möglichkeit, Produkte oder Leistungen zu veräußern» definiert.

Das Verkaufsprojektmanagement dient der übergeordneten Zielsetzung, langfristig profitable Kundenbeziehungen aufzubauen und zu nutzen, um somit möglichst viele Einheiten abzusetzen und dabei den Gewinn zu maximieren. Unternehmen müssen demnach in der Lage sein, alle potenziellen Käufer (Leads) zu tatsächlichen Käufern in Form von Auftragseingängen weiter zu entwickeln.

Von dieser Zielsetzung ausgehend, ergeben sich die folgenden zentralen Fragestellungen für ein Unternehmen:

- Was sind die exakten Bedürfnisse der Interessenten?
- Wie kann das eigene Unternehmen die speziellen Bedürfnisse des Interessenten befriedigen?
- Wie effizient ist das Verkaufsprojektmanagement und wie lässt sich dieses nachhaltig steigern?

Das Instrumentarium *Verkaufsprojektmanagement* – auch als «Opportunity Management» in Oracle Siebel CRM bekannt – hält Antworten auf die besagten Fragen bereit und führt den Vertriebsmitarbeiter in optimaler Weise durch den Verkaufsprozess.

Um ein wirksames Verkaufsprojektmanagement im Unternehmen erfolgreich einzuführen, sind folgende Voraussetzungen zu erfüllen:

- Jedes Unternehmen muss sein individuelles Verkaufsprojektmanagement-Konzept erarbeiten.
- Die Schnittstellen zwischen Mensch und Systemen müssen innerhalb eines Unternehmens eindeutig und systematisch definiert werden.
- Die generelle Akzeptanz der Mitarbeiter muss gegeben sein und vor allen Dingen gelebt werden.
- Zur Erfassung von Verkaufsprojekten und den zugehörigen Informationen bedarf es eines geeigneten CRM-Systems, welches das unternehmensspezifische Verkaufsprojektmanagement abzubilden vermag und die Integration in die Unternehmensprozesse sicherstellt.

Folgende elf Kriterien können für die Beurteilung eines Verkaufsprojekts herangezogen werden:

1. *Auftragseinschätzung*: Hinsichtlich des ersten Kriterienpunktes gilt es zu analysieren, welcher finanzielle Nutzen sich (Umsatz, Deckungsbeitrag oder Gewinn) aus dem Auftrag für das Unternehmen ergibt. Ist der Auftrag als *hoch* eingeschätzt worden, so muss das Angebotsmanagement in umfassenderem Masse betrachtet werden, um die Chancen auf einen Vertragsabschluss zu maximieren. Auch die Verhandlungsphase muss gründlich adressiert werden, um zu einem akzeptablen Vertragsabschluss zu gelangen.

2. *Eintrittswahrscheinlichkeit*: Hier wird eine erste Prognose über das Zustandekommen der Anfrage von Seiten des Vertriebsmitarbeiters abgegeben. Die Eintrittswahrscheinlichkeit wird innerhalb des Verkaufsprojekts von Beginn an bewertet und ist in der Regel mit der Fortführung des Verkaufsprojekts ansteigend. Die Eintrittswahrscheinlichkeit des Auftragsgewinns ist ein verlässlicher Indikator für die Ressourcenallokation im B2B-Umfeld, um den Auftrag zu gewinnen.

3. *Eintrittszeitpunkt*: Der Eintrittszeitpunkt bei Realisierung der Anfrage kann je nach Branche, Produkt oder Unternehmen eine bedeutende Rolle spielen. So muss diesem Kriterienpunkt beispielsweise bei saisonal bedingten Produkten oder wetterabhängigen Rohstofflieferungen, Montagen oder Produktionen eine hohe Bedeutung zugerechnet werden. Birgt der Eintrittszeitpunkt ein *hohes* Risiko, so muss dies im Angebotsmanagement und in der Verhandlung berücsichtig werden, da sonst eine Weiterbearbeitung wenig Sinn macht.

4. *Risikoeinschätzung*: Die Risikoeinschätzung betrachtet sowohl die finanziellen Risiken als auch Imagerisiken, die durch den Auftragsgewinn entstehen können. Wird die Risikoeinschätzung *hoch* eingestuft, so muss dies im Angebotsmanagement und in der Verhandlung ausdrücklich berücksichtigt werden, damit der Auftrag zufrieden stellend durchgeführt werden kann.

5. *Ressouceninanspruchnahme*: Bei der Annahme eines Auftrags ändern sich die Auslastungen der Ressourcen, wie z.B. Maschinen, Mitarbeiter oder Produktion. Es ist festzustellen, inwieweit diese erhöhte Inanspruchnahme gedeckt werden kann bzw. in welcher Form sie durch den Auftragswert gedeckt ist. Eine hohe Ressourceninanspruchnahme ist zwingend mit der Produktion abzustimmen, um die zeitnahe Fertigstellung eines Auftrags bereits im Vorfeld abzusichern. Hierbei wird insbesondere die Grundlage für die Vertragsverhandlungen in Bezug auf einen späteren Lieferverzug gelegt.

6. *Kundenstatus*: Beim Kundenstatus muss der Vertriebsmitarbeiter angeben, ob es sich um einen Neu- oder Bestandskunden handelt (Neukunde; Halber Bestandskunde (ab der 2. Bestellung); Bestandskunde (ab der 3. Bestellung)). Der Kundenstatus hat – isoliert betrachtet – keinerlei Auswirkungen auf die Gewichtungen im Hinblick auf das weitere Vorgehen. Denn unabhängig davon, ob Bestands- oder Neukunde, jeder muss optimal bedient werden, um eine langfristige Kundenbindung aufbauen zu können. Der Kundenstatus kann jedoch ein wichtiges Kriterium für die Vertriebsstrategie und -steuerung sein. So ist es beispielsweise von Bedeutung, hier eine spätere Auswertung hinsichtlich Neu- und Bestandskundengeschäft im Verkaufsprojektmanagement zu gewährleisten.

7. *Produktkomplexität*: Mit Hilfe dieses Kriteriums ist es möglich zu eruieren, wie komplex das Gesamtprodukt ist. Dazu gehören Lieferung, mögliche Vertragsgestaltung und Inhalte sowie Bereitstellung und Ausführung. Wird die Produktkomplexität mit einem *hohen* Risiko eingestuft, so muss dies in der Ausgestaltung des Angebots und in der Verhandlung berücksichtigt werden.

8. *Auslastungsgrad*: Dieses Kriterium ermittelt, wie sich der Beschäftigungsgrad durch die Annahme des Auftrags verändern wird. Liegt nach Auftragsannahme Unterbeschäftigung vor, ist im Hinblick auf die Durchführung kaum mit Risiken zu rechnen. Sollte es jedoch zur Voll- oder gar Überbeschäftigung kommen, steigt das Risiko, dass unerwartet Mehrkosten auf das Unternehmen zukommen (geringes Risiko: Unterbeschäftigung; mittleres Risiko: Vollbeschäftigung; hohes Risiko: Überbeschäftigung). Führt der determinierte Auslastungsgrad zu einem hohen Risiko, so muss zunächst intern geklärt werden, ob eine weitere Bearbeitung sinnvoll ist oder ob der Auftrag unter keinen Umständen angenommen werden kann. Wird der Auftrag angenommen, muss das Auftragsmanagement eingehend betrachtet werden, damit der Auftrag trotz Überbeschäftigung kundengerecht ausgeführt werden kann.

9. *Strategische Bedeutung*: Die strategische Bedeutung postuliert, welche langfristigen Auswirkungen die Auftragsannahme für das Unternehmen haben kann. Handelt es sich z.B. um einen Auftrag, durch den ein neuer Markt oder gar eine neue Branche erschlossen werden kann? Handelt es sich um einen potenziellen Schlüsselkunden, durch den mit hoher Wahrscheinlichkeit weitere Kunden auf uns zukommen werden?

Insofern befasst sich dieses Kriterium nicht mit operativ kurzfristigen Kennzahlen, sondern legt den Fokus auf die langfristigen bzw. zukünftigen Auswirkungen, die die Annahme des Auftrags auf das gesamte Unternehmen haben kann.

10. *Wettbewerbssituation*: Durch die im ersten Schritt hervorgegangene Marktplanungsphase, hat sich der Vertriebsmitarbeiter bereits ein Bild von der vorherrschenden Marktsituation gemacht. Es ist nachrangig nochmals zu bewerten, wie intensiv sich die Wettbewerbssituation bei der konkret vorliegenden Anfrage präsentiert (geringes Risiko: kaum Mitbewerber; mittleres Risiko: einige Mitbewerber, aber gute Marktposition; hohes Risiko: sehr viele Mitbewerber).

Besteht ein *hohes* Risiko, so muss dem Angebotsmanagement eine erhöhte Bedeutung zugerechnet werden, damit sich der Kunde optimal bedient fühlt und ihm ein individualisiertes Angebot unterbreitet werden kann. Dadurch kann sich das Unternehmen klar vom Wettbewerb abgrenzen und die Chancen auf einen Vertragsabschluss steigern.

11. *Leistungsart*: Hier wird festgehalten, um welche Art der Leistungserbringung es sich bei dem Auftrag handeln soll. Geht es um ein klassisches Standardprodukt aus dem Produktportfolio, eine Produktneueinführung, eine Produktweiterentwicklung oder um einen Wartungs- oder Instandsetzungsauftrag? Je nach Leistungsart werden unterschiedliche Leistungsrisiken diagnostiziert:

   ▪ *Geringes Leistungsrisiko*: Standardprodukt, Wartungsauftrag, Instandsetzungsauftrag

   ▪ *Mittleres Leistungsrisiko*: Produkterweiterung, Produktweiterentwicklung

   ▪ *Hohes Leistungsrisiko*: Individuell konzipierter Spezialauftrag, Sonderanfertigung, Produktneueinführung

Resultiert ein *hohes* Leistungsrisiko, müssen einzelne Kriterien verstärkt untersucht werden, damit sowohl für den Kunden als auch für das eigene Unternehmen sämtliche Risiken abzuschätzen sind.

Die konkrete Kriterienauswahl, die einzelnen Gewichtungen und Risikoeinschätzungen werden dann im «Customizing» definiert, da diese von Unternehmen zu Unternehmen sehr unterschiedlich ausgeprägt und ausgelegt sein können.

Die Target-Account-Selling-Methode (TAS) als Standardisierungsgrundlage im Verkaufsprojektmanagement für Großprojekte im Oracle Siebel CRM

Im B2B-Umfeld sind die Kunden in der Regel bekannt. Um diese möglichst effizient zu bedienen und den Share of Wallet zu maximieren, werden komplexe Vertriebsmethodiken in den Unternehmen gezielt eingesetzt und trainiert, um das Buying Center des Kunden innerhalb eines professionellen Verkaufsprojektmanagements zu analysieren. Das Ziel des Einsatzes von Vertriebsmethodiken im Rahmen des Verkaufsprojektmanagements ist es, einen effektiven Mehrwert für den Kunden zu schaffen. Zudem sollten die Vertriebsmethodiken ein standardisiertes Vorgehen im Vertrieb ermöglichen, um dem Kunden eine gleich bleibend hohe

Qualität im Angebotsprozess zu bieten und die einzelnen Verkaufsprojekte im Vertriebscontrolling vergleichbar zu machen.

Bei der von Oracle Siebel CRM unterstützten Vertriebsmethodik *Target-Account-Selling* liegt der Fokus auf einzelnen Großprojekten, die meist nur von Verkaufsteams betreut werden können. Das Konzept muss stets an aktuellen Verkaufsfällen angewandt und regelmäßig überprüft werden. Langwierige, kostenintensive Verkaufszyklen sollen damit rentabler werden. Hierfür durchleuchtet das Verkaufsteam mit dem Verkaufsleiter das eigene Angebot nach Stärken und Schwächen. Es soll ein strukturierter Prozess ablaufen, der Informationen über den Kunden, das Geschäft und den Wettbewerb hinterfragt. Das Ziel ist es, in Verhandlungen weniger Zugeständnisse machen zu müssen und einen klaren Wettbewerbsvorteil zu definieren. Verkaufsteams, die Projekte bei Großkunden betreuen, können anhand dieser Methode ihren gemeinsamen Arbeitsstil finden (Abb. 4–17).

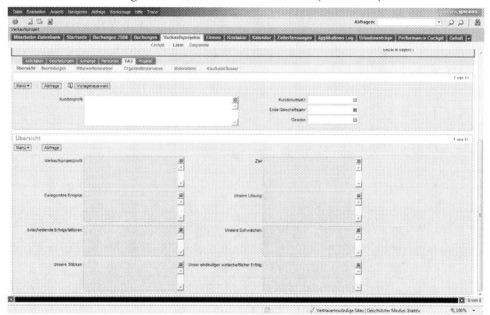

Abbildung 4-17:   Vertriebsmethodik „Target Account Selling" in Oracle Siebel CRM[35]

Die Bearbeitung von Verkaufsprojekten ist in Oracle Siebel CRM auch über Blackberry® oder iPhone™ sinnvoll und möglich. Dies erlaubt dem Vertriebsmitarbeiter, die Daten zwischen Kundenbesuchen effizient zu pflegen.

Angebote erstellen

Die Angebotserstellung in einem Vertriebsprozess kann beliebig komplex sein:

- Eingescanntes Angebotsdokument
- Angebotserstellung in Oracle Siebel CRM (Quote)

---

35 Quelle: Oracle, 2010.

- Einbindung eines externen Angebotssystems

Die formelle Beschaffenheit eines Angebots haben sicherlich alle Angebotsvarianten gemeinsam:

- Kundendaten,
- Angebotene Produkte und/oder Dienstleistungen,
- Mengen,
- Konditionen (Preise, Rabatte, Lieferbedingungen, etc.).

Eingescanntes Angebot

Ein eingescanntes Angebot ist häufig ein standardisiertes Angebot, welches in Microsoft Word, Adobe Forms oder einfach auf einem Zettel ausgefüllt, eingescannt und als Anhang zum Verkaufsprojekt in Oracle Siebel CRM abgespeichert wird.

Angebotserstellung in Oracle Siebel CRM (Quote)

Die Angebotserstellung innerhalb eines Oracle Siebel CRM benötigt verschiedene Informationen innerhalb des CRM-Systems. Eine zwingende Voraussetzung ist, dass sowohl Produkte, Preise und Konditionen im System hinterlegt werden, um die Angebotskalkulation und darauf basierende Angebotserstellung durchzuführen.

Einbindung eines externen Angebotssystems

Die Einbindung eines Drittsystems für die Angebotserstellung ist ein häufiger Fall in der Praxis. Der Prozess der Angebotserstellung im Vertrieb ist häufig so individualisiert und komplex, dass sich der Geschäftsprozess insbesondere bei einem so erfolgskritischen Prozess wie der Angebotserstellung nur schlecht an ein standardisiertes System wie Oracle Siebel CRM angleichen lässt.

Hierbei ist es wichtig, dass der standardisierte Prozess für das Verkaufsprojektmanagement im CRM mit dem externen Angebotserstellungsprozess zu einem Ende-zu-Ende-Prozess integriert wird. Das bedeutet, dass die Vertriebsplanung, der Forecast und das Verkaufsprojektmanagement in Gänze im CRM gepflegt werden. Sämtliche Angebote werden im externen Drittsystem erstellt und werden entweder halb- oder vollautomatisiert in das CRM-System inklusive der Veränderung in den Vertriebsphasen zurück gespielt (vgl. Abbildung 4-18).

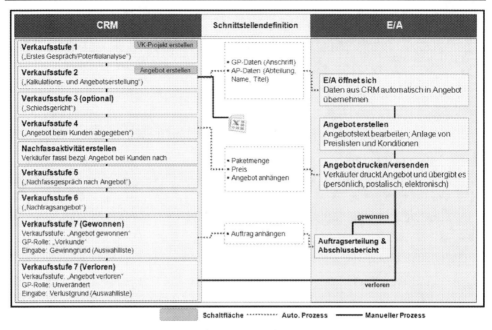

Abbildung 4-18:   Beispielhafte Angebotserstellung in Oracle Siebel CRM mit Drittsystem

Aufträge erstellen

Durch die grundsätzliche Entscheidung für eine der drei Alternativen in der Angebotserstellung wird auch die Auftragserstellung und -pflege im Oracle Siebel CRM bedingt.

Im Idealfall wird die Angebotserstellung komplett im Oracle Siebel CRM vorgenommen. Dies hat den Vorteil, dass der Prozess der Auftragserstellung im CRM stark vereinfacht wird, da die bereits dokumentierten Daten aus dem Verkaufsprojekt und/oder dem Angebot in den Auftrag übernommen werden können (dies wird in Oracle Siebel CRM „Quote to Order" genannt).

Die Auftragsverarbeitung in Form der Logistik findet sehr häufig nicht im CRM statt, da die CRM-Systeme nicht dafür ausgelegt sind. Daher werden die Auftragsinformationen in der Regel automatisiert für den Kunden über das Internet, per E-Mail oder andere Kanäle wie Fax oder Brief über das CRM-System bereit gestellt. Die eigentliche Verarbeitung des Auftrags erfolgt aber außerhalb des CRM-Systems. Hierbei erfolgt im Idealfall nur der Austausch des Auftragsstatus zwischen dem CRM- und dem Fremdsystem, um die Auskunftsfähigkeit der Vertriebsmitarbeiter gegenüber dem Kunden zu gewährleisten. In Deutschland werden die Aufträge häufig an das ERP-System (z.B. SAP oder Oracle) per Schnittstelle überspielt, wo dann die Weiterverarbeitung erfolgt. Die Datenhoheit der Aufträge liegt nach Überspielung in der Regel bei dem ERP-System, da hier auch ein Debitor für die Rechnungsstellung in der Buchhaltung angelegt wird. In der Praxis wird der Interessent mit der Auftragsbestätigung daher häufig vom Interessenten zum Kunden.

Verträge abschließen

Der Abschluss von Verträgen erfolgt häufig außerhalb von Oracle Siebel CRM. Das System dient hier häufig nur der Stammdatenverwaltung, um die Vertragsdaten für den Vertriebsmitarbeiter ersichtlich zu machen.

Eine nützliche Funktionalität innerhalb des Vertragsmanagements ist eine Wiedervorlage, die in Oracle Siebel CRM durch Aktivitäten oder über Workflows gewährleistet werden kann.

Beispiel

Bei Dienstleistungsverträgen soll drei Monate vor Ende der Vertragslaufzeit eine Wiedervorlage für den betreuenden Vertriebsmitarbeiter hinterlegt werden. Verträge werden führend im SAP B&I verwaltet. Folgende Daten müssen aus SAP B&I bezogen werden:

- Enddatum des Dienstleistungsvertrages

- Abfrage nach einer Preisklausel im Vertrag

Die Archivierung der Dienstleistungsverträge wird zentral in Form eines „Digitalen Vertragswesens" durchgeführt. Die archivierten Verträge sind über die CRM-Oberfläche einsehbar.

4.3.2.2   Best-Practices für eine Fachkonzeption für ein Oracle Siebel CRM

Aus den im vorherigen Kapitel dargestellten Prozessabläufen im Interessentenmanagement ergeben sich folgende Best Practices für die Fachkonzeption innerhalb der Akquise in einem Oracle Siebel CRM.

Achten Sie bei der Fachkonzeption für die Akquise auf

- ein Interessentenmanagement, mit dessen Unterstützung Interessenten in einem separaten Interessent-Pool gespeichert werden können.

- die Definition bzw. Nutzung von Workflows, die eine automatisierte Umwandlung von Interessenten in Kunden inklusive der zugehörigen Datenobjekte (Adressen, Ansprechpartner, etc.) ermöglichen.

- die Anzeige der Interessenten-Quelle (z.B. Außendienst, Hoppenstedt).

- den Abgleich der Adressen der Interessenten mit den Adressen im CRM-System. Dies sollte automatisiert über eine Schnittstelle realisiert werden.

- eine Maske (Schnellerfassungsmaske) für den Außendienst, in der er Interessenten erfassen kann.

- die mögliche Einspielung externer Dienstleisterdaten aus Referenzdatenbanken (z.B. Hoppenstedt, IHK, Creditreform) und die Einbindung der gelieferten

Informationen über eine Schnittstelle, die ein Excel- oder Flat-File-Format ein-lesen kann.

- den Abgleich (z.B. mittels Fuzzy Logic) zwischen den bereits im System vor-handenen Objekten und den einzuspielenden Daten (Vermeidung von Dublet-ten).

- die Zuweisung der Interessenten anhand von Zuweisungsregeln zu den je-weiligen Vertriebsgebieten und -mitarbeitern (Siebel Assignment Manager).

- die Darstellung eines systematisierten Verkaufsprozesses, z. B. über das Ver-kaufsprojektmanagement im B2B. Eine Kundenkalkulation soll dem Verkaufs-projekt hinzugefügt werden können. Hierfür können Dateien per Drag and Drop an ein Verkaufsprojekt angehangen werden.

- die Berechnung und Anzeige der Kundenwertigkeiten zu jedem Interessen-ten.

- die Definition von automatisierten Wiedervorlagen auf Basis des Enddatums eines Vertrages und der Zuweisung zu dem zuständigen Vertriebsmitarbeiter.

- die Definition von Schnittstellen zwischen Oracle Siebel CRM und dem Digi-talen Vertragswesen, über die auf die eingescannten Verträge im Digitalen Ver-tragswesen zugegriffen werden kann.

- die Definition von Schnittstellen zu einer Kreditauskunft (z. B. Creditreform).

- die Definition von Verhaltensanweisungen zu angezeigten Bonitätswerten und Kundenwerten für die Vertriebsmitarbeiter (z.B. welcher Wert ist gut/ schlecht).

4.3.3   Entwicklung und Bindung

4.3.3.1   Grobe Prozessdarstellung

Der folgende Prozessablauf beschreibt die Eingliederung der Entwicklungs- und Bindungsphase in den Vertriebsprozess (Abb. 4–19)

Die Phase der Entwicklung und Bindung von Kunden besteht im Ideal aus einzel-nen Prozessschritten, die im Nachgang beschrieben werden. Die Darstellung be-schränkt sich auf die Prozessschritte, die noch nicht in den Vorkapiteln beschrie-ben wurden.

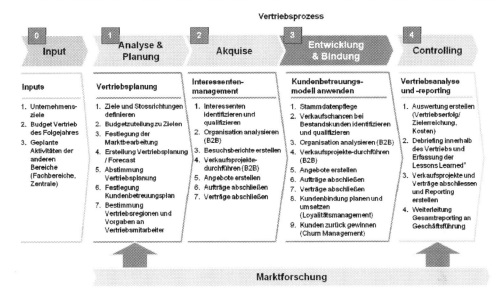

Abbildung 4-19: Prozessuale Einordnung der Entwicklungs- und Bindungsphase

Stammdatenpflege

Die Stammdatenpflege in Oracle Siebel CRM wird in verschiedenen Objekten durchgeführt.

Einerseits sollte der Vertriebsmitarbeiter die Stammdaten zum Interessenten oder Bestandskunden bei der Kunden-Entität durchführen, er pflegt somit die juristische Person. Hier werden wichtige Stammdaten für CRM wie die Unternehmensgröße, finanzielle Kennzahlen, bereits gekaufte Produkte bzw. durchgeführte Projekte, etc. gepflegt.

Andererseits pflegt der Vertriebsmitarbeiter seine Kundenkontakte in Oracle Siebel CRM. Er hat hier die Möglichkeit, die natürlichen Personen und deren Stammdaten zu pflegen. Hierbei ist ein besonderes Augenmerk auf die Kontaktinformationen sowie die präferierten Kontaktkanäle, die Kontaktfrequenz und die Kontakterlaubnis (Marketingmerkmale) zu legen.

Verkaufschancen bei Bestandskunden identifizieren und quantifizieren

Das so genannte Cockpit in Oracle Siebel CRM erlaubt eine umfassende Analyse des Kunden, um Verkaufschancen zu identifizieren und zu quantifizieren. Der Nutzer sieht alle relevanten Kundeninformationen wie Stammdaten, wichtige Kontaktpersonen, bisherige Verkaufsprojekte und Aktivitäten in einem Cockpit auf einen Blick. Darüber hinaus können die relevanten Kennzahlen über integrierte Oracle BI Reports direkt zum Kunden angezeigt werden.

Das Kundencockpit dient dem Nutzer als Startpunkt, um die Verkaufschancen zu einem Kunden zu analysieren. Hierbei sind die Fragestellungen zu beantworten, welches Potenzial der Kunde in der Zukunft hat und welche Potenziale bereits abgeschöpft wurden (vgl. hierzu auch ausführlich das Kapitel 4.1 zum Kundenwert).

Kundenbindung planen und umsetzen (Loyalitätsmanagement)

Generell läßt sich feststellen, dass die Erfolgsmessung im Marketing eine zunehmend wichtige Rolle spielt, wobei die eher effektivitätsorientierten Ansätze des Kundenmanagements – Kundenorientierung, Kundenzufriedenheit, Kundenbindung – durch effizienzorientierte Ansätze ergänzt werden. Ein wertorientiertes Kundenmanagement setzt dabei u.a. verstärkt auf die zielgerichtete Kundenansprache. Der Kundenwert dient als Ziel- und Steuerungsgröße bei der Durchführung von Kundenbindungsmaßnahmen. Auf diese Weise werden Streuverluste gering gehalten.

Nachdem die Kundenwertigkeit, die Identifizierung der wertvollen Kunden mittels Segmentierung und die anschließende Bildung von Kundenklassen innerhalb dieses Buches vorab dargestellt wurden, soll jetzt überlegt werden, wie wertvolle Kunden gebunden werden können. Insbesondere große Unternehmen arbeiten seit Jahren an geeigneten Strategien, mit denen es gelingen soll, die profitable Stammkundschaft zu halten. Hintergrund der Überlegungen ist die Tatsache, dass es für die Unternehmen wirtschaftlicher ist, die profitablen Kunden zu umgarnen und zu binden, als neue Kunden zu akquirieren.

„Als Kundenbindung wird im Wesentlichen die Aufrechterhaltung einer Geschäftsbeziehung bezeichnet, die durch eine nicht zufällige Folge von Marktransaktionen zwischen Lieferant und Kunde gekennzeichnet ist."[36]

Unternehmen sollten dabei mittels Marketingmaßnahmen versuchen, die Kundenbindung zu erhöhen. Als Größen, welche die Kundenbindung beeinträchtigen können, werden dabei die Attraktivität des Konkurrenzangebots, die Abwechslungsneigung von Kunden (Variety Seeking), soziale und psychische Wechselbarrieren genannt.

Unternehmen, denen es auf den heutigen wettbewerbsintensiven Märkten gelungen ist, ihre Kunden möglichst eng an sich zu binden, werden damit sowohl höhere Umsatz- als auch Kosteneinsparungspotenziale realisieren können. Beiträge zur Steigerung der Kundenbindung leisten Maßnahmen wie z.B. die Schaffung von Kunden-Clubs und die Implementierung von Beschwerdemanagement-Systemen. Gründe, die zu erhöhten Vertragskündigungen, Kundenbeschwerden und Kundenunzufriedenheit führen, sind zu analysieren. Entsprechende Maßnahmen zur Erhöhung der Kundenzufriedenheit und Kundenbindung münden daraufhin in mehr Sicherheit, mehr Wachstum und mehr Gewinn bzw. Rentabilität. Die öko-

---

36 Quelle: Peter, S., 1999.

nomischen Auswirkungen von Kundenbindung sind beispielhaft in Tabelle 5 zusammengefasst.

Die Investition in Kundenbindungsmaßnahmen führt zu einer erhöhten Stabilität der Geschäftsbeziehung. Langfristige Kundenbeziehungen steigern die Transparenz komplexer Kundenbeziehungsgeflechte und führen zu mehr Kommunikationsgelegenheiten mit dem Kunden. Das Resultat ist ein erhöhtes Kundenwissen. Dieses Wissen kann zur zielgerichteten Kundenbearbeitung eingesetzt werden und trägt zu Kosteneinsparungen und Erlössteigerungen bei.

Die Notwendigkeit und Effektivität von Kundenbindungsmaßnahmen ist auch von der Branche abhängig. Insbesondere im Dienstleistungssektor ist es wichtig, den Kunden immer wieder für die eigene immaterielle Leistung zu begeistern, da der Kunde oftmals subjektiv entscheidet, ob er die Leistung weiterhin bezieht.

> **Beispiel: Wechselbereitschaft in der Telekommunikationsbranche**
>
> Die Telekommunikationsbranche ist wie kaum eine andere Branche von der Wechselbereitschaft der Kunden betroffen. Die Produkte wie Mobiltelefonie, DSL und Festnetz sind weitestgehend austauschbar und unterscheiden sich häufig nur im Preis. Der Kunde ist sehr aufgeklärt und bestens mit den Produkteigenschaften vertraut. Durch die Aufnahme der Tätigkeit der Regulierungsbehörde herrscht eine erhöhte Transparenz.
>
> Die Telekommunikationsfirmen nutzen mittlerweile ausgiebig umfangreiche CRM-Systeme, um das Kundenverhalten besser zu verstehen, maßgeschneiderte Angebote zu unterbreiten und darüber hinaus Kundenbindungsmaßnahmen durchzuführen.

Die Relevanz der Kundenbindung wird auch in anderen Branchen erkannt. Eine Untersuchung der Munich Business School im Jahr 2005[37] unter 1.936 Führungskräften im Bankensektor hatte ebenfalls ein eindeutiges Ergebnis. 76,9 Prozent der Befragten antworteten, dass sie Kundenbindung als „sehr wichtig" einstufen.

Mittelständische Unternehmen können hierbei von den großen Unternehmen lernen, wie eine aktive Kundenbindung funktioniert und welche Vorteile durch Kundenbindung für das eigene Unternehmen generiert werden können.

Allgemein wirkt sich eine nachhaltige Kundenbindung positiv auf die Profitabilität des Unternehmens aus, da die höchsten Ausgaben zur Kundengewinnung und Kundenerfassung anfallen. Das folgende Beispiel anhand des Kundenlebenszyklus verdeutlicht dies.

---

37 Quelle: Munich Business School, 2005.

> **Beispiel: Kosten im Kundenlebenszyklus**
>
> In den einzelnen Phasen eines Kundenlebenszyklus sind die erwarteten Kosten und Erlöse unterschiedlich. Die einzelnen Phasen werden zur Verdeutlichung idealtypisch anhand eines Lebenszyklus erläutert.

Die folgenden Phasen lassen sich innerhalb der Kundenbindung unterscheiden:

(1) **Akquisitionsphase**: Die Akquisitionsphase ist durch vermehrte Aufwände für die Kundengewinnung und keine bis geringe Umsätze gekennzeichnet. Der Kunde wird in dieser Phase umworben. Es fallen demnach vorwiegend Aufwände beziehungsweise Auszahlungen an, denen keine Erträge gegenüber stehen. Die Neukundengewinnung in dieser Phase muss aus den Kundenwerten der Bestandskunden quersubventioniert werden.

(2) **Wachstumsphase**: In dieser Phase sollte der erste Gewinn erzielt werden. Dies ist allerdings abhängig von den Akquisitionskosten des einzelnen Kunden. Manchmal ist ein Kunde unrentabel, aber gleichzeitig wichtig, um andere Kunden zu gewinnen. Die Mengen und Umsätze steigen überproportional, da es im Idealfall zu Wiederholungskäufen kommt. Hier entscheidet sich, ob es sich um einen Kunden vom Typ „Star" handelt.

(3) **Reifephase**: In der Reifephase wird das höchste Absatzvolumen mit dem Kunden erreicht. Hier kann es allerdings aufgrund guter Kundenbeziehungen zu Preisverfall kommen, wenn die Vertriebsmitarbeiter hohe Zugeständnisse aufgrund der langen Geschäftsbeziehung machen. Die Umsatzzuwachsraten sinken in dieser Phase regelmäßig.

(4) **Sättigungsphase**: Diese Phase zeichnet den Wendepunkt des Lebenszyklus, in dem das Umsatzmaximum erreicht wird. Die Mengen sind rückläufig und der Umsatz geht oftmals erstmalig zurück, da der Kundenbedarf weitest gehend gedeckt ist. Hier wird die „Cash Cow" zum „Dog".

(5) **Degenerationsphase**: Die Degenerationsphase bildet den Abschluss des idealen Kundenlebenszyklus. Die Mengen und Umsätze nehmen weiter ab und das Unternehmen muss entscheiden, ob der Kunde weiterhin profitabel ist. Hier kann es zur Beendigung der Geschäftsbeziehung kommen.

Die Fragestellung ist nun, wo und wie eine Kundenbindungsstrategie den Unternehmen helfen kann.

Es sei angemerkt, dass eine auf den Kunden zugeschnittene Kundenbindungsstrategie den Kundenlebenszyklus allgemein verlängert. Besonders interessant ist hier aber aus dem Blickwinkel des Vertriebs sicherlich die Reifephase, wo die Gewinne maximiert werden.

Zum besseren Verständnis werden alternative Kundenbindungsstrategien zunächst in Tabelle 4-3 systematisiert.

Tabelle 4-3: **Systematik der Kundenbindungsinstrumente**[38]

	Fokus Interaktion	Fokus Zufriedenheit	Fokus Wechsel-barrieren
Produktpolitik	Gemeinsame Produktentwicklung	Individuelle Angebote Qualitätsstandards Servicestandards Zusatzleistungen Garantien	Individuelle technische Standards Value-Added-Services
Preispolitik	Kundenkarten	Preisgarantien Zufriedenheitsabhängige Preisgestaltung	Rabatt- und Bonussysteme Preisdifferenzierung Preisbündel Finanzielle Anreize Kundenkarten
Kommunikations-politik	Direct Mail Events Servicenummern Outbound Calls	Kundenclubs Kundenzeitschriften Beschwerdemanagement	Rabatt- und Bonussysteme Preisdifferenzierung Preisbündel Finanzielle Anreize Kundenkarten
Distributionspolitik	Gewinnspiele Produktmuster Kundenbesuche	Online-Bestellung Katalogverkauf Direktlieferung	Abonnements Ubiquität Standortwahl

---

38 Quelle: Munich Business School, 2005.

Kunden zurück gewinnen (Churn Management)

Die Konzeption und Implementierung eines Frühwarnsystems soll anhand eines Beispiels illustriert werden: das so genannte „Abwanderungsmanagement" oder „Churn Management", welches bereits erfolgreich in der Telekommunikations- und Bankenindustrie Einzug gehalten hat.

Das **Churn Management** ist ein Kunstwort aus 'Change' und 'Turn' und bezeichnet den Versuch, Kundenabwanderungen zu vermeiden. Dies betrifft insbesondere Branchen, in denen aufgrund vertraglicher Verpflichtungen der Kunde eine gewisse Zeit an ein Unternehmen gebunden ist und nach Ablauf der Frist den Anbieter wechseln könnte (z.B. Handyverträge). Beim Churn Management sind abwanderungsgefährdete Kunden rechtzeitig vor Vertragsauslauf anzusprechen und vom Bleiben zu überzeugen.

Dabei ist es im Vorfeld wichtig, zunächst die Abwanderungswahrscheinlichkeit sowie den Kundenwert zu ermitteln. Somit werden die Anstrengungen nur bei rentablen und profitablen Kunden unternommen. Eventuell kann es für ein Unternehmen besser sein, einem unprofitablen Kunden die Abwanderung zu erleichtern. Es gibt mehrere Methoden den Kundenwert zu ermitteln, eine davon ist beispielsweise der Customer Lifetime Value.

Es gibt drei Arten von Churn:

1. **aktiver Churn:** wird vom Kunden selbst initiiert und kann durch Aktionsmöglichkeiten des Unternehmens verhindert werden.

2. **passiver Churn:** wird vom Unternehmen initiiert, und die Aktionsmöglichkeiten des Unternehmens sind hier Restriktionen, z.B. Mahnungen.

3. **rotationaler Churn:** wird vom Kunden initiiert, indem er vor Ablauf der vertraglichen Verpflichtung "vorsorglich" kündigt, ohne die direkte Absicht zu haben, zu einem Wettbewerber zu wechseln. Dieser Churn lässt sich schwer unterbinden.

Prinzipiell lässt sich folgendes Vorgehen zur Etablierung eines Churn Managements anwenden:

(1) Analyse der Abwanderungssituation

Die folgenden Kernaktivitäten sind in dieser Stufe durchzuführen:

- Identifikation von Frühwarnindikatoren:
- Ursachenanalyse kundenseitiger Kündigungen (Aktiver Churn) bei verlorenen Kunden
- Ermittlung von Abwanderungsprozessen (ereignisorientierte Abwanderungsanalysen)
- Berechnung des finanziellen Verlusts der Kundenabwanderung
- Feststellung des Ausmaßes der Kundenabwanderung

Die folgenden Methoden können in dieser Stufe angewandt werden:

1. Quantitative Methoden:

    - Auswertung von Bewegungsdaten aus dem Data-Warehouse (Stichproben)
    - Kundenwertberechnungen

2. Qualitative Methoden:

    - Untersuchung von Marktforschungsstudien/ Beschwerden
    - Kündigerbefragungen

(2) Ansatzermittlung zur Abwanderungsprognose

Die folgenden Kernaktivitäten sind in dieser Stufe durchzuführen:

- Festlegung der Methoden zur Validierung der Frühwarnindikatoren/ Prognosemodelle
- Durchführung der Validierung (Test der Prognosemodelle)
- Ableitung der Churn-Segmente (quantifizierte Kündigerprofile)
- Ermittlung von Churn-Risiko (individuelle Abwanderungswahrscheinlichkeit)
- Prognosemuster schleichender Kündigungen bei Bestandskunden (predictive analytics)

Die folgenden Methoden können in dieser Stufe angewandt werden:

1. Quantitative Methoden:

    - Multivariate Analysemethoden z.B. diskriminanzanalytische Verfahren, neuronale Netze
    - Regelbasierte Expertensysteme

2. Qualitative Methoden:

    - Auswertung von Informationen z.B. aus dem Beschwerdemanagement

(3) Festlegung von Maßnahmen

Die folgenden Kernaktivitäten sind in dieser Stufe durchzuführen:

- Festlegung von Maßnahmen zur Reduzierung/Prävention der Abwanderung in Konformität mit der Marktbearbeitungsstrategie
- Maßnahmen zur Retention abwanderungsgefährdeter Gruppen, z.B. Cross-/Upselling, Kampagnen, etc.
- Quantifizierung der Investitionen in die Kundenbindung/-rückgewinnung
- Messung des Maßnahmenerfolgs/Controlling

Die folgenden Methoden können in dieser Stufe angewandt werden:

1. Quantitative Methoden:

    - Automatisierte Verfahren (z.B. Real Time Decisioning in Siebel)

2. Qualitative Methoden:

  - Interviews/Workshops mit Fachabteilungen

  - Branchenbezogene Best-Practices

Bei der Fülle an möglichen Maßnahmen stellt sich schnell die Frage nach der Rechenbarkeit des Churn Management. Hier gilt allgemein, dass die Nutzenwirkungen der Maßnahmen den anfallenden Kosten permanent gegenübergestellt werden müssen. Der Nutzen über die Rückgewinnungsquote, das Deckungsbeitragspotenzial, die Kostenersparnisse durch geringere Neukundenakquisition, die positiven Kommunikationseffekte und die erhaltenen Informationen zur Leistungsverbesserung müssen durch variable und fixe Kosten abgedeckt werden. Das daraus resultierende Kosten-Nutzen Kalkül lässt den Erfolg der Maßnahmen messen, wenn Kontrollgruppen als Benchmark eingesetzt werden.

Insgesamt ist Churn Management ein wichtiger Baustein in einem Vertriebscontrolling. Durch die Fokussierung auf ertragsstarke und potenzialträchtige Zielgruppen und die Pflege der Kundenbindung lassen sich Steigerungen des Unternehmenserfolgs erzielen. Voraussetzung ist ein konsequentes Bekenntnis zur Kundenorientierung und eine gezielte Beschäftigung mit den eigenen Fehlern auf allen Hierarchiestufen. Das Ertragspotenzial bei Kündigern muss die „Antriebsfeder" sein, weil sonst gut gemeinte Konzepte zu reinem Aktionismus führen.

4.3.3.2   Best-Practices für eine Fachkonzeption für ein Oracle Siebel CRM

Aus den im vorherigen Kapitel dargestellten Prozessabläufen in der Entwicklung und Bindung von Kunden ergeben sich folgende Best Practices innerhalb einer Fachkonzeption in einem Oracle Siebel CRM-Projekt.

Achten Sie bei der Fachkonzeption für die Entwicklung und Bindung von Kunden auf

- eine einfache Stammdatenpflege, wo nur die relevanten Informationen gesammelt werden. Streichen Sie Informationen, die nicht im Vertrieb aktiv gepflegt oder genutzt werden, rigoros aus dem System.

- die Nutzung von Workflows in Oracle Siebel CRM, um die eingegebenen Leads (Interessenten) in einen qualifizierten Kontakt zu wandeln.

- eine mögliche Pflege der Organisationsstrukturen der Kunden durch den Vertriebsmitarbeiter. Insbesondere Konzernstrukturen sollten gepflegt bzw. im Optimum anhand der vorhandenen Datenstrukturen dargestellt werden können.

- eine Pflege der Beziehungsstrukturen zwischen Personen (z. B. Chef – Untergebener) sowie der Rollen der Kontaktpersonen (z. B. Entscheider, Abteilungsleiter, etc.)

- ein durchdachtes Kundenbindungskonzept, um aus einer Vielzahl von Möglichkeiten ein unternehmensindividuelles Konzept für die Kundenbindung zu erstellen. Achten Sie hierbei auf die Maxime: *weniger ist mehr!* Der präferierte Kanal für die Kundenansprache sollte bei jedem Kunden hinterlegt sein, um eine optimale Ansprache zu gewährleisten.

- eine Festlegung der Kundenbindungsmaßnahmen zur Laufzeit, die über ein analytisches CRM zur Verfügung gestellt werden können. Z. B. kann über einen auf der Ansicht dargestellten Churn-Index schnell ermittelt werden, ob der Kunde gebunden werden sollte. Aufgrund von Reaktionen des Kunden kann Oracle Siebel CRM über Lerneffekte ganz konkrete Vorschläge für die Kundenbindung machen, die bei anderen Kunden schon Erfolg gezeigt haben.

4.3.4 Analyse und Controlling

4.3.4.1 Grobe Prozessdarstellung

Der folgende Prozessablauf beschreibt die Eingliederung der Analyse und Kontrolle in den Vertriebsprozess (Abb. 4–20).

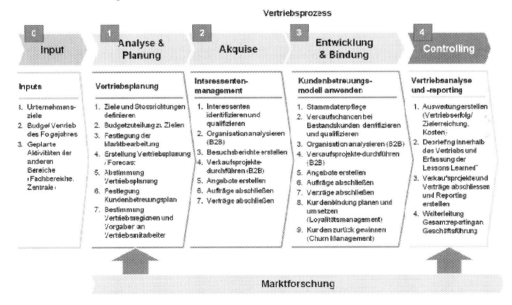

Abbildung 4-20: **Prozessuale Einordnung der Controlling-Phase**

In diesem Kapitel werden die vertrieblichen Anforderungen an die analytischen Komponenten von Oracle Siebel CRM formuliert. Dieser Teil ist in zwei Sektionen aufgeteilt:

1. Vertriebsberichtswesen
2. Kundenkarte

In dem folgenden Abschnitt werden die oben genannten Themenblöcke kurz beschrieben:

Vertriebsberichtswesen – Das Vertriebsberichtswesen sollte von allen Vertriebsmitarbeitern genutzt werden. Außerdem sollten die Leitungsfunktionen (Niederlassungsleitung, Regionalleitung und Geschäftsführung in der Zentrale) Zugriff auf das System haben. Ziel sollte es sein, den Oracle Siebel CRM-Anwendern einen Überblick über den aktuellen Leistungsstand zu geben, die Ursachen für diese Leistung transparent zu machen sowie hieraus Verbesserungspotenziale abzuleiten.

Die Ausführungen zu diesem Themenblock sind aufgeteilt in drei Bereiche (siehe Abbildung 4-21):

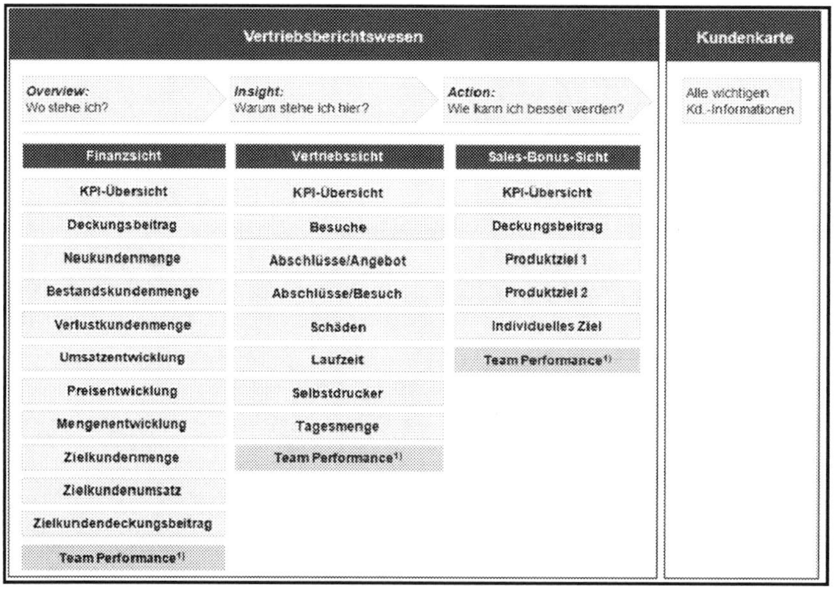

Abbildung 4-21: Ganzheitliche Abbildung der Reporting Anforderungen

1. *Finanzsicht* – In diesem Bereich sollten alle KPIs zusammengefasst werden, die eine Aussage über die aktuelle finanzielle Lage des Geschäfts zulassen.

2. *Vertriebssicht* – In diesem Bereich sollten alle KPIs zusammengefasst werden, die für die tägliche Arbeit des Vertriebsmitarbeiters von zentraler Bedeutung sind.

3. *Sales-Bonus-Sicht* – In diesem Bereich sollten alle vergütungsrelevanten KPIs zusammengefasst werden, die im Rahmen eines Sales-Bonus-Plans definiert wurden.

Für alle diese Themenblöcke gilt: Es sollten ausführliche Reports bereit stehen, die zusätzliche Informationen und Transparenz ermöglichen.

Kundenkarte: Die Kundenkarte gibt die wichtigsten operativen Informationen zu einem einzelnen Geschäftspartner aus. Diese Informationen sind u.a. wichtig für die Vorbereitung von Kundengesprächen.

4.3.4.2 Vertriebsberichtswesen

Berechtigungsstrukturen

Abbildung 4-22 zeigt die verschiedenen Stufen innerhalb einer Vertriebsstruktur, die Zugriff auf eine KPI-Übersicht erhalten sollen. Benutzer mit *Führungsverantwortung* sollten eine Managementsicht erhalten. Alle *weiteren Benutzer* sollten eine Vertriebssicht auf ihren Zuständigkeitsbereich erhalten.

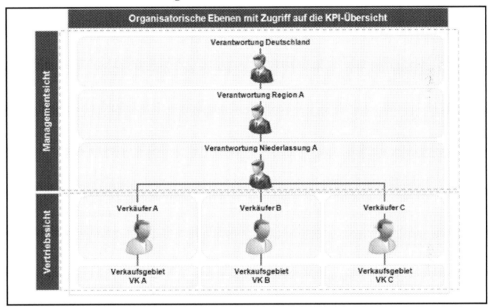

Abbildung 4-22: Benutzergruppen mit Zugriffsrechten

Es soll für das Management möglich sein, über eine Seite „Team Performance" die individuellen Leistungen der direkt unterstellten Vertriebsgebiete einzusehen. Von dieser Team Performance-Seite ausgehend sollte es dem Management möglich sein, in die Vertriebssicht eines einzelnen Vertriebsgebiets einzusteigen.

Alle Benutzer haben Zugriff auf die Seiten einer *Finanzsicht*. Hier sollen die einsehbaren Daten auf den Verantwortungsbereich des Vertriebsmitarbeiters beschränkt werden (z.B. ein Außendienstmitarbeiter sieht nur sein Vertriebsgebiet). Die einzelnen Seiten der Finanzsicht sind nachfolgend kurz beschrieben:

1. **KPI-Übersicht (Finanzsicht):** soll dem Benutzer einen Überblick über den KPI-Status geben. Über diese Seite erfolgt der Einstieg in die Detailberichte der Finanzsicht (z.B. Deckungsbeitrag, Neukundenmenge, etc.).

2. **Deckungsbeitrag:** soll dem Benutzer Auskunft darüber geben, wie sich der Deckungsbeitrag über alle Produkte unterteilt nach Kundenklassen zusammensetzt.

3. **Neukundenmenge:** soll dem Benutzer Auskunft darüber geben, wie sich die Mengen oder Umsätze der Neukunden über alle Produkte unterteilt nach Kundenklassen zusammensetzen.

4. **Bestandskundenmenge:** soll dem Benutzer Auskunft darüber geben, wie sich die Menge oder Umsätze der Bestandskunden über alle Produkte unterteilt nach Kundenklassen zusammensetzen.

5. **Verlustkundenmenge:** soll dem Benutzer Auskunft darüber geben, wie sich die Mengen oder Umsätze der Verlustkunden über alle Produkte unterteilt nach Kundenklassen zusammensetzen.

6. **Umsatzentwicklung:** soll dem Benutzer Auskunft darüber geben, wie sich der Umsatz über alle Produkte unterteilt nach Kundenklassen zusammensetzt.

7. **Preisentwicklung:** soll dem Benutzer Auskunft darüber geben, wie sich die durchschnittlichen Preise der einzelnen Produktkategorien nach Kundenklassen entwickeln.

8. **Mengenentwicklung:** soll dem Benutzer Auskunft darüber geben, wie sich die Mengen über alle Produkte unterteilt nach Kundenklassen entwickeln.

Zielkunden-KPIs: Zielkunden stellen Vertriebspotenzial dar. Für jeden Zielkunden soll ein Vertriebsprojekt angelegt werden. Hier sollen potenzielle Menge und Preis hinterlegt werden. Diese Auswertung stellt demzufolge die *Vertriebspipeline* dar.

1. **Zielkundenmenge:** soll dem Benutzer Auskunft darüber geben, wie es um die Erfüllung der Planmengen bestellt ist. Diesem Wert sollen (1) die potenzielle Menge aus den Verkaufsprojekten sowie (2) die bereits abgeschlossene Mengen als Ist-Werte gegenüber gestellt werden.

2. **Zielkundenumsatz:** soll dem Benutzer Auskunft darüber geben, wie es um die Erfüllung der Plan-Umsatzwerte bestellt ist. Diesem Wert sollen (1) der potenzielle Umsatz aus den Verkaufsprojekten sowie (2) der bereits abgeschlossene Umsatz als Ist-Werte gegenüber gestellt werden.

3. **Zielkundendeckungsbeitrag:** soll dem Benutzer Auskunft darüber geben, wie es um die Erfüllung des Plan-Deckungsbeitrages bestellt ist. Diesem Wert sollen (1) der potenzielle Deckungsbeitrag aus den Verkaufsprojekten sowie (2) der bereits abgeschlossene Deckungsbeitrag als Ist-Werte gegenüber gestellt werden.

Die folgenden Berichte der **Vertriebssicht** sind primär für die Vertriebsmitarbeiter ausgelegt (siehe Abb. 4 – 25). Die Management-Ebene soll auf diese Seiten über die

Team Performance-Seite Zugriff erhalten. Die einzelnen Seiten der Vertriebssicht sind nachfolgend kurz beschrieben:

1. **KPI-Übersicht (Vertriebssicht):** soll dem Benutzer einen Überblick über den KPI-Status geben. Über diese Seite erfolgt der Einstieg in die Detailberichte der Vertriebssicht (z.B. Besuche, Abschlüsse/Angebot, etc.).

2. **Besuche:** soll dem Benutzer Auskunft darüber geben, wie viele Besuche er durchführen sollte, um seine Besuche-KPI zu verbessern. Zudem gibt dieser Bericht Auskunft über die Anzahl der bereits durchgeführten Besuche.

3. **Abschlüsse/Angebot:** soll dem Benutzer Auskunft darüber geben, wie viele Angebote nach Kundenklassen unterteilt einen Abschluss ergeben. Hier werden zunächst <u>keine</u> Zielwerte geplant, d.h. hierbei handelt es sich um eine rein informative Kennzahl (Metrik).

4. **Abschlüsse/Besuch:** soll dem Benutzer Auskunft darüber geben, wie viele Besuche nach Kundenklassen unterteilt einen Abschluss ergeben. Hier werden zunächst <u>keine</u> Zielwerte geplant, d.h. hierbei handelt es sich um eine rein informative Kennzahl (Metrik).

5. **Schaden:** soll dem Benutzer Auskunft darüber geben, wie viele Schäden in einem bestimmten Zeitraum aufgetreten sind. Der Zielwert für diese KPI ist Null (Zero Defects).

6. **Laufzeit:** soll dem Benutzer Auskunft darüber geben, wie lange ein Produkt bis zum Kunden benötigt hat.

7. **Tagesmenge:** soll dem Benutzer Auskunft darüber geben, welche Tagesmenge zu erwarten war (Plan) und welche Tagesmenge (Ist) bearbeitet wurde.

Die folgenden Berichte einer *Sales-Bonus-Sicht* sind primär für die Vertriebsmitarbeiter ausgelegt (siehe Abb. 4 – 29). Die Management-Ebene soll auf diese Seiten über die Team Performance Seite Zugriff erhalten. Die einzelnen Seiten der Sales-Bonus-Sicht sind nachfolgend kurz beschrieben:

1. **KPI-Übersicht (Vertriebssicht):** soll dem Vertriebsmitarbeiter einen Überblick über den KPI-Status geben. Über diese Seite erfolgt der Einstieg in die Detailberichte der Sales-Bonus-Sicht (z.B. Analyse der Deckungsbeitragsberechnung).

2. **Deckungsbeitrag:** soll dem Vertriebsmitarbeiter Auskunft darüber geben, wie der Deckungsbeitrags-KPI verbessert werden kann. Der Vertriebsmitarbeiter soll hier u.a. Auskunft darüber erhalten, wann Kunden aus der Provisionsberechnung herausfallen, um hierdurch rechtzeitig Neuakquise betreiben zu können.

3. **Produktziel 1:** soll dem Benutzer Auskunft darüber geben, wie die Produktziel 1-KPI verbessert werden kann.

4. **Produktziel 2:** soll dem Benutzer Auskunft darüber geben, wie die Produktziel 2-KPI verbessert werden kann.

5. **Individuelles Ziel:** soll dem Benutzer Auskunft darüber geben, wie die Zielsetzung für das individuelle Ziel erreicht werden kann.

Anforderungen der Finanzsicht

Die Finanzsicht gibt dem Benutzer Auskunft über die aktuelle finanzielle Lage des Geschäfts auf verschiedenen organisatorischen Ebenen.

Die KPI-Übersicht gibt dem Benutzer einen Überblick über seine aktuelle Performance (siehe Abbildung 4-23).

Abbildung 4-23: Beispielhafte KPI-Übersicht (Finanzsicht)

Durch einen Klick auf den KPI-Namen sollte ein Detailbericht mit weiteren Informationen angezeigt werden (siehe Abbildung 4-24).

Die Berichte der Detailebene sollten ein hohes Maß an Flexibilität erlauben. Durch einen Klick auf eine beliebige KPI in der KPI-Übersicht, sollten die Filter in Abbildung 4-24 bereits vorbelegt werden. Zum Beispiel wird ein Klick auf den KPI-Deckungsbeitrag das Fakten-Kriterium in Abbildung 4-24 bereits mit „Deckungsbeitrag" vorbelegen. Falls eine Auswertung nach einer anderen Dimension gewünscht wird, soll dies durch eine Anpassung der Filter direkt in dieser Maske durchgeführt werden.

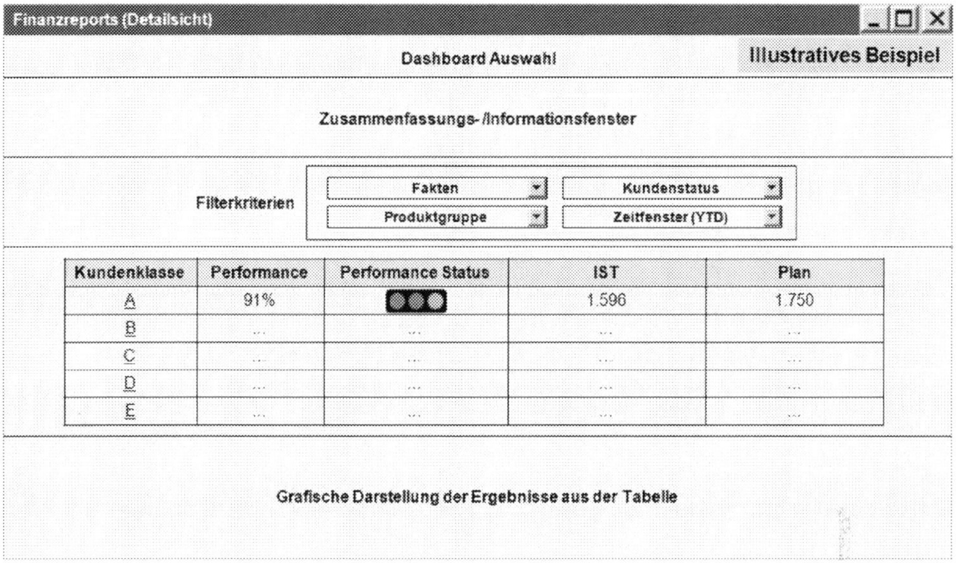

Abbildung 4-24: Beispielhafter Finanzreport 01

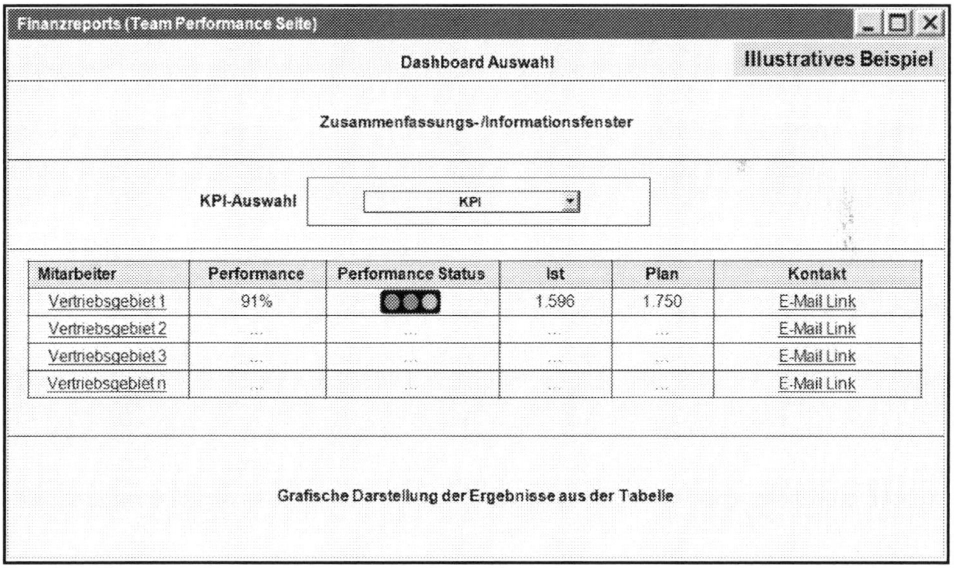

Abbildung 4-25: Beispielhafte Team Performance-Seite

Über die Team Performance-Seite sollte der direkte Vorgesetzte (z.B. der Vertriebs-leiter für den Außendienst), einen Überblick über die KPI-Performance der unterstellten Vertriebsgebiete erhalten. Über diese Darstellung soll es möglich sein, Verbesserungspotenziale zu erkennen und zu kommunizieren (siehe Abbildung 4-25).

Durch einen Klick auf das Verkaufsgebiet, sollte es möglich sein, direkt in die entsprechende Dashboard-Darstellung zu wechseln (Drill-Down) und weitere Detailinformationen zu erhalten.

Die Team-Performance-Sicht soll im Rahmen der Vertriebssicht und der Sales-Bonus-Sicht in gleicher Form zur Anwendung kommen.

Anforderungen der Vertriebssicht

Die KPI-Übersicht gibt dem Benutzer einen Überblick über seine aktuelle Performance (siehe Abbildung 4-26). Durch einen Klick auf den KPI-Namen wird ein Detailbericht mit weiteren Informationen angezeigt (siehe Abbildung 4-27).

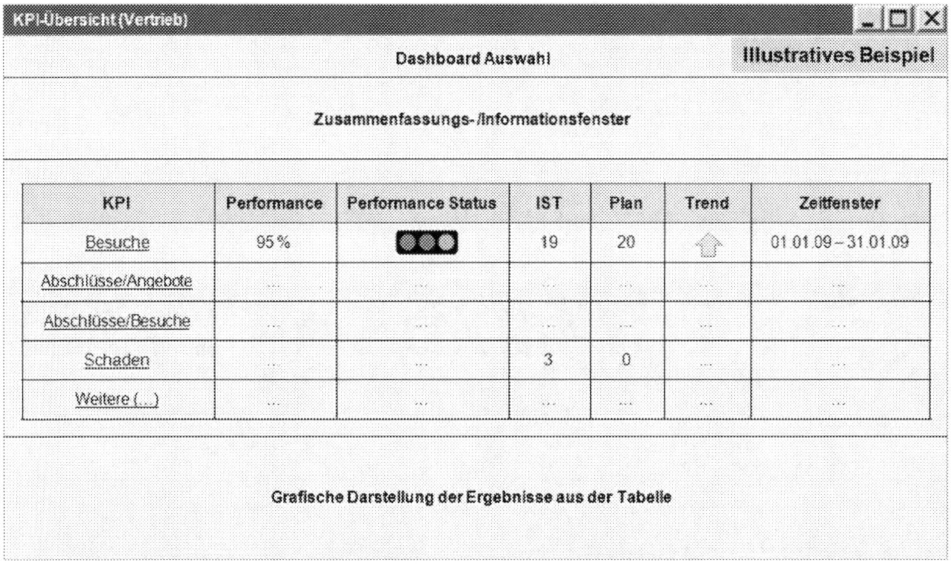

KPI-Übersicht (Vertrieb)						_ □ X
Dashboard Auswahl						**Illustratives Beispiel**
Zusammenfassungs-/Informationsfenster						

KPI	Performance	Performance Status	IST	Plan	Trend	Zeitfenster
Besuche	95 %	●●●	19	20	⇧	01.01.09 – 31.01.09
Abschlüsse/Angebote	...	...	...	...	...	...
Abschlüsse/Besuche	...	...	...	...	...	...
Schaden	...	...	3	0	...	...
Weitere (...)	...	...	...	...	...	...

Grafische Darstellung der Ergebnisse aus der Tabelle

Abbildung 4-26: Beispielhafte KPI-Übersicht (Vertriebssicht)

Die Berichte der Detailebene sollen ein hohes Maß an Flexibilität erlauben. Durch einen Klick auf die KPI in der KPI-Übersicht sollen die Filter in Abbildung 4-27 bereits vorbelegt werden. Falls eine Auswertung nach einer anderen Dimension gewünscht wird, soll dies durch eine Anpassung der Filter direkt in dieser Maske durchgeführt werden.

Abbildung 4-27: Beispielhafter Vertriebsreport 01

Einzig für die Berichte zu der KPI *„Abschlüsse/Angebot"* sowie *„Abschlüsse/Besuch"* sollte ein eigenständiger Bericht erstellt werden (siehe Abbildung 4-28). In diesem Bericht werden keine Zielwerte eingeblendet. Die Informationen sind also rein informativ.

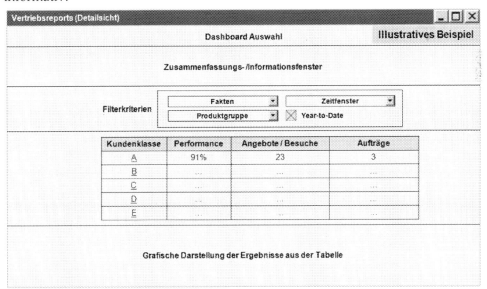

Abbildung 4-28: Beispielhafter Vertriebsreport 02

Ein Klick auf die Kundenklasse sollte eine Listenansicht mit den jeweiligen Kunden inklusive Verknüpfung zu dem Geschäftspartner beinhalten.

Anforderungen der Sales-Bonus-Sicht

Wie vorab beschrieben, sollte ein einheitlicher Sales-Bonus Plan durch ein einheitliches und weitgehend automatisiertes Reporting unterstützt werden. Unter der Sales-Bonus Planung versteht man die individuellen Zielvereinbarungen mit Mitarbeitern (Abb 4–29).

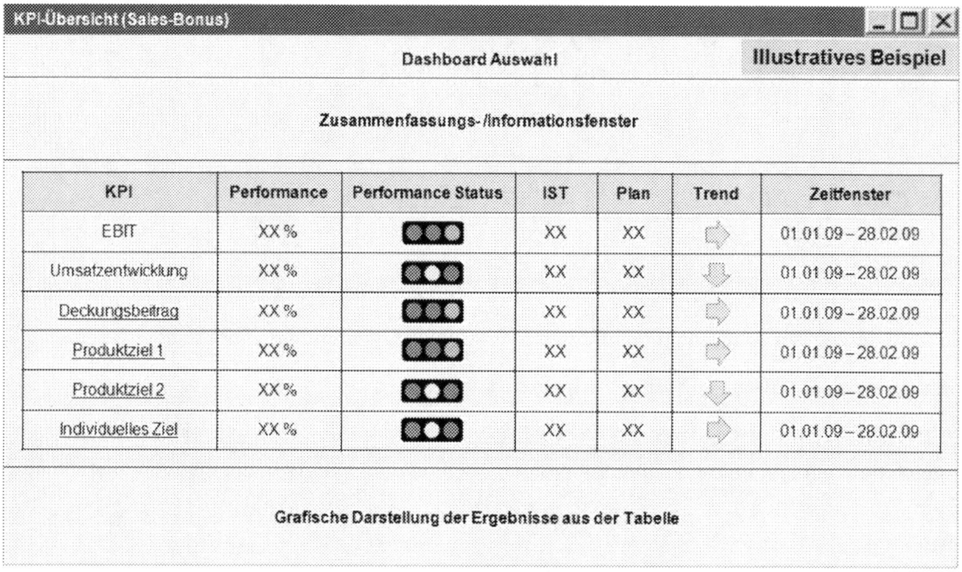

KPI	Performance	Performance Status	IST	Plan	Trend	Zeitfenster
EBIT	XX %		XX	XX		01.01.09 – 28.02.09
Umsatzentwicklung	XX %		XX	XX		01.01.09 – 28.02.09
Deckungsbeitrag	XX %		XX	XX		01.01.09 – 28.02.09
Produktziel 1	XX %		XX	XX		01.01.09 – 28.02.09
Produktziel 2	XX %		XX	XX		01.01.09 – 28.02.09
Individuelles Ziel	XX %		XX	XX		01.01.09 – 28.02.09

Grafische Darstellung der Ergebnisse aus der Tabelle

Abbildung 4-29: KPI-Übersicht (Sales-Bonus Planung)

Ein Klick auf die jeweilige KPI gibt dem Benutzer detaillierte Informationen zu der aktuellen Performance-Situation.

Der in Abbildung 4-30 gezeigte Bericht zur Detailauswertung des Deckungsbeitragsziels zeigt die Deckungsbeiträge unterteilt nach den in der CRM-Vorstudie festgelegten DB-Komponenten an:

1. **Kundengewinn (KG):** Ein Kunde wird zum Neukunden (Kundengewinn), wenn er beispielsweise seit mindestens drei aufeinanderfolgenden Monaten nicht mit dem Unternehmen zusammen gearbeitet hat. Der Ist-Wert für den gerade abgelaufenen Monat sollte direkt aus dem analytischem CRM (z. B. Oracle Business Intelligence) bezogen werden. Die Werte für die darauf folgenden zwölf Monate sollten auf *Forecast-Werten* basieren. Hierfür sollte der aktuelle DB-Wert als Wert für die nächsten zwölf Monate verwendet werden.

2. **Kundenverlust (KV):** Ein Kunde wird zum Verlustkunde (War-Kunde), wenn er beispielsweise seit mindestens drei aufeinanderfolgenden Monaten nicht mit dem Unternehmen zusammengearbeitet hat. Der Ist-Wert für den gerade abgelaufenen Monat sollte direkt aus dem analytischem CRM (z. B. Oracle Business Intelligence) bezogen werden. Die Werte für die dar-

auf folgenden zwölf Monate sollen auf *Vergangenheits-Werten* basieren. Hierbei ist folgende Regel zu beachten:

Der DB des Kundenverlusts kann niemals größer sein als der DB des Kunden während der beispielsweise Monate als Kundengewinn (KG). Zum Beispiel, Kunde ABC Company GmbH wechselt in Jahr 1 zum Unternehmen und hat einen monatlichen durchschnittlichen DB von 10.000 Euro. In Jahr 3 hat der Kunde nun einen höheren monatlichen durchschnittlichen DB von 15.000 Euro und wechselt zu einem anderen Unternehmen. Da der DB in Jahr 3 größer ist als in Jahr 1, soll der DB aus Jahr 1 als negativer Deckungsbeitrag in die KPI-Deckungsbeitrag einfließen.

3. **Preiserhöhung (PE):** Eine Preiserhöhung verbessert den Deckungsbeitrag eines Kunden. Der durch die PE verbesserte Teil des Deckungsbeitrages soll hier ausgewiesen werden.

4. **Preisminderung (PM):** Eine Preisminderung verschlechtert den Deckungsbeitrag eines Kunden. Der durch die PM verschlechterte Teil des Deckungsbeitrages soll hier ausgewiesen werden.

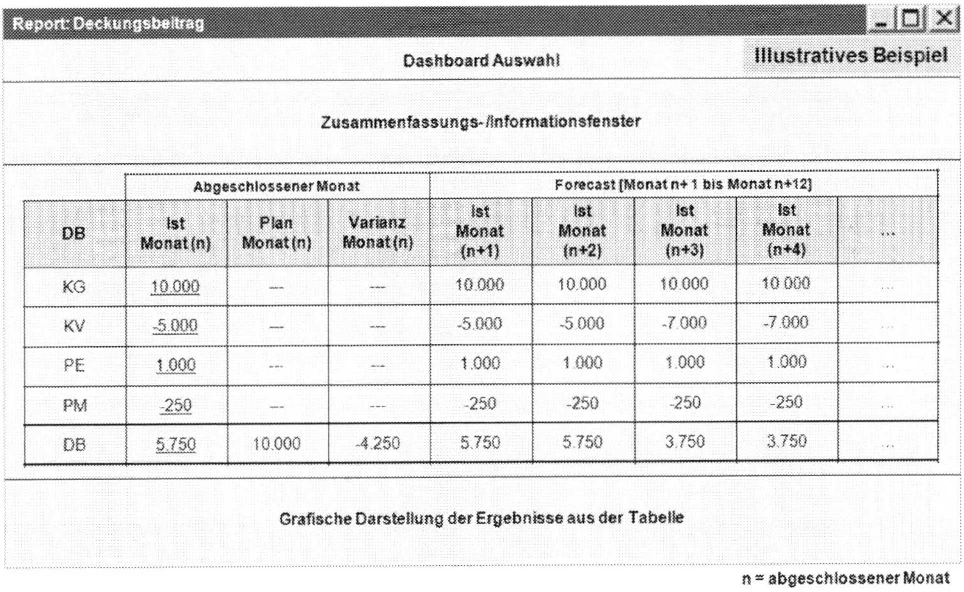

Report: Deckungsbeitrag _ □ ×

Dashboard Auswahl **Illustratives Beispiel**

Zusammenfassungs-/Informationsfenster

DB	Abgeschlossener Monat			Forecast [Monat n+ 1 bis Monat n+12]				
	Ist Monat (n)	Plan Monat (n)	Varianz Monat (n)	Ist Monat (n+1)	Ist Monat (n+2)	Ist Monat (n+3)	Ist Monat (n+4)	...
KG	10.000	---	---	10.000	10.000	10.000	10.000	...
KV	-5.000	---	---	-5.000	-5.000	-7.000	-7.000	...
PE	1.000	---	---	1.000	1.000	1.000	1.000	...
PM	-250	---	---	-250	-250	-250	-250	...
DB	5.750	10.000	-4.250	5.750	5.750	3.750	3.750	...

Grafische Darstellung der Ergebnisse aus der Tabelle

n = abgeschlossener Monat

Abbildung 4-30: Beispielhafter Sales-Bonus-Report 01 (Deckungsbeitragsziel)

Bei einem Klick auf die einzelnen Komponenten des DBs soll eine Listenauswertung wie in Abbildung 4-31 angezeigt werden. Hierdurch erhält der Vertriebsmitarbeiter eine Übersicht, wann ein bestimmter Kunde aus der Provisionsberechnung herausfällt. Zum Beispiel erfolgt der Klick auf den Ist-Deckungsbeitrag aus der Kategorie Kundengewinn (KG), dann sollen alle Kundengewinne mit aktuellem

Deckungsbeitrag und der Verweildauer in der Provisionsberechnung ausgegeben werden.

Name	Verbleibende Monate in Provisionsberechnung	DB
ABC Company GmbH	9	10.000
XYZ Company AG	3	3.000
...	...	...
...	...	...
...	...	...
...	...	...

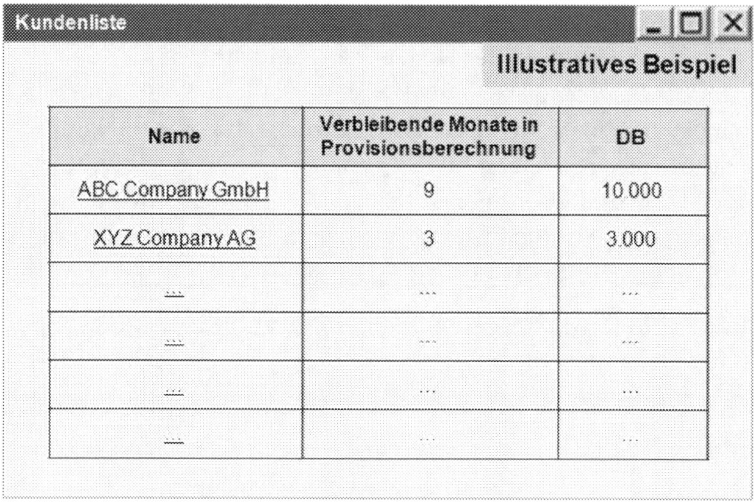

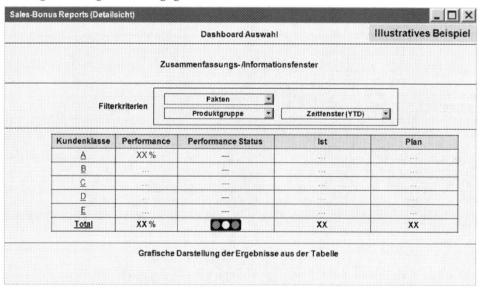

Abbildung 4-31: Beispielhafte Detailansicht zu Sales-Bonus-Report 01 (DB-Ziel)

Die weiteren Ziele der Sales-Bonus-Planung sollen über einen Bericht wie in Abbildung 4-32 dargestellt ausgegeben werden.

Kundenklasse	Performance	Performance Status	Ist	Plan
A	XX %	---	...	...
B	...	---	...	...
C	...	---	...	...
D	...	---	...	...
E	...	---	...	...
Total	XX %		XX	XX

Abbildung 4-32: Beispielhafte Sales-Bonus-Report 02

4.3.4.3 Kundenkarte

Ziel der Kundenkarte soll es sein, dem Vertriebsmitarbeiter alle wichtigen Informationen zum Kunden auf einen Blick zu präsentieren. Im Detail sind folgende Inhalte vorgesehen (siehe Abbildung 4-33):

Einzelkundensicht beim Aufrufen eines Kunden (im Monatsverlauf)		
Kennzahl	**Dimension**	**Ziel**
Menge, Umsatz, Preis	Produktgruppe, Land	VJ
DB1	Total oder Kostenstruktur	VJ
Nebenerlöse, Zusatzleistungen	Produktgruppe	VJ
Menge	Gewichtsstaffel	VJ
Generelle Informationen		
Beschwerden, Anrufe	Kundenklasse	
Laufzeit, Qualität	Status	
Zahlungsverhalten	Selbstdrucker Quote	
Konzernzugehörigkeit	Verbotskunde	
Vertriebskanal	Abholmodalitäten	
Potenzial	Tarifwerk (z.B. aktuelle Konditionen)	

Abbildung 4-33: Beispielhafte Inhalte einer Kundenkarte

4.3.4.4 Best-Practices für eine Fachkonzeption für ein Oracle Siebel CRM

Aus den im vorherigen Kapitel dargestellten Prozessabläufen ergeben sich folgende fachliche Best Practices innerhalb der Analyse und Controlling im Vertrieb in einem Oracle Siebel CRM-Projekt.

Achten Sie bei der Fachkonzeption für die Analyse und Controlling im Vertrieb auf

- eine einfache Übersicht der wichtigsten Kennzahlen (KPI) im Vertrieb.

- eine KPI-Visualisierung: Der Performance Status sollte mittels Ampelfunktion dargestellt werden. Der Trend sollte mittels eines Pfeils dargestellt werden.

- einfache Aufrufe von Details zum Geschäftspartner durch einen Klick auf die in der Listenansicht dargestellten Kunden.

- einen einfachen Überblick über die Team Performance der direkt unterstellten Vertriebsgebiete auf einer Übersichtsseite. Durch einen Klick auf ein Vertriebsgebiet, soll es möglich sein, in die entsprechende KPI-Übersicht zu wechseln und weitere Detailinformationen zu erhalten. Über die Team-Performance-Seite soll es möglich sein, direkt mit dem betreuenden Mitarbeiter in Kontakt zu treten (z.B. durch Hinterlegung eines E-Mail Links).

- einen Single-Sign-On-Zugriff: Der Benutzer sollte die Vertriebsberichte auf Basis seiner Benutzerrechte ohne erneute Anmeldung am Oracle BI-System aufrufen können.

- korrekte Zugriffsberechtigungen: Jeder Benutzer des Systems sollte nur die für seinen Verantwortungsbereich relevanten Daten sehen (z.B. Vertriebsgebiet).

- die Anbindung von existierenden Reportinglösungen: Reports aus einem bestehendem Data Warehouse (z. B. Oracle Business Intelligence oder SAP BW) sollten per Webservice angebunden werden.

- genügende Filtermöglichkeiten für die Vertriebsmitarbeiter: Der Bericht soll nach folgenden Filterkriterien zusammengestellt werden können:

1. Fakten (z.B. Umsatz, Deckungsbeitrag)
2. Produktgruppe (z.B. Neufahrzeuge, Gebrauchtfahrzeuge)
3. Kundenstatus (z.B. Neukunde, Bestandskunde, Verlustkunde, Zielkunde)
4. Zeitfenster (YTD)

Die Filter sollen durch den Einstieg in den Bericht über eine bestimmte KPI bereits vorbelegt werden.

4.4 Relevante Serviceprozesse für Oracle Siebel CRM

4.4.1 Serviceplanung

4.4.1.1 Grobe Prozessdarstellung

Die Phase Serviceplanung erfolgt in der Regel zentral durch den Bereichsleiter Service und/oder den Servicemanager. Die Serviceplanung stellt das Schlussglied im Kundenbearbeitungsprozess.

Abbildung 4-34: Prozessuale Einordnung der Serviceplanung

Ziele und Stoßrichtungen definieren sowie Budgetzuteilung

Das Ziel einer Serviceplanung sind abgeleitete operationale Serviceziele, die in Einklang mit den CRM-Zielen stehen. Im Allgemeinen setzt das Top-Management im ersten Schritt unternehmensweite Serviceziele, die aus den CRM-Zielen abgeleitet werden (Top-down-Ansatz). Diese Ziele sind bindend für das Service-Management und alle ausführenden Parteien. Die Ziele müssen einen Zielerreichungsgrad, einen Sach- und einen Zeitbezug enthalten, damit sie von den Serviceverantwortlichen operationalisierbar sind.

Der Erfolg der Serviceplanung hängt davon ab, ob alle am Service beteiligten Parteien in die Konzeption einbezogen werden. Das Management muss die unterschiedlichen Interessen berücksichtigen und die Serviceplanung ausrichten.

Die Serviceziele müssen alle Serviceparteien umfassen und können kurz-, mittel- und langfristiger Natur sein:

- Verbesserung der Durchlaufzeit eines Servicevorgangs um x Prozent in y Tagen.

- Reduktion der durchschnittlichen Telefonzeit um x Sekunden in y Monaten

- Lösung von x Prozent aller Serviceanfragen im First-Level im nächsten Monat

- Steigerung der Kundenzufriedenheit um x Prozent in y Monaten

- Bearbeitung von x Prozent aller Serviceanfragen über das Internet in y Monaten

- Erhöhung der Mitarbeiterzufriedenheit auf x Prozent in Monat y

- Senkung der durchschnittlichen Servicekosten um x Euro im Zeitraum von y Monaten

Identifizierung der Serviceparteien und deren Einbezug

Die beteiligten Serviceparteien sind zumeist die Kunden, die Mitarbeiter und eventuelle Servicepartner. Diese Beteiligten haben unterschiedliche Motive und Sichtweisen und demnach unterschiedliche Anforderungen an den Serviceprozess.

(1) **Kunde:** Der Kunde möchte, dass der Service zu seiner vollsten Zufriedenheit mit für ihn geringsten Kosten erfolgt. Welcher Mitarbeiter oder Partner diesen Service für ihn erbringt, spielt vorrangig keine Rolle.

(2) **Mitarbeiter:** Der Mitarbeiter des Unternehmens hat Interesse daran, die ihm gesetzten Ziele zu erreichen. Setzt das Unternehmen ihm nur ein zu erreichendes Umsatzziel, so handelt er zielkonform, wenn er möglichst viel Umsatz generiert. Allerdings gewährleistet dies nicht, dass der Kunde die Serviceleistung erhält, die angemessen ist. Der Serviceumfang könnte divergieren, abhängig davon, ob der Mitarbeiter sein Umsatzziel bereits erreicht hat oder nicht.

(3) **Partner:** Die Einbeziehung der Servicepartner hat großen Einfluss auf die Serviceleistung. Die Mitarbeiter der Partnerunternehmen sind in erster Linie den eigenen Grundsätzen und Zielen verpflichtet. Die Serviceleistung sollte aber im Sinne des leistungserbringenden Unternehmens erfolgen, die den Service an die Kunden verkauft. Versorgt das leistungserbringende Unternehmen seine Partner nur mit unzureichenden Informationen über die Kundenanforderungen, dann werden die Serviceleistungen diesen nicht entsprechen.

Die einzelnen Serviceparteien werden im Folgenden hinsichtlich der Serviceplanung näher betrachtet.

(1) Kunden

Die Kunden nehmen den Serviceprozess auf eine bestimmte Weise wahr, die von der Verhaltensforschung erforscht wurde. Die Servicerealität ist der vom Kunden wahrgenommene Service.

Der Kunde ist ein Mensch, der nicht emotionslos Produkte per Mausklick im Internet kauft. Er möchte Anerkennung und den Kaufprozess als solchen genießen. Zudem möchte er das Geschäft möglichst schnell abwickeln, um Zeit für andere Annehmlichkeiten des Lebens zu haben. All dies hängt vom Individuum ab.

Die Kundensichtweise ist somit ein zentraler Ansatzpunkt des Service. Das Unternehmen muss die Sichtweise und Erwartungen des Kunden bei den Serviceangeboten berücksichtigen und zum eigenen Vorteil nutzen.

Mehrere Effekte sind für die Wahrnehmensbildung des Menschen von Verhaltensforschern identifiziert worden[39]:

1. Abfolge von Ereignissen: Der Mensch nimmt eine generelle Einschätzung eines Prozesses vor. Er erinnert sich an besonders hervorstechende Momente innerhalb einer Ereignisabfolge. Die Abfolge von Ereignissen hat wesentlichen Einfluss auf die Gesamteinschätzung.

2. Dauer von Ereignissen: Der Mensch kann die Dauer von Ereignissen schlecht einschätzen. Die Einschätzung der Dauer hängt davon ab, ob die Leistung unterbrochen wird – etwa durch eine Pause – oder ob der Leistungsempfänger stark involviert ist.

3. Erklärung von Ereignissen: Der Mensch verarbeitet ein Ereignis und bildet sich ein nachträgliches Urteil. Kann er kein Urteil aufgrund von Fakten bilden, so erschafft er Fakten, bis er ein Urteil bilden kann.

Die genannten Punkte kennt sicherlich jeder aus seinen eigenen Erlebnissen. Ein gesellschaftlicher Abend ist nicht mehr positiv in Erinnerung, wenn er durch negative Ereignisse abgeschlossen wurde. Eine Achterbahnfahrt dauert eine Ewigkeit,

---

39 Vgl. ausführlich Chase/Dasu, 2001.

wenn sie dem Mitfahrer keinen Spaß bereitet. Ein Zaubertrick wird so lange nach der Aufführung diskutiert, bis eine Erklärung für Illusion gefunden wird.

Die Verhaltensforschung hat daraus allgemeine Serviceprinzipien abgeleitet:

1. Eindrucksvoller Abschluss: Das Ende der Serviceleistung bleibt dem Kunden im Gedächtnis. Beenden Sie ihren Service mit einem positiven Erlebnis für den Kunden wie einem kleinen Geschenk.

2. Schlechte Erfahrungen schnell vergessen machen: Jede Serviceleistung besteht aus schlechten und guten Teilen. Aus verhaltenstheoretischer Sicht müssen die schlechten Leistungen jedoch stets den guten Leistungen voran gehen. Zudem dürfen die schlechten Erinnerungen an die Leistungserbringung niemals das Urteil über die Serviceleistung dominieren.

3. Angenehmes verteilen, Unangenehmes zusammenfassen: Die Kunden empfinden Warten in jeglicher Form vor der eigentlichen Serviceleistung als unangenehm. Besonders, wenn sie in der Warteschlange einer Hotline dreimal weiterverbunden werden. Die unangenehmen Ereignisse für den Kunden müssen minimiert, die angenehmen Ereignisse gestreckt werden.

4. Kundenbindung durch Wahlmöglichkeiten verstärken: Jeder Mensch möchte selbst verfügen. Geben Sie Kunden die Wahlmöglichkeit und sorgen Sie so für ein angenehmes Serviceerlebnis.

Die Managementaufgabe ist die Integration der aufgeführten Prinzipien in die Serviceleistung. Die Servicekosten können an den Stellen gesenkt werden, die der Kunde zur Beurteilung der Serviceleistung nicht wahrnimmt.

Der Kunde beurteilt eine Serviceleistung nicht als gut, wenn der Servicemitarbeiter durch den Innendienst per Handy verständigt worden ist. Die Leistung wird als gut empfunden, wenn der Servicemitarbeiter rechtzeitig erscheint, seine Arbeit korrekt verrichtet und den Kunden mit einem geringeren Preis als erwartet überrascht.

Die Servicekosten können somit nur minimiert werden, wenn dem Unternehmen bekannt ist, welche Prozessabfolgen der eigene Service durchläuft und wie der Kunde diese wahrnimmt. Die Wahrnehmung der Prozesse durch den Kunden sollte daher unbedingt innerhalb der Service-Strategie untersucht werden.

(2) Mitarbeiter

Die Mitarbeiter eines Unternehmens sind das wesentliche Kapital innerhalb des Service. Das Serviceangebot eines Unternehmens ist ohne die engagierten Mitarbeiter, die den Service beim Kunden umsetzen, nicht möglich.

Bereits 1999 stellte die Ovum Research Group fest, dass folgende Prämissen bei einer CRM-Einführung unabdingbar sind.[40]:

---

40 Quelle: vgl. Ovum, 1999.

- Die Mitarbeiter, die mit CRM arbeiten sollen, müssen die Zielsetzungen der neuen Strategie und des CRM-Systems verstehen, um die Vorteile zu realisieren und umzusetzen.

- Die Mitarbeiter- und die Unternehmensvorteile müssen von den Mitarbeitern selbst erkannt werden. Die meisten Mitarbeiter akzeptieren Prozessänderungen, wenn sie eine wesentliche Verbesserung für sich selbst sehen.

- Das Management muss der Konzeption vertrauen und Ressourcen stellen (Zeit, Geld, Mitarbeiter, Hard- und Software).

Leider wird das wichtige Kapital „Mitarbeiter" oftmals vom Management nur mangelhaft in die CRM-Konzeption einbezogen (vgl. Kehl/Rudolph, 2001). Das Augenmerk richtet sich vielmehr auf die Auswahl der Unternehmensberater, das daraus resultierende Projektteam und die Auswahl der Softwarekomponente. Die Mitarbeiter werden geschult, aber die Konzeption und die Rolle des Individuums bleiben unklar.

Die Mitarbeitervernachlässigung im ganzheitlichen CRM-Ansatz hat nachhaltige Folgen für den Konzeptionserfolg und die Kostenstruktur:

- Die Mitarbeiter akzeptieren das Konzept nicht und arbeiten wie gewohnt.

- Das Konzept wird nicht verstanden und falsch umgesetzt.

- Die neuen Prozesse werden nicht oder nur teilweise in der täglichen Praxis angewandt.

- Die Durchlaufzeiten entsprechen nicht den ermittelten Werten der optimierten Prozesse.

- Die kostensenkenden Technologien werden unzureichend genutzt.

Die Strategie des geringfügig qualifizierten, ausführenden Mitarbeiters geht im CRM nicht auf. Der Mitarbeiter muss CRM verstehen und anwenden können.

Beispiel CTI im Service Center

Die Funktionalität von Computer Telephony Integration (CTI) hängt maßgeblich vom Menschen ab. CTI koppelt den Computer des Mitarbeiters mit dem Telefon. Der Mitarbeiter eines Service Centers muss sich, wenn er seine Arbeit beginnt, in der CTI anmelden. Dies geschieht in der Regel an seinem Telefon oder durch Funktionalität in seinem CRM-System. Erst nach Anmeldung ist der Mitarbeiter im Routing, also über das System telefonisch erreichbar. Ist dem Mitarbeiter nicht klar, wie die Telefonanlage zu bedienen ist und er meldet sich nicht an, so kann er seine Arbeit nicht in dem vorbestimmten Maße verrichten. Die Erreichbarkeit des Service Centers geht zurück. Die geringere Anzahl an erreichbaren Mitarbeitern hat Einfluss auf die angemeldeten Mitarbeiter. Sie erhalten nun mehr Anrufe als gewohnt und können diese nicht verarbeiten. Dies führt schnell zu Unzufriedenheiten und „Stimmungsmache" gegen CRM. Zahlungskritische Vorgänge wie Kundenrechnungen oder Lieferantenmahnungen werden mit Zeitverzug bearbeitet. Dies führt zu Zinsverlust oder höheren Zinszahlungen für das Unternehmen. Die Kosten des Unternehmens nehmen zu.

Die Unternehmen, die den Mitarbeiter als erfolgskritischen, kostentreibenden Faktor erkannt haben, sind auf dem richtigen Weg. Zahlreiche CRM-Implementationen zeigen, dass sich die Serviceleistungen besonders geschulter Mitarbeiter verbesserte und positiv auf die Servicequalität auswirken. Positiver Faktor ist die effektive Nutzung der Technologien und das Empowerment der Mitarbeiter, um Vorgänge sofort zu priorisieren und möglichst unmittelbar zu erledigen.

(3) Partner

Ist ein Unternehmen nicht in der Lage, alle Teilbereiche seines Serviceangebotes selbst zu erstellen, oder ist die Erstellung dieser Teilbereiche kostenbedingt nicht erwünscht, so unterhalten die Firmen ein Netz von Partnerschaften zu anderen Firmen.

Wichtige Servicepartnerschaften sind:

- Ausführung von Instandsetzungen oder Reparaturen durch Partnerfirmen (inklusive Gewährleistungen).
- Call-Center-Kapazitäten, die von Drittfirmen angemietet werden.
- E-Service, den Dienstleister entwerfen und betreiben.
- Kundendatenbanken, die Drittfirmen unterhalten.

Die Aufrechterhaltung dieser Partnerschaften ist nur sinnvoll, wenn es sich um eine Win-Win-Situation für beide Partner handelt. Eine typische Servicepartnerschaft besteht zwischen Hersteller und verbundenem Serviceunternehmen, das die Dienstleistung als Vertragspartner im Auftrag erledigt.

Das Unternehmen, in dessen Namen die Dienstleistung angeboten wird, steht in einer Verpflichtung dem Kunden gegenüber. Steht der Name des Unternehmens für effizienten Service bei gleichzeitiger Kundenorientierung, so muss dieser Gedanke auf den Partner übertragen werden.

Der Transfer von Servicelevel und Wertevorstellungen auf den Partner ist kostenintensiv. Die Unternehmen müssen ferner Wege und Mittel zur Überwachung der Werte finden und beim Partner implementieren. Der missglückte Transfer der Werte gipfelt in einem erhöhten Beschwerdeaufkommen und hohen Abwanderungsraten der Kunden. Die Unternehmen müssen Kriterien für die Partner definieren, vertraglich fixieren und kommunizieren. Anhand dieser Kriterien muss die Qualität und der Wert der Partnerschaft gemessen werden. Die Messung entsprechender Kennzahlen muss während der Servicepartnerschaft fortlaufend erfolgen. Eine langfristige Verschlechterung der festgelegten Kennzahlen sollte zu Einschnitten in der Partnerschaft führen.

Beispiel Tankstellen

Die Tankstellenpartner verkaufen den Kraftstoff und die Schmierstoffe im Auftrag der Mineralölgesellschaften. Die Mitarbeiter der Tankstellen sind bei den Tankstellenpartnern angestellt. Ist der Kunde mit der Serviceleistung eines Mitarbeiters nicht zufrieden, so wird er sich zunächst an der Tankstelle direkt beschweren. Hat dies keinen Erfolg, so hat er die Möglichkeit, eine Servicenummer der Mineralölgesellschaften anzurufen, ein Fax zu senden oder über E-Mail Kontakt aufzunehmen. Anhand der erfolgten Serviceanfragen wird die Servicequalität der einzelnen Tankstellenpartner transparent. Eine niedrige Serviceleistung einzelner Tankstellenpartner lässt sich beispielsweise anhand der Beschwerdeanrufe von Endkunden messen.

Die Werte des eigenen Unternehmens müssen dem Partner und dessen Mitarbeitern vor Ort kommuniziert werden. Dem Mitarbeiter des Partnerunternehmens muss klar sein, in wessen Auftrag er im Augenblick des Kundenkontaktes handelt und welche Servicelevels gültig sind. Sind die Werte nicht bekannt, so kann es zu Unstimmigkeiten kommen, die das Image des eigenen Unternehmens beeinflussen und die Servicekosten treiben.

Die Kommunikation mit den Partnerunternehmen erfolgt mittels der bekannten Kommunikationswege Brief, Fax, Telefon und E-Mail. Neuerdings setzen die Firmen vermehrt auf das Internet durch Websites, SMS oder Extranets. Ein Extranet ermöglicht den Partnerunternehmen einen direkten Datenzugriff über eine Nutzerkennung auf das Unternehmensnetzwerk. Die Internettechnologien erweisen sich als kostengünstiger Kommunikationsweg zur zielgerichteten, individualisierten Informationsbereitstellung oder Interaktion mit dem Partnerunternehmen. Die Auswahl des Kommunikationsmediums ist jedoch abhängig von der Medienakzeptanz bei den Partnerunternehmen, den Medienkosten und der Transaktionskontrolle.

Es bedarf eines Partnermanagements in einem ganzheitlichen CRM-Konzept, um die Serviceziele bereitzustellen und deren Einhaltung zu sichern. Das Partnermanagement muss die Prozesse zum Informationsaustausch mit den Partnern definieren und kontrollieren.

Kundenkontaktkanäle im Servicemanagement

Ein kritischer Erfolgsfaktor im Service sind die richtigen Kundenkontaktkanäle. Hierbei werden üblicherweise drei Kundenkontaktkanäle über web-basierten Service (E-Service), dem Service Center und dem persönlichen Kundendienst vor Ort unterschieden. Die drei Kundenkontaktkanäle unterscheiden sich inbesondere in den Kosten für das Serviceunternehmen und in der Servicequalität für den Kunden.

(1) E-Service

Das Angebot von Kundendienstleistungen über elektronische Medien wird e-Service genannt. Die bereitgestellten Serviceleistungen haben unterschiedliche Komplexitätsgrade. Die Voraussetzungen dieser Serviceart sind ein Internetzugang mit entsprechendem Browser beim Kunden und in einigen Fällen – abhängig von der Sicherheitspolitik oder Kundenstruktur – ein online Kundenkonto.

Die einfachste Form ist die Bereitstellung von Frequently Asked Questions (FAQ). Das Unternehmen sammelt und kategorisiert bereits gestellte Serviceanfragen und ordnet diesen Lösungen zu. Das „Lösungspaket" ist dann auf einer Internetseite abrufbar. Die Kosten dieser Lösung sind anfangs gering, da die Fragen einmalig zusammengestellt werden. Allerdings darf nicht unterschätzt werden, dass der Wert der Lösung mit der Aktualität korreliert. Die Grenzen liegen natürlich im Kundenwissen. Denn nur wenn er sein Anliegen in Worte fassen kann, werden die FAQs nützlich für ihn sein. Besonders vorteilhaft ist die universelle Einsetzbarkeit der FAQs, denn sie sind auf fast jedes erdenkliche Produkt einsetzbar.

Komplexer, aber auch ergiebiger, wird eine individualisierte Kundenlösung. Der Kunde beantragt zunächst die Zugriffsrechte und erhält je nach Kundenstatus bestimmte Serviceleistungen kostenfrei oder -pflichtig. Wünscht der Kunde einen Service, so startet er auf seiner personalisierten Internetseite nach eingegebener Benutzerkennung. Von diesem Ausgangspunkt stehen ihm Serviceleistungen offen. Er kann Lösungen suchen, Serviceanfragen eingeben oder aktualisieren und aktuelle Informationen abrufen. Der aktuelle Status seiner Serviceanfragen ist für den Kunden ebenfalls unter der Serviceanfragennummer ersichtlich.

E-Service bietet sich insbesondere für aufgeschlossene, internetbegeisterte Nutzer und immaterielle, serviceintensive Produkte an. Dementsprechend wird diese Lösung bereits heute flächendeckend und kostensparend im Service eingesetzt.

Ein weiterer Bestandteil von e-Services sind die Bildung von Benutzer-Communities oder Chats im Internet. Das Serviceunternehmen schafft eine Internetplattform, auf der die Benutzer untereinander Ratschläge für die optimale Produktnutzung geben können. Eine der berühmtesten Communities ist das „Maggi Kochstudio", welches seit geraumer Zeit auch im Internet vertreten ist. Das Unternehmen schafft eine hohe Produktbindung und sammelt durch den Informationsaustausch der Kunden wertvolle Informationen über deren Vorlieben und Gewohnheiten. Diese Informationen können in Produktneuheiten oder -verbesserungen umgesetzt werden.

Die Vorteile des e-Service sind offensichtlich:

1. **24 Stunden x 7 Tage verfügbar:** Der Kunde kann die Lösung für seine Serviceanfrage jederzeit erarbeiten. Er ist nicht abhängig von bestimmten Zeiten. Die jederzeitige Verfügbarkeit verursacht keine wesentlichen Zusatzkosten für das Unternehmen.

2. **Weltweite Verfügbarkeit:** Das Internet ist grundsätzlich von jedem Ort dieser Erde erreichbar. Dieser Vorteil versetzt das Unternehmen in die Lage, Kunden weltweit kostengünstig Serviceleistungen zu offerieren.

3. **Erweiterung der Prozesskette auf den Kunden:** Das Internet bietet die Gelegenheit, den Kunden intensiv in die Serviceprozesse zu involvieren und die Eingabe von Daten auf den Kunden „abzuwälzen". Der Kunde wird seinen Namen sicherlich richtig schreiben und für die gültige Anschrift sorgen, da er die Serviceleistung sonst nicht erhalten kann. Resultat sind geringere Personalkosten, wenn es gelingt, einen Großteil der Kunden zu dieser Aktivität zu bewegen.

4. **Personalisierung:** Die Personalisierung des Internetangebotes mündet in einer Suchkostenreduktion für den Kunden und den Mitarbeiter. Beide Parteien können von der gleichen Datenbasis agieren und der Serviceprozess wird transparent.

5. **Nutzung der Kundendaten:** Die Kundendaten gehen direkt vom Internet in die CRM-Datenbank ein. Die eingegebenen Daten können somit unmittelbar in anderen Unternehmensbereichen für Kampagnen oder Marketingaktionen genutzt werden. Die Auswertung von Communities erlaubt Aufschlüsse über Nutzerverhalten und Produktverbesserungsmöglichkeiten.

6. **Status-Tracking durch den Kunden:** Der Kunde möchte seine Serviceanfrage nicht nur mitteilen. Er verlangt nach einer abschließenden Bearbeitung. Die fortlaufende Information des Kunden durch einen Mitarbeiter via Brief, Fax, Telefon oder E-Mail bindet Ressourcen und verursacht Kosten. Schafft das Unternehmen hingegen die Möglichkeit, dass der Kunde den Status seiner Beschwerde anhand einer Servicenummer selbst abrufen kann und hat der Kunde einen Internetzugang, so werden die Kosten minimiert.

7. **Hilfe zur Selbsthilfe:** Eine Serviceleistung kann durch technische Hilfsmittel unterstützt werden. Die Serviceleistung für den Kunden wird oft verbessert, wenn er sich Broschüren, Anleitungen oder sonstige Hilfsmitteln im Internet auf seinen PC herunterladen kann. Die angebotenen Hilfsmittel ermöglichen dem Kunden oftmals, sich selbst zu helfen. Gängig ist dies auch für immaterielle Güter wie Software. Die Kunden können im Internet beispielsweise neue Software herunterladen (Download), die Probleme einer gekauften Software beheben. Dies erspart dem Kunden den Weg in das Geschäft.

Der E-Service ist ein kostengünstiger, effektiver und qualitativ hochwertiger Serviceweg. Der Kunde kann sich selbst helfen und braucht keine Interaktion mit einem Mitarbeiter über das Telefon. Die Servicekapazitäten des Unternehmens werden erweitert, ohne neue Mitarbeiter zu beschäftigen.

(2) Service Center

Das Service Center ist die nächste Qualitätsstufe im Service. Diese Stufe greift, wenn der Kunde seine Serviceanfrage durch FAQs, Chats oder die Wissensdatenbank im Internet nicht lösen kann. Das Serviceangebot auf diesem Wege ist kostenintensiver, da ein Mitarbeiter in den Serviceprozess involviert ist. Die integrierten Medien sind Brief, Fax, Telefon und E-Mail. Die Serviceanfragen sollten über die elektronischen Medien Fax, Telefon und E-Mail zu den Mitarbeitern automatisiert zugewiesen werden.

Die Servicequalität des Service Centers ist häufig abhängig davon, ob das Center von einem Servicepartner oder vom Unternehmen selbst (Inhouse) betrieben wird.

Entscheidet sich das Management für ein *outgesourctes Service Center*, so sind die externen Mitarbeiter hinsichtlich der Serviceplanung des Unternehmens zu informieren und zu schulen. Entschließt sich das Management ein *Inhouse Service Center* für den Kundenservice zu betreiben, so müssen die internen Mitarbeiter intensiv geschult werden, um die Servicequalität zu gewährleisten.

Eine Teilfunktion eines Service Centers kann der *Help Desk* sein. Diese Funktion findet Anwendung für komplexe Produkte wie Software und Computer oder bei sensiblen Produkten wie chemischen Erzeugnissen.

Aus Kostengründen werden die beim Help Desk eingehenden Anrufe zumeist auf herkömmlichem Wege durch einen Agenten entgegen genommen und nur bei Bedarf an die Fachabteilung weitergeleitet. Die Kosten sowie die verfügbare Kapazität staffeln sich nach der Kompetenzstufe der eingesetzten Mitarbeiter.

Die Betreiber von Help Desks verfügen oftmals über eine Grundkapazität von Mitarbeitern, da die Anzahl der aufkommenden Anfragen schwer absehbar ist. Wird die Grundkapazität erreicht oder überschritten, so werden die Anrufe an zugekaufte Kapazitäten von Call Center-Betreibern weitergeroutet. Normalerweise verfügt ein Help Desk über genügend Kapazität, um die Kundenanfragen zu einer Ware entgegen zu nehmen. Selbst wenn ein Anruf nicht direkt entgegen genommen werden kann, so besteht oftmals die Möglichkeit, das Anliegen auf einen Anrufbeantworter zu sprechen oder einen Rückruf zu initiieren.

Kapazitätskritisch und zugleich kostenintensiv im Service Center ist immer der Spezialist, der eingreifen muss, wenn der Agent dem Kunden nicht mehr helfen kann. Dies wird als „Second Level Support" bezeichnet. Die Planungsunsicherheit für die Funktion des Help Desks und die Ressourcenknappheit lassen oftmals nur eine geringe Anzahl von Spezialisten zu.

Ein vollwertiges Service Center übt weitere Funktionen aus. Es übernimmt das Beschwerde-, Qualitäts- und Auftragsmanagement des Unternehmens. Diese Prozesse sind aus Unternehmenssicht besonders kritisch. Das Auftragsmanagement ist einzahlungswirksam und kann bei Verzug des Rechnungsversands einen Zinsverlust bedeuten. Das Service Center hat somit Einfluss auf die Liquidität des Unternehmens. Das Beschwerde- und das Qualitätsmanagement sind sehr image-trächtig und haben eine hohe Außenwirkung. Sie sind indirekt einzahlungswirksam, da unzufriedene Kunden nicht mehr bei dem Unternehmen kaufen.

Ein aktueller Trend ist die Zentralisierung von Service Centern. Die Zusammenlegung von landesspezifischen in transnationale Service Center, die im ersten Schritt Länder und dann Kontinente abdecken, schreitet weiter voran.

Die Mitarbeiter eines zentralen Servicecenters sind hoch qualifiziert. Die Mitarbeiter müssen mehrere Sprachen beherrschen, kommunikativ, mit der eingesetzten Technik vertraut und geschult im Umgang mit Menschen sein. Diese Vielzahl an Qualifikationen ist nicht nur selten, sondern auch mit hohen Personalkosten verbunden. Ein zentrales Service Center ist durchaus rentabel, da die Standortkosten mehrerer nationaler Service Center gespart werden. Die Infrastrukturkosten sind im Vergleich zu lokalen Servicecentern um ein vielfaches höher, da das zu verwaltende Datenvolumen zunimmt und die Routingregeln komplexer sind. Günstige Steuersätze und Personalkosten können diese Alternative zudem interessant machen.

Das zentralisierte Serviceangebot funktioniert nur, wenn der anrufende Kunde nicht merkt, in welchem Land seine Serviceanfrage bearbeitet wird und die Zuordnung zu dem richtigen Ansprechpartner automatisiert nach Sprache und Qualifikation erfolgt. Die Mitarbeiter sind so zu qualifizieren, dass sie sich unmissverständlich in der Sprache des Anrufers ausdrücken und die kulturellen Gepflogenheiten des Landes achten. Gleichzeitig sind dies unabdingbare Voraussetzung für die Erreichbarkeit und Auslastung der Mitarbeiter.

(3) Kundendienst vor Ort

Der technische Kundendienst vor Ort ist die kostenintensivste Form des Services mit in der Regel der höchsten Servicequalität. Dieser Weg wird erst beschritten, wenn eine Serviceanfrage auf den zuvor beschriebenen Wegen nicht gelöst wurde. Der Kundendienst kann sicherlich ebenfalls notwendig sein, wenn es sich um einen wichtigen Kunden oder um ein hochwertiges Gut handelt.

Die Stärke von CRM im Kundendienst liegt darin, die Kommunikation zwischen den Serviceparteien effizienter zu gestalten. Die Schnittstellen und Medienbrüche auf dem zweiseitigen Informationsweg vom Innendienst zum Kundendienst oder Dienstleistungspartner gilt es zu minimieren.

4.4.1.2 Best-Practices für eine Fachkonzeption für ein Oracle Siebel CRM

Aus den im vorherigen Kapitel dargestellten Prozessabläufen ergeben sich folgende fachliche Best Practices innerhalb der Serviceplanung in einem Oracle Siebel CRM-Projekt.

Achten Sie bei der Fachkonzeption für die Serviceplanung auf

- eine saubere Identifikation und Festlegung der Ziele innerhalb der Service-planung.

- eine Identifizierung der richtigen Serviceparteien und der Spezifikation des Zusammenspiels der Serviceparteien.

- eine Ableitung der Serviceziele für die jeweiligen Serviceparteien.

- ein ausgewogenes Maß an Kundenkontaktkanälen im Service. Analysieren Sie, welche Kundenkontaktkanäle von Ihren Kunden präferiert werden. Achten Sie darauf, dass die Anzahl der Kundenkontaktkanäle beherrschbar bleibt, da sonst die Servicequalität sinken könnte.

4.4.2 Erstbearbeitung und -erfassung

4.4.2.1 Grobe Prozessdarstellung

Die Phase Erstbearbeitung und -erfassung wird durch den jeweiligen Servicemit-arbeiter durchgeführt.

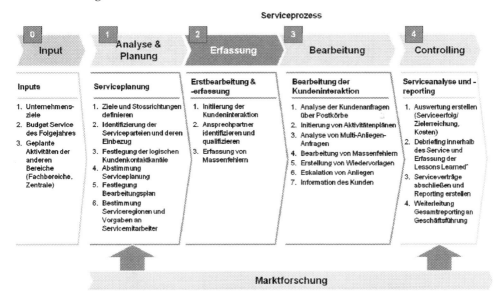

Abbildung 4-35: Prozessuale Einordnung der Erstbearbeitung und -erfassung

Initiierung der Kundeninteraktion

Eine Kundeninteraktion kann durch das Unternehmen selbst initiiert werden. Die Ablauflogik ist identisch mit dem oben beschriebenen Ablauf. Die Kundeninteraktion wird durch den Mitarbeiter als Aktivität am Kunden erfasst. In Abhängigkeit vom fachlichen Inhalt wird die Bearbeitung durchgeführt.

Eine Kundeninteraktion wird aber häufiger durch den Kunden selbst initiiert. Die Anliegen, die per E-Mail, Fax, Brief, SMS oder sonstige schriftliche Kanäle elektronisch an das Unternehmen heran getragen werden, müssen im Idealfall automatisiert prozessiert und einem Postkorb zugeordnet werden.

Die Postkörbe werden kanalübergreifend angelegt. Postkörbe werden genutzt, um Serviceanfragen und Aktivitäten in Oracle Siebel CRM den entsprechenden Gruppen von Mitarbeitern zuzuweisen. Postkörbe enthalten entweder nur Serviceanfragen oder nur Aktivitäten.

Der Eingang einer Kundeninteraktion in einen technischen Eingangskanal wie Fax oder E-Mail sollte grundsätzlich die Generierung einer Aktivität im Oracle Siebel CRM zur Folge haben. Die Aktivität wird anschließend in einem Aktivitätenpostkorb abgelegt (Ausnahme Eingangskanal Telefon).

Wird auf Basis einer vorliegenden Aktivität ein Serviceanfragen generiert und diese weitergeleitet, wird die Serviceanfrage in einem entsprechenden Serviceanfragen-Postkorb abgelegt. Diese Vorgehensweise hat zur Folge, dass für einige Themen sowohl Aktivitäten- als auch Serviceanfragen-Postkörbe vorgesehen werden sollten.

(1) Postkorbstrukturen im B2C

Für den Bereich B2C bietet sich eine Postkorbstruktur mit unterschiedlichen Postkörben im Oracle Siebel CRM an. In den Anfragensammler B2C werden alle Kundeninteraktionen übernommen, die nicht eindeutig zuordenbar sind.

Der Begriff „Anfragen" bezeichnet für die Postkörbe 1 bis 5 Anfragen, die dem Charakter her eine Beschwerde/Reklamation bzw. eine Nachfrage zu einer vermeintlichen oder tatsächlichen Fehlfunktion/-leistung darstellen, d.h. es handelt sich um Research B2C-Anfragen.

Tabelle 4-4:   Postkörbe für B2C-Service

Nr.	Postkorb	Objekt in Siebel	Beschreibung/Inhalt
1	Anfragen Online Technik B2C	Aktivität	Enthält alle Anfragen zum Online-Auftritt
2	Anfragensammler B2C	Aktivität	Enthält alle Anfragen des Kunden (Orders, Abrechnungen, Gebühren usw.).
2	Anfragensammler B2C	Serviceanfrage	Enthält alle Anfragen des Kunden (Orders, Abrechnungen, Gebühren usw.). Die Serviceanfrage wurde durch den 1st Level generiert
3	Anfragen Elitekunden	Serviceanfrage	Enthält Anfragen Elitekunden

Nr.	Postkorb	Objekt in Siebel	Beschreibung/Inhalt
4	Anfragen Fast Ad Hoc Response	Service-anfrage	Enthält die Anfragen, die aufgrund einer ersten Sichtung für eine direkte Beantwortung vorgesehen sind.
5	Anfragen Spezial	Service-anfrage	Enthält hoch priorisierte Anfragen wie z. B. Vorstandsbeschwerden und sonstige spezielle Anfragen (z.B. Beschwerden, die in gesetzlichen Responsezeiten beantwortet sein müssen)
6	Anfragen Standard	Service-Anfrage	Anfragen, die nicht in den Bereich Elite oder Spezial fallen
7	Anfragen Kundendaten	Aktivität	Enthält Anfragen/Anforderungen des Kunden zur Änderung/Aktualisierung seiner Daten
8	Anfragen Versand	Aktivität	Enthält alle Versandanfragen (Formulare und Artikel)
9	Kampagnenreaktion	Aktivität	Enthält alle Reaktionsmeldungen der Kunden/Interessenten
10	Anfragen Produkt	Aktivität	Enthält Anfragen/Verständnisfragen zu Produkten

(2) Postkorbstrukturen im B2B

Für den Bereich B2B ergibt sich eine ähnliche Postkorbstruktur. In den Anfragensammler werden alle Kundeninteraktionen übernommen, die nicht eindeutig zuordenbar sind.

Im Unterschied zum B2C-Bereich, werden im B2B-Bereich Anfragen von dem Ersterfasser der Anfrage auch abschließend bearbeitet. Im B2C existiert eine Arbeitsteilung zwischen 1st-Level und 2nd-Level Support im Service. Das hat zur Folge, dass im B2B-Bereich auch die Postkorbstruktur abweicht. Da die Bearbeitung von Service-Requests durchgängig von einem Mitarbeiter verantwortet wird (Zuarbeiten anderer Teams werden ebenso wie im B2C geleistet) ergibt sich nicht die Notwendigkeit eines Übergabepunktes (Postkorb) oder einer Zwischenablage (Postkorb). Damit ist es nicht notwendig, eine größere Anzahl von Serviceanfragen Postkörben zur Verfügung zu stellen.

Tabelle 4-5:   Postkörbe für B2B-Service

Nr.	Postkorb	Objekt in Siebel	Beschreibung/Inhalt
1	Anfragen-sammler	Aktivität	Enthält alle Anfragen von B2B-Kunden und B2B-Endkunden
2	Research B2B	Service-anfrage	Enthält alle Anfragen von B2B-Kunden und B2B-Endkunden, die aufwendige Researches benötigen
3	Anfragen Key Account	Aktivität	Enthält alle Anfragen, die das Key-Account Team betreffen
4	Anfragen Spezial	Service-anfrage	Enthält hoch priorisierte Anfragen wie z. B. Anfragen zu Auftragsstatus und sonstige spezielle Anfragen (z.B. Beschwerde die in gesetzlichen Responsezeiten beantwortet sein müssen)
5	Anfragen Standard	Service-anfrage	Anfragen, die nicht in den Bereich Elite oder Spezial fallen
6	Anfragen Kundendaten	Aktivität	Enthält Anfragen/Anforderungen des Kunden zur Änderung / Aktualisierung seiner Daten

Das Modul „SmartAnswer" innerhalb von Oracle Siebel CRM erleichtert die Klassifizierung von Anfragen im Service, indem elektronische Serviceanfragen nach Stichwörtern per Fuzzy-Algorithmus durchsucht werden und abhängig von der Häufigkeit von Schlagwörtern klassifiziert werden.

Sind die Kundenanliegen in Form von Anliegen im Postkorb im Oracle Siebel CRM abgelegt, so erfolgt die Erstbearbeitung der Kundeninteraktion in Abhängigkeit von der Anliegenart. Bei der Bearbeitung werden typischerweise folgende Anliegenarten unterschieden:

- Beschwerde/Reklamation
- Formular-/Artikelanforderung
- Kampagnenresponse
- Anfrage Produktinfo
- Sonstiges

Bei den Anliegenarten „Formular-/Artikelanforderung" und „Kampagnenresponse" kann über die bereits im Oracle Siebel CRM-Standard existierenden Mechanismen eine Bearbeitung vorgenommen werden. Im ersten Fall wird über Siebel der entsprechende Versandauftrag erfasst. Im zweiten Fall wird zum Kunden die Kampagnenresponse erfasst. In diesen beiden Fällen gehen die beiden Schritte „Erstbearbeitung/ -erfassung" und „Bearbeitung der Kundeninteraktion" ineinander über. Dabei stellt die „Erstbearbeitung/ -erfassung" den umfangreicheren Teil des Ablaufs dar, die eigentliche Bearbeitung beschränkt sich dann auf die Auslösung der entsprechenden Aktionen in Siebel. Die Anliegenart „Sonstiges" wird gemäß Ihrem Inhalt individuell bearbeitet. Die Anliegenart „Beschwerde/Reklamation" wird in Abhängigkeit von ihrem Inhalt bearbeitet.

Bis zu diesem Zeitpunkt sollten die Kundeninteraktionen als Aktivitäten im Oracle Siebel CRM vorliegen. Im Rahmen der Bearbeitung wird entschieden, ob zur Unterstützung der weiteren Arbeit aus der Aktivität auch Serviceanfragen generiert werden soll. Abbildung 4–36 zeigt einen beispielhaften Ablauf der Bearbeitung einer Beschwerde/Reklamation.

Zunächst wird durch den Mitarbeiter eine kurze Analyse der vorliegenden Beschwerde/Reklamation durchgeführt. Dies geschieht auf Basis der verfügbaren Daten, z.B. Inhalt der Mail oder im Fall des Eingangskanals Telefon auch interaktiv mit dem Anrufer.

Wenn sich die Kundeninteraktion auf eine bestehende Serviceanfrage bezieht, wird die vorliegende Aktivität den bestehenden Serviceanfragen zugeordnet. Wird eine Aktivität einer bestehenden Serviceanfrage zugeordnet, wird als Sachbearbeiter der Bearbeiter der Serviceanfrage automatisch belegt. Der Status der Aktivität kann vom Bearbeiter frei gewählt werden. Wählt der Bearbeiter den Status „In Bearbeitung", wird die Aktivität im Aktivitätenview des Sachbearbeiters in den Serviceanfragen angezeigt.

Bei einer neuen Kundeninteraktion besteht zunächst die Möglichkeit, dass diese direkt beantwortet werden kann. Die Möglichkeit ist unabhängig vom Eingangskanal, d.h. sowohl dem Kundenberater im Call Center als auch dem Bearbeiter im 2nd-Level steht diese Möglichkeit offen.

Nur im Fall, dass keine direkte Beantwortung der Kundeninteraktion möglich ist, wird eine Serviceanfrage generiert. Zu der Serviceanfrage werden zusätzliche Daten zur Beschreibung der Beschwerde erfasst. Die Serviceanfrage wird zur Bearbeitung an den 2nd-Level Research B2C weitergegeben.

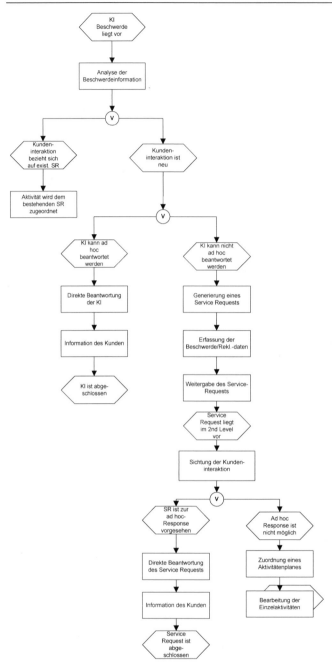

Abbildung 4-36: Beispielprozess einer Beschwerde/Reklamation

Eine grundsätzliche Anforderung des Research B2C besteht darin, die eingehenden Kundeninteraktionen zu sichten, zu priorisieren und ggf. auch direkt zu beantworten. Dementsprechend existiert auch auf Serviceanfragen-Ebene die Möglichkeit, Kundeninteraktionen direkt zu beantworten.

Wenn eine direkte Beantwortung nicht möglich ist, wird den Serviceanfragen ein Aktivitätenplan zugewiesen.

Die weitere Bearbeitung der Serviceanfragen erfolgt dann auch auf Ebene der Einzelaktivitäten.

Ansprechpartner identifizieren und qualifizieren

Vor der eigentlichen inhaltlichen Bearbeitung des Kundenanliegens müssen vom Bearbeiter vorbereitende Arbeiten durchgeführt werden. Die vorbereitenden Arbeiten sind zum Teil kanalspezifisch. Sie sind notwendig, da die technischen Eingangskanäle Daten in unterschiedlichem Umfang und Qualität an Siebel übergeben werden. Bei den vorbereitenden Arbeiten handelt es sich im Wesentlichen um die folgenden:

- Identifikation des Kontakts

- Legitimation des Kontakts

- Zuordnung eines Kontakts zu der Aktivität

- Verifikation der automatisch durchgeführten Datenbelegungen (auch der Kontaktzuordnung)

Die ersten drei Schritte können unter gewissen Voraussetzungen automatisiert werden. Die folgende Abbildung 4–37 zeigt den Gesamtauflauf der Erfassung.

Die vorbereitenden Arbeiten beginnen mit dem Vorliegen der Kundeninteraktion in Oracle Siebel CRM. Dies bedeutet, dass eine auf Basis des Eingangs in einem technischen Kanal generierte Aktivität durch den Bearbeiter weiterbearbeitet wird. Die Aktivität wird vom Bearbeiter entweder aus einem Postkorb übernommen (Eingangskanäle Fax/Brief, E-Mail) oder ihm automatisch angezeigt (Eingangskanal Telefon) wird.

Die Zuordnung der Aktivität zu einem Postkorb erfolgt automatisiert über Zuordnungsregeln auf Basis der verfügbaren Daten. Soweit möglich, sollten sich die Kundeninteraktionen in den zu ihren Inhalten korrespondierenden Postkörben wiederfinden, d.h. z.B. Versand-/Artikelanfragen im Postkorb „Formular/Artikelbestellung".

Zunächst muss von dem Bearbeiter überprüft werden, ob schon eine Contact-Zuordnung automatisch durchgeführt wurde. War dies noch nicht der Fall, muss der Bearbeiter den Contact identifizieren und zuordnen. In diesem Zusammenhang kann es auch zu einer Neuanlage eines Interessenten kommen (Abb. 4–38).

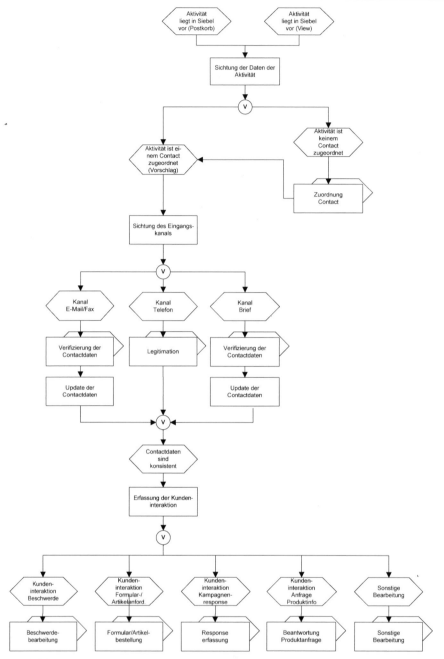

Abbildung 4-37: Beispielhafte Erstbearbeitung /-erfassung B2C (Aktivität liegt in Siebel vor)

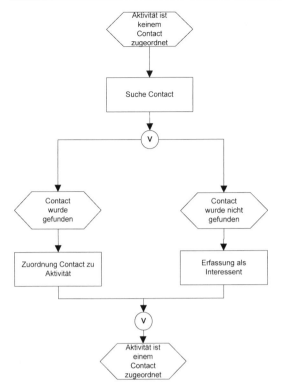

Abbildung 4-38: Beispielhafte Zuordnung einer Aktivität zu einem Contact durch einen Bearbeiter

Der weitere Ablauf ist eingangskanalabhängig. Im Fall der Eingangskanäle E-Mail, Fax und Brief (Papier) wird zunächst eine Verifikation der Contact-Daten durchgeführt. Dabei muss ein Abgleich der Daten des Eingangsmediums mit den in Siebel vorliegenden Daten getroffen werden. Folgende Prüfungen sollten durchgeführt werden:

- Verifikation der Ansprechpartnerzuordnung: Hat eine ggf. stattgefundene automatische Ansprechpartnerzuordnung der korrekten Person in Oracle Siebel CRM zugeordnet?

- Abgleich der sonstigen in der Kundeninteraktion enthaltenen Daten: Stimmen in der Kundeninteraktion genannte Adressen bzw. ggf. weitere genannte Angaben mit den in Siebel bzw. anderen Systemen zu dem Ansprechpartner gehörenden Daten überein?

- Für den Eingangskanal Telefon muss, falls es sich bei dem Anrufer um einen Kunden handelt, noch die Legitimation des Kunden durchgeführt werden (Abb. 4–39).

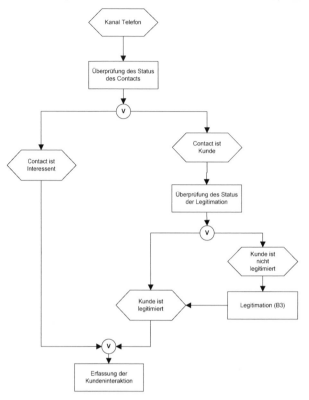

Abbildung 4-39: Beispielhafte Legitimation eines Kunden bei Eingangskanal „Telefon"

Nach Abschluss dieser vorbereitenden Arbeiten schließt sich die eigentliche individuelle Bearbeitung der Kundeninteraktion an.

Erfassung von Massenfehlern

Ein Massenfehler im Service ist häufig ein Ereignis, das sehr viele Kunden betrifft und eine Handlung in Form einer Information oder ähnlichem erfordert. Ein Massenfehler ist beispielsweise eine Rückrufaktion für ein Produkt.

Im Fall von Massenfehler und aufgrund anderer Anwendungsfälle ist es notwendig, Aktivitäten/Service-Requests auch ohne konkreten Kundenbezug erfassen zu können. Ferner gibt es Massenfehler – wie z. B. ein Produktrückruf – der abhängig von dem Ereignis nach Kriterien den Kunden explizit zugewiesen werden muss, um hier die konsistente Kundenkontakthistorie zu gewährleisten. Die Erfassung von Massenfehlern erfolgt regelmäßig über Schnittstellen.

4.4.2.2 Best-Practices für eine Fachkonzeption für ein Oracle Siebel CRM

Aus den im vorherigen Kapitel dargestellten Prozessabläufen ergeben sich folgende fachliche Best Practices innerhalb der Erstbearbeitung und -erfassung in einem Oracle Siebel CRM-Projekt.

Achten Sie bei der Fachkonzeption für die Erstbearbeitung und -erfassung im Service auf

- eine saubere Identifikation der Ansprechpartner, um Dubletten zu vermeiden und die Anfrage korrekt zuzuordnen.

- eine Nutzung von CTI zur Unterstützung der Identifikation von Kunden im Service Center. Diese Technologie unterstützt allerdings nur bei bekannten und gleichbleibenden Kundenkontaktstammdaten.

- eine Nutzung von beispielsweise Fuzzy Post, um die Adressqualität zu heben, und Fuzzy Double, um Dubletten zu vermeiden.

- eine Definition von Postkörben als logische Eingangskanäle, um die Kundenanliegen zu strukturieren und danach den jeweiligen Bearbeitern zuzuweisen.

- einen Automatismus für die Erfassung von Massenfehlern, die viele Kunden betreffen, um hier eine schnellst mögliche Reaktionszeit zu gewährleisten und die Kunden zeitnah zu informieren.

4.4.3 Bearbeitung der Kundeninteraktion

4.4.3.1 Grobe Prozessdarstellung

Die Phase Bearbeitung der Kundeninteraktion wird durch den jeweiligen Servicemitarbeiter durchgeführt (Abb. 4–40).

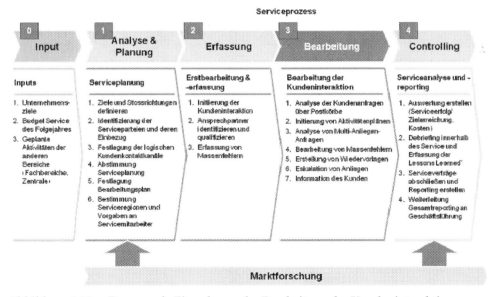

Abbildung 4-40: Prozessuale Einordnung der Bearbeitung der Kundeninteraktion

Analyse der Kundenanfragen über Postkörbe

Das Konzept von Postkörben im Service innerhalb von Oracle Siebel CRM wurde bereits im Vorkapitel beschrieben.

Um Beschwerde- und Reklamationskundeninteraktionen zu bearbeiten, wird ein mehrstufiges Verfahren angewendet. Da die Kundeninteraktionen sowohl als Aktivitäten als auch als Serviceanfragen auftreten können, sind zwei Anfragensammler notwendig: Anfragensammler Aktivitäten und Anfragensammler Serviceanfragen.

- Kundeninteraktionen die per E-Mail-, Fax- und Brief eingehen, werden in den Anfragensammler Aktivitäten eingestellt.

- Kundeninteraktionen, die im Rahmen des Telefongespräches nicht direkt vom Kundenberater beantwortet werden können, werden in den Anfragesammler Serviceanfragen eingestellt.

- Auf beiden Anfragesammlern arbeitet das Filterteam. In beiden Fällen ist eine direkte Beantwortung möglich.

- Die Kundenanliegen, die nicht direkt beantwortet werden können, werden in die entsprechenden Postkörbe des Research B2C eingestellt und dort von dem Research Team bearbeitet.

- Falls das Filterteam in seiner Kompetenz eingeschränkt ist, kommt folgende Alternative zum Tragen: Die aus Aktivitäten generierten Serviceanfragen werden in den Anfragesammler Serviceanfragen eingestellt, und der Anfragesammler Serviceanfragen wird im Research B2C angesiedelt.

Initiierung von Aktivitätenplänen

Oracle Siebel CRM unterstützt die strukturierte Bearbeitung von Serviceanfragen durch die Hinterlegung von Aktivitätenplänen im Service.

Aktivitätenpläne haben zum einen Checklistencharakter: sie geben dem Bearbeiter Anhaltspunkte, welche Schritte zur Bearbeitung des Serviceanfragen notwendig sind. Die Einzelschritte sind als Aktivitäten hinterlegt, d.h. sie können gleichzeitig anderen Bearbeitern zugewiesen werden. Über die Aktivität sind für den Bearbeiter der Aktivität die Daten der Serviceanfrage zugänglich.

Die Zuweisung eines Aktivitätenplans erfolgt häufig manuell, eine automatisierte Anlage von Aktivitätenplänen abhängig von der vorliegenden Anfrage ist aber empfehlenswert. Hierbei wird automatisch der auf Grund der Kategorisierung der Serviceanfrage in Frage kommende Aktivitätenplan zugeordnet. Die Zuweisung der Aktivitäten erfolgt entweder automatisiert (Best Practice) oder manuell an Adressaten.

Analyse von Multi-Anliegen-Anfragen

Bei Multi-Anliegen-Anfragen handelt es um Kundeninteraktionen, die inhaltlich mehrere Anfragen bzw. Beschwerden enthalten. Typischerweise gehen Multi-Anliegen-Anfragen per Brief ein.

Zielsetzung hierbei ist es:

- durch separate Erfassung und Bearbeitung der Einzelanliegen die Grundlage für ein aussagekräftiges Reporting zu legen,

- durch die parallele Bearbeitung der Einzelanliegen eine verkürzte Durchlaufzeit zu erreichen sowie,

- durch das Zusammenführen der Lösungen bzw. Antworten dem Anfrager auf die eine physische Anfrage (Brief) auch nur eine Antwort zu senden.

Oracle Siebel CRM bietet zur Bearbeitung der Multi-Anliegen-Anfragen das Konstrukt „Serviceanfragen / untergeordnete Serviceanfragen".

Bearbeitung von Massenfehlern

Massenfehler sind Fehler, die eine größere Anzahl von Kunden betreffen. Dabei kann es sich z.B. um Störungen handeln oder systematische Fehler bei der Abrechnung. Im Folgenden werden unter Massenfehler auch Sachverhalte subsummiert, die zu einer proaktiven Information einer Kundengruppe führen, aber nicht eigentlich Fehler darstellen.

Zielsetzung hierbei ist es:

- über Oracle Siebel CRM eine effiziente Möglichkeit zur Erstellung der Kundenkorrespondenz zur Verfügung zu stellen,

- im First Level zunächst die Mehrfacherfassung von Kundeninteraktionen, die aufgrund ein und desselben Massenfehlers an das Unternehmen herangetragen werden, zu vermeiden

- flexibel entscheiden zu können, ob pro Massenfehler Einzelanfragen pro Kunde erstellt werden sollen.

Grundsätzlich zeichnen sich Massenfehler durch die Tatsache aus, dass eine Vielzahl von Kunden bzw. Niederlassungen betroffen sind. Aufgrund des Charakters eines Massenfehlers kann es notwendig sein, mehrere hundert betroffene Personen zuzuordnen. Für den Arbeitsalltag stellt es eine wesentliche Erleichterung dar, wenn die Zuordnung von betroffenen Personen zu Serviceanfragen durch einen entsprechenden Import im CRM-System unterstützt wird.

Folgende Vorgehensweise / Unterstützung ist für die Bearbeitung von Massenfehlern im Oracle Siebel CRM vorgesehen:

1. Generierung von Listen von betroffenen Personen. Die Listengenerierung kann in Oracle Siebel CRM stattfinden. Häufig wird diese aber außerhalb Oracle Siebel CRM in externen Drittsystemen vorgenommen.

2. Erstellung einer Serviceanfrage. Die Serviceanfrage wird als Massenfehler kategorisiert.

3. Die Liste der betroffenen Personen wird importiert. Dabei werden Personenobjekte in Oracle Siebel CRM identifiziert und als „betroffene Personen" mit dem Massenfehler-Serviceanfragen verbunden.

4. Mit Abschluss der Massenfehler-Serviceanfrage werden pro betroffener Person automatisiert Einzel-Serviceanfragen generiert werden *(Untergeordnete Serviceanfragen)*.

5. Zwischenzeitlich eingehende Kundeninteraktionen zu dem Massenfehler können als Aktivität den Massenfehler-Serviceanfragen zugeordnet werden.

6. Auf Basis der Massenfehler-Serviceanfragen und der dazu zugeordneten Personen können über die Korrespondenzfunktionalität Serienbriefe in Oracle Siebel CRM erstellt werden.

Erstellung von Wiedervorlagen

Zielsetzung einer Wiedervorlage ist eine Unterstützung bei der Überwachung der Abarbeitung von Vorgängen. Der Nutzen der Funktionalität kommt insbesondere dort zum Tragen, wo Aufgaben über Aktivitäten an andere Mitarbeiter / Abteilungen / Bereiche delegiert werden.

Auf Serviceanfragen-Ebene kann der Mitarbeiter ein Wiedervorlagedatum setzen. Die Wiedervorlage kann für den Mitarbeiter selber oder für eine Gruppe von Mitarbeitern definiert werden.

Der Mitarbeiter hat folgende Möglichkeiten:

- **Definition des Wiedervorlagedatums:** Die Serviceanfrage wird in den entsprechenden Ansichten gemäß seines Wiedervorlagedatums einsortiert. Der Zustand wird automatisch auf Wiedervorlage gesetzt. Eine weitere Sichtbarkeitssteuerung ist mit dem Setzen des Wiedervorlagedatums nicht verbunden, d.h. die Serviceanfrage ist in den entsprechenden Ansichten immer sichtbar, lediglich die Position des Eintrags wird gesteuert.

- **Definition des Sachbearbeiters:** Die Angabe des Sachbearbeiters definiert, wem die Serviceanfrage wieder vorgelegt wird. Trägt der Bearbeiter sich selbst als Sachbearbeiter ein, wird die Serviceanfrage bei den Serviceanfragen des Bearbeiters gemäß des Wiedervorlagedatums einsortiert. Trägt der Bearbeiter einen Postkorb als Sachbearbeiter ein, wird die Serviceanfrage im entsprechenden Postkorb gemäß des Wiedervorlagedatums einsortiert. Der Zustand der Serviceanfrage ist in beiden Fällen „Wiedervorlage".

Eskalation von Anliegen

In Abhängigkeit von festzulegenden Kriterien sollten Serviceanfragen hierarchisch eskaliert werden. Mit Eskalation ist im Kontext des Request Managements der automatisierte, nicht durch den Mitarbeiter angestoßene Mechanismus gemeint. Die Weiterleitung an einen Vorgesetzten z.B. zur Genehmigung oder Kenntnisnahme kann über die Standard-Siebel-Mechanismen abgebildet werden.

Die Eskalation von Serviceanfragen dient mehreren Zielsetzungen:

- Ermöglichung der priorisierten Bearbeitung von eskalierten Fällen

- Ermöglichung der Kenntnisnahme des disziplinarischen oder Fachvorgesetzten des Bearbeiters

- Sicherstellung, dass Serviceanfragen, die einer bestimmten Person zugeordnet sind, im Falle von Krankheit oder Urlaub liegen bleiben

- Die Eskalation soll nicht dazu dienen, dem Adressaten der Eskalation die Bearbeitung zu übergeben

Das Setzen des Zustandes erlaubt es dem Vorgesetzten, entsprechende Abfragen auf die Postkörbe zu definieren. Situationsbedingt kann er entscheiden, welche Maßnahmen zur Beschleunigung der Bearbeitung er in die Wege leiten muss. Zusätzlich kann auf der Basis des Zustandes ein Reporting aufgesetzt werden.

Die Zuweisung an einen Postkorb entzieht zunächst dem aktuellen Bearbeiter die Verantwortung. Dies behebt die Problematik Krankheit/Urlaub. Durch den gesetzten Status und/oder die Zuweisung an einen separaten Postkorb ist eine priorisierte Bearbeitung möglich.

Information des Kunden

Die korrekte Information des Kunden im Service ist sehr komplex. Die wesentlichen Schwierigkeiten bestehen in der Auswahl der qualifizierten Mitarbeiter und den Schnittstellen zu den ausführenden Organisationseinheiten z.B. in Landesgesellschaften.

Die Möglichkeiten von Oracle Siebel CRM, die Information des Kunden effizienter zu gestalten, werden noch einmal zusammen dargestellt:

(1) Lösungsdatenbank

Die bisherigen Lösungen von Experten werden im Oracle Siebel CRM gespeichert und zur Nutzung bei späteren Anfragen freigegeben. Dies erhöht die First-Call-Close-Raten, d.h. die Anfrage wird beim ersten Kontakt ohne Eskalation abgeschlossen. Handelt es sich beispielsweise um einen Produktdefekt, so kann der Mitarbeiter dies im System ermitteln und dem Kunden mitteilen. Dieses Vorgehen reduziert die Beanspruchung der teuren Experten und steigert die Effizienz der Informationsversorgung im Service. Die Suchkosten werden minimiert, da die Lösungen durch Systemabfragen verfügbar sind.

(2) Informations- und Dokumentencenter

Servergespeicherte Informationen und Dokumente wie Formulare stehen tagesak-
tuell zum Abruf bereit. Dies verhindert, dass alte Formulare und Briefbögen benutzt werden. Die zentrale Verwaltung der Dokumente reduziert den Personalaufwand. Die Dokumentenaktualität kann am Bildschirm anhand eines Zeitstem-
pels abgelesen werden.

(3) Unternehmensweite Kollaboration

Greifen unterschiedliche Unternehmensbereiche auf die gleiche Datenbasis zu, so
sind die eingegeben Daten unternehmensweit verfügbar. Sie können für das Data
Mining, OLAP und Kampagnen genutzt werden. Ferner sind die Stammdaten bei
dem nächsten Kundenkontakt abrufbar und verkürzen den Serviceprozess.

(4) Verweis auf das Internet

Unterhält das Unternehmen eine Internetseite mit häufig gestellten Fragen, so ermöglicht dies dem Kunden die „Hilfe zur Selbsthilfe". Dies reduziert das Anfrage-
aufkommen im Service Center. Kann der Kunde auch dort keine Lösung für sein
Problem finden, so können die Erfassungskosten durch eine Eingabemaske auf den
Kunden verlagert werden.

(5) Prozessoptimierung durch Workflows

Die Anfragen eines Service Centers sind oft zeitkritisch. Die Prüfung von Service-
zeiten erfolgt herkömmlich manuell oder über Systemabfragen. Vordefinierte
Workflows in Oracle Siebel CRM ermöglichen die automatisierte Prozessabfolge.
Dies schafft Kapazitäten und verringert den Personalaufwand.

(6) Qualitätsverbesserungen durch Automatismen

Einige Best-Practices-Unternehmen teilen den Labor- und Marketingteams am
Ende jedes Monats automatisch per Oracle BI-Report mit, wie viele Kunden ange-
rufen haben, welche Produkte involviert waren, welche Probleme bestanden und
welche Lösungen offeriert wurden. Neue Produktlösungen und -verbesserungen
werden daraus generiert.

(7) Verbesserung der Datenqualität

Der Kunde erhält konsistente und aktuelle Informationen, die mitarbeiterübergrei-
fend vorhanden sind. Die Bereinigung oder Aktualisierung eines Datensatzes ist
unmittelbar im ganzen Oracle Siebel CRM-System verfügbar. Dies verhindert Dubletten und wiederkehrende Stammdatenbereinigung.

(8) Verringerung der Durchlaufzeiten und Prozesskosten durch CTI

Sind die Kundenstammdaten mit den Telefonnummern im System erfasst (häufig
im B2B), so erkennt das CRM-System im besten Fall bei integrierter CTI den Anrufer und zeigt die Stammdaten und Anfragenhistorie auf dem Bildschirm an, wenn
der Beschwerdeführer bereits im System vorhanden ist. Die Erkennung der Person

hilft dem Sachbearbeiter und steigert die Prozessqualität für den Kunden, da seine Anfrage schneller bearbeitet wird und seine Historie dem Mitarbeiter vorliegt.

4.4.3.2 Best-Practices für eine Fachkonzeption für ein Oracle Siebel CRM

Aus den im vorherigen Kapitel dargestellten Prozessabläufen ergeben sich folgende fachliche Best Practices innerhalb der Bearbeitung der Kundeninteraktion in einem Oracle Siebel CRM-Projekt.

> Achten Sie bei der Fachkonzeption für die Bearbeitung der Kundeninteraktion im Service auf
>
> - eine Analyse der Kundenanfragen über Postkörbe. Hier sind Konzepte zu erarbeiten, die anhand von Kriterien die Kundenanliegen korrekt zu Postkörben respektive Mitarbeitern zuordnen.
>
> - die Nutzung von Aktivitätenplänen in Oracle Siebel CRM, um standardisierte Prozessabläufe einfach und schnell mit Aufgaben für die jeweiligen Servicemitarbeiter zu unterstützen.
>
> - die Etablierung von Schnittstellen, um Massenfehler zu bearbeiten und den manuellen Aufwand für die jeweiligen Mitarbeiter zu minimieren. Nur auf diesem Weg sind schnelle Reaktionszeiten beispielsweise auf technische Störungen möglich.
>
> - die Wiedervorlage von Kundenanliegen, wenn der Kunde mit dem jeweiligen Servicemitarbeiter einen zukünftigen Termin vereinbart hat oder eine Reaktion auf ein Kundenanliegen in der Zukunft liegt.
>
> - die Spezifikation von Eskalationsworkflows, um die Servicequalität automatisiert zu überwachen und zu optimieren.
>
> - die Nutzung von Standards in der Kommunikation innerhalb Oracle Siebel CRM wie das Correspondence-Modul. Allerdings ist hierbei zu sagen, dass dieses Modul in seinen Funktionalitäten sehr limitiert ist.

4.4.4 Analyse und Controlling

4.4.4.1 Grobe Prozessdarstellung

Die Phase Analyse und Controlling wird durch den jeweiligen Servicemitarbeiter in Form einer Selbstkontrolle vorgenommen. Im Wesentlichen dienen die Reports aber primär dem ganzheitlichen Servicemanagement und der Mitarbeitersteuerung (Abb. 4–41).

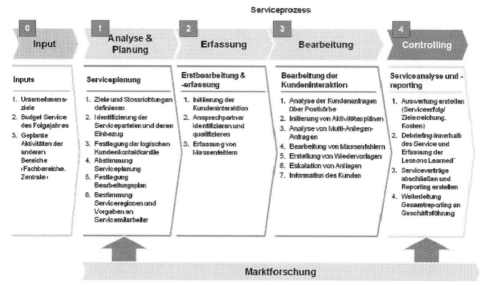

Abbildung 4-41:   **Prozessuale Einordnung der Analyse und Controlling im Service-prozess**

4.4.4.2   Serviceberichtswesen

In diesem Kapitel werden die Anforderungen des Servicemanagement an die analytischen Komponenten von Oracle Siebel CRM formuliert.

In dem folgenden Abschnitt werden die oben genannten Themenblöcke kurz beschrieben:

Serviceberichtswesen – Das Serviceberichtswesen sollte von allen Vertriebsmitarbeitern genutzt werden. Außerdem sollten die Leitungsfunktionen (Niederlassungsleitung, Regionalleitung und Geschäftsführung in der Zentrale) Zugriff auf das System haben. Ziel sollte es sein, den Oracle Siebel CRM-Anwendern einen Überblick über die aktuelle Servicequalität zu geben, die Ursachen für diese Leistung transparent zu machen sowie hieraus Verbesserungspotenziale abzuleiten.

1. *Finanzsicht* – In diesem Bereich sollten alle KPIs zusammengefasst werden, die eine Aussage über die aktuelle Budgetlage im Service zulassen.

2. *Servicesicht* – In diesem Bereich sollten alle KPIs zusammengefasst werden, die für die tägliche Arbeit des Vertriebsmitarbeiters von zentraler Bedeutung sind.

Anforderungen der Finanzsicht

Die Anforderungen der Finanzsicht im Service sind in der Regel sehr komplex, können aber mit zwei zentralen Anforderungen an ein Reporting zusammengefasst werden:

- Wird das Budget eingehalten?
- Wie entwickelt sich das Budget in den jeweiligen Kostenblöcken?

Anforderungen der Servicesicht

Die Servicesicht ist aufgrund des hohen operativen Anteils im Service die entscheidende Sicht, da die Kennzahlen hohen Einfluss auf die Servicequalität haben.

Die Anforderungen der Servicesicht können in Reports für den jeweiligen Servicemitarbeiter und die Serviceleitung unterschieden werden.

(1) Berichte für die Servicemitarbeiter (Tab. 4–6)

Die Servicemitarbeiter steuern sich in der Regel mit zwei Arten von Informationen:

Tabelle 4-6: Berichte für den Servicemitarbeiter

Art der Information	Fragestellung	KPI
Direkt bearbeitete/abgeschlossene Vorgänge	Wie viele Anrufe hatte der Mitarbeiter in einem Zeitraum?	Anzahl der Anrufe des Mitarbeiters
	Wie viele Vorgänge hatte der Mitarbeiter in einem Zeitraum?	Anzahl der Anrufe des Mitarbeiters
	Wie viele Vorgänge konnten direkt bearbeitet und abgeschlossen werden	Anzahl direkt bearbeiteter und abgeschlossener Vorgänge
	Wie viele Vorgänge wurden im Serviceziel bearbeitet? Welche Vorgänge wurden nicht im Serviceziel bearbeitet?	Anzahl abgeschlossener Vorgänge im Vergleich zum Serviceziel
	Welche Vorgänge wurden direkt abgeschlossen?	Anzahl abgeschlossener Vorgänge innerhalb von 15 Minuten
Offene Vorgänge	Wie viele Vorgänge sind aktuell noch beim Mitarbeiter/Team offen?	
	Wann müssen die Vorgänge bearbeitet sein, um das Serviceziel zu erreichen?	

(2) Berichte für die Serviceleitung

Die Serviceleitung steuert operativ über folgende Kennzahlen:

Art der Information	Fragestellung	KPI
Erreichbarkeit/ Durchschnittsbearbeitungszeit	Wie hoch war die Gesamterreichbarkeit?	Anzahl eingegangener Anrufe
		Anzahl beantworteter Anrufe
		Anzahl abgebrochener Anrufe
		Erreichbarkeit/Servicegrad
	Wie hoch war die Durchschnittsbearbeitungszeit?	Mittlere Nachbearbeitungszeit
Vorgangsbearbeitung (Vorgänge im Serviceziel)	Wie viele Kontakte sind über welche Kontaktkanäle zustande gekommen?	Gesamtanzahl Kontakte
		Pro Medium (Telefon, Fax, E-Mail, Extranet, Brief)
	Bei welchen Vorgängen wurde das Serviceziel eingehalten?	Servicequote
		Liste aller Vorgänge mit Servicequalität
		Vorgangskontaktkanal
		Bearbeiter
Outbound-Kampagnen	Welche Laufzeit hat die Aktion?	Startzeit
		Endezeit
	Welche Aktionen stehen an?	Liste der Kampagnen
		Datum
	Wie weit ist die Bearbeitung der Aktion fortgeschritten?	Anteil erledigter Aktivitäten je Kampagne
	Wie viele Rückmeldungen sind erfolgt?	Anzahl Rückmeldungen
		Rückmeldungen in %
	Wie viele Rückmeldungen waren positiv?	Anzahl positiver Rückmeldungen
	Wie viele Rückmeldungen waren negativ?	Anzahl negativer Rückmeldungen
		Positive Rückmeldungen in %
Auslastung	Wie hoch ist die Auslastung der Mitarbeiter?	Auslastung pro Team
		Auslastung Gesamt
Erreichbarkeit	Erreichbarkeit der einzelnen Mitarbeiter	Anzahl der Kundenkontakte
		Anzahl der nicht beantworteten Kundenkontakte
		Verhältnis Anzahl/nicht beantworteter Kundenkontakte

Vorgangs-bearbeitung	Wie hoch war die Anzahl an bearbeiteten Vorgängen?	Anzahl der Vorgänge
	Welche Vorgänge kommen wie häufig vor?	Anzahl der Häufigkeit
	Welche und wie viele Vorgänge wurden direkt bearbeitet?	Anzahl der geführten Gespräche
	Welche und wie viele Vorgänge werden durch die FA mit welcher Servicequalität bearbeitet?	Zuständige Abteilung
	Welche Vorgänge verursachen den größten Gesamtarbeitsaufwand?	Bearbeitungsaufwand
Call Center	Wie viele Mitarbeiter waren durchschnittlich verfügbar?	Anzahl eingeloggter Agenten
Typisierung von Anliegen	Welche Personengruppen haben Anliegen?	Anzahl aller Kundenanliegen
		Persönliche Anliegen (Anteil in %)
		Anzahl Kontakte (Anteil in %)
		Anliegen von Mitarbeitern von Partnern (Anteil in %)

4.4.4.3   Best-Practices für eine Fachkonzeption für ein Oracle Siebel CRM

Aus den im vorherigen Kapitel dargestellten Prozessabläufen ergeben sich folgende fachliche Best Practices innerhalb Analyse und Controlling in einem Oracle Siebel CRM-Projekt.

Achten Sie bei der Fachkonzeption für Analyse und Controlling im Service auf

- eine Darstellung der wichtigsten Kennzahlen über Service-relevante KPIs in einem nutzerspezifischen Dashbord.

- die Einbeziehung der Partner in Messung der Servicequalität. Hier sind insbesondere die Datenladungen der Partnerinformationen in das Oracle BI relevant, um aussagefähige Kennzahlen darzustellen.

- die Unterscheidung der Serviceperspektiven von Mitarbeitern und Führungskräften. Dies ist insbesondere im Service wichtig, da hier ein schnelles Nachsteuern von Nöten ist, um die Servicequalität auf dem höchst möglichen Niveau zu halten.

- eine Einbindung von Echtzeitdaten aus dem operativen CRM in die Dashboards. Exzellenter Service benötigt Controlling mit Echtzeitinformationen, da die Kunden heutzutage sehr kurze Reaktionszeiten verlangen. Es reicht nicht aus, wenn die Daten erst über Nacht in das Oracle BI geladen werden. Die Reaktion auf verringerte Servicequalität muss zeitnah erfolgen.

5   Best Practices für die Implementierung/Umsetzung

In den vorangegangen Kapiteln wurden die CRM-Strategie und die Fachprozesse vorgestellt. Im Rahmen einer CRM-Initiative steht nun der Schritt der Software-auswahl an. Auch hier orientieren wir uns an dem Framework, dass wir aus den vorherigen Kapiteln kennen.

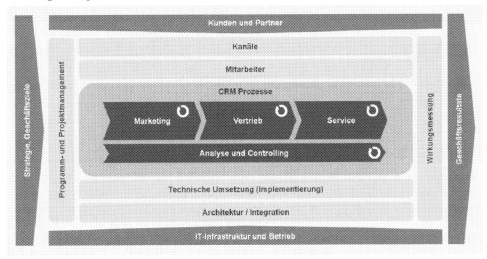

Abbildung 5-1:   **Einordnung der Implementierung in CRM-Projekten**

In diesem Buch beschränken wir die Auswahl auf die „klassische" Oracle Siebel CRM On Premise und die „junge" Oracle CRM On Demand-Lösung. Für die Ent-scheidung zwischen einer On Demand und einer On Premise-Lösung sollten neben den Lizenzkosten die folgenden Punkte betrachtet werden:

a)   Integration
b)   Migration
c)   Mehrsprachigkeit
d)   Kompliziertes Regelwerk für Berechtigungen

Wenn diese Punkte alle oder auch nur Teile davon eine große Rolle spielen, sollte auf alle Fälle eine On Premise-Lösung gewählt werden, da die Aufwände im On Demand-Bereich hier schnell stark ansteigen können und der Business Case sich dann nicht mehr rechnet. Die nachfolgenden Kapitel sind nach On Premise und On Demand unterteilt.

5.1 Oracle Siebel CRM On Premise

Wenn die Entscheidung für eine On Premise-Lösung gefallen ist, dann beginnt der Abgleich der fachlichen Anforderungen mit den technischen Möglichkeiten von Oracle Siebel CRM. Grundsätzlich bringt Oracle Siebel CRM eine immense Zahl an Funktionalitäten bereits mit und es lässt sich fast jede Funktionalität durch Customizing hinzufügen. Genau hier beginnt der schmale Grat zwischen Anpassung der Anwendung an die Anforderung und Anpassung der Anforderungen an die Anwendung. In Unternehmen, die bereits in der Vergangenheit sehr stark auf Eigenentwicklung gesetzt haben, muss der Wechsel zu einer Standard-Software unbedingt mit einem Wechsel der Mentalität/Denkweise einhergehen. Die Aussage „ich passe doch nicht meine Prozesse an die Anwendung an" muss überdacht werden. Es sollte hier der Grundsatz gelten, dass umfangreiche Anpassungen an Oracle Siebel CRM nur dann gemacht werden, wenn diese wirklich geschäftskritisch sind. Oracle Siebel CRM- Anwendungen mit sehr starken Anpassungen sind mit einem hohen Wartungsaufwand verbunden und die Upgradefähigkeit zu einer neuen Oracle Siebel CRM-Version ist kaum oder gar nicht gegeben. Beispiele aus der Vergangenheit haben gezeigt, dass ein Upgrade teurer werden kann als eine komplette neue Implementierung auf der nächsten Oracle Siebel CRM-Version. Damit entstehen dann zweimal die Kosten der Oracle Siebel CRM-Implementierung.

5.1.1 GAP-Level

Die gerade geschilderte Problematik kann umgangen werden durch stringente Verwendung der GAP-Analyse-Methodik. Mit Hilfe dieser Methodik wird jede Anforderung analysiert, bewertet und ermittelt, wie hoch das "GAP" zwischen der zu erstellenden technischen Lösung und dem Oracle Siebel CRM-Standard ist. Die nachfolgende Tabelle 5–1 zeigt die GAP-Level, in die die Anforderungen untergeteilt werden.

Sind alle Anforderungen nach den GAP-Levels klassifiziert, sind diejenigen mit einem hohen GAP-Level zu hinterfragen. Es gibt fast immer eine Möglichkeit, die Anforderung so zu verändern, dass der GAP-Level gesenkt werden kann. Am Ende ist es eine Entscheidung des Projektsponsors, ob er lieber die eine oder andere Anforderung ändert oder die Risiken von starken Abweichungen vom Standard tragen will. Unsere bisherigen Erfahrungen haben gezeigt, dass die Nähe zum Oracle Siebel CRM-Standard immer die richtige Entscheidung ist.

Auch das Oracle Siebel CRM Customizing bietet weitere Herausforderungen während der Umsetzung des CRM-Vorhabens. Hier steht das Thema Scripting an erster Stelle. Häufig wird eine Anforderung durch Scripting umgesetzt, obwohl gerade die neueren Oracle Siebel CRM-Versionen deklarative Möglichkeiten bieten, um auf Scripting zu verzichten. Ist Scripting unvermeidbar, so sollte dieses in Business Services gekapselt werden. Scripting auf Applets und Business Components ist auf die Dauer schlecht wartbar und hat einen stärkeren Einfluss auf die Upgradefähigkeit einer Anwendung. An dieser Stelle sei auf die Oracle Siebel CRM Technote 514 aus dem Jahr 2004 hingewiesen, die immer noch die Best Practices zum Scripting für die heutigen Oracle Siebel CRM-Versionen beschreibt[41].

Tabelle 5-1:   Erläuterung der GAP-Level

GAP-Level	Bedeutung
0	Keine Änderung am Oracle Siebel CRM-Standard erforderlich, jedoch ist z. B. Administration erforderlich
1	Geringe Konfigurationsanpassung, z. B. neue Felder in Applets
2	Erweiterung von Business Components inkl. neuer Spalten, Erstellung neuer Applets und Views
3	Kleinere Scripte sowie Workflow-Änderungen und einfache neue Workflows
4	Neue Tabellen, neue Business Components, umfangreiches Scripting, umfangreiche Workflows
5	Nicht quantifizierbar bzw. Anforderung nicht ausreichend spezifiziert, non-standard Change Requests (Einbindung von Oracle Consulting) oder nicht mit den Bordmitteln von Oracle Siebel CRM umsetzbar

Wir kommen nun zu den grundsätzlichen Themen, die für alle Bereiche gelten, die in den nachfolgenden Kapiteln behandelt werden.

5.1.2 Customer Care mit Accounts & Contacts

Die Grundlage jeder CRM-Lösung bilden die Kundendaten. Daher ist in der Regel der erste Schritt die Definition der Abbildung von Accounts und Contacts. Je nach Branche und Segment (Privat- oder Firmenkunden) wird die Abbildung anders aussehen (Abb. 5–2 und Abb. 5–3). Eine generelle Vorgabe kann der Leser hier nicht erwarten. Es wird jedoch häufig gerade im Privatkundensegment die Abbildung der Kunden als Contacts ohne Accounts diskutiert. Außer bei Versicherungsnehmern sollte man dieses Vorgehen sorgfältig prüfen, da eine Menge Logik gerade auf dem Account Objekt basiert, die dann für das Contact-Objekt nachgebaut werden müsste. Dies führt dann häufig zur Abbildung des Privatkunden als Account und Contact.

---

41 Siebel Scripting Best Practices Resource Document kann über die Website „My Oracle Support" unter der ID 477766.1 bezogen werden.

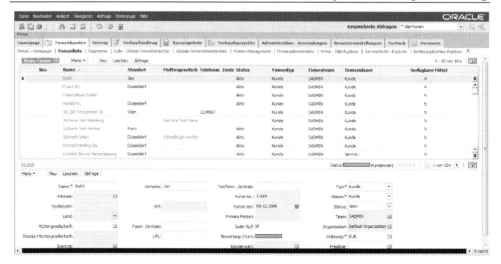

Abbildung 5-2:   Ansicht zur Eingabe von Firmenkundenstammdaten[42]

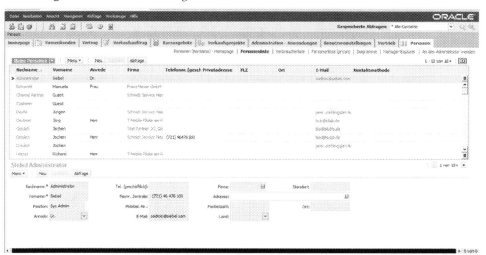

Abbildung 5-3:   Ansicht zur Eingabe von Personenstammdaten[43]

Diese Vorgehensweise ist gängige Praxis und hat sich in zahlreichen Projekten bewährt. Neben den Accounts und Contacts sollte auch das Adressmanagement betrachtet werden. In Oracle Siebel CRM können alle Adressen des geographischen Bereichs, für den Oracle Siebel CRM zum Einsatz kommen soll, gespeichert werden. Diese Vorgehensweise ist bis zu einer bestimmten Anzahl an Adressen valide. Steigt die Anzahl der Adressen auf jenseits der 10 Mio. Datensätzen, sollten die Adressen jeweils neu angelegt und gegen ein Adressvalidierungstool geprüft werden.

---

42 Quelle: Oracle 2010
43 Quelle: Oracle 2010

Die zweite wesentliche Designentscheidung betrifft die Datenhaltung. Kundendaten werden häufig in mehreren Systemen gehalten. Hier ist eine klare Datenführerschaft zu definieren. Damit kommt das Thema Master Data Management (MDM) ins Spiel. MDM sollte als ein eigenes Projekt angegangen werden. Über geeignete Schnittstellen werden mittels MDM die Kundendaten in allen angeschlossenen Systemen synchron gehalten. Für MDM kann der Anwender ein entsprechendes Standardprodukt (z. B. von Oracle) einsetzen.

5.1.3 Authentifizierung und Autorisierung

Berechtigungen spielen in Oracle Siebel CRM immer eine große Rolle. Die Authentifizierung erfolgt im einfachsten Fall über die Anbindung an einen Directory Service (LDAP oder ADSI). Über ein API kann Oracle Siebel CRM auch in andere Authentifizierungsmethoden eingebunden werden. Dies sind dann entsprechende Customizings, die programmiert werden müssen (Abb. 5–4).

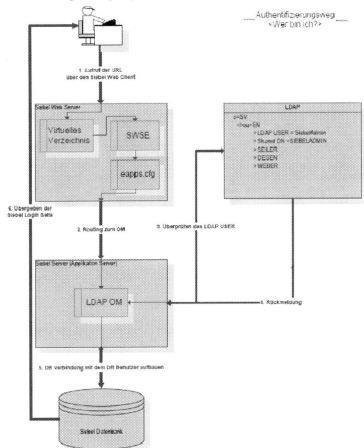

Abbildung 5-4: Darstellung der Authentifizierungsschritte mit LDAP[44]

---

44 Quelle: ec4u, 2008.

Nach der Authentifizierung kommt die Autorisierung. Oracle Siebel CRM setzt hier auf ein Konzept aus Verantwortlichkeiten und Positionen. Mit den Verantwortlichkeiten wird festgelegt, welche Ansichten dem Benutzer zur Verfügung stehen. Dabei können einzelne Ansichten in bestimmten Verantwortlichkeiten auch als „nur lesen" markiert werden. Dadurch spart den Entwicklern das Customizing von mehreren Ansichten für Schreibzugriff und nur Lesezugriff. Über die Position wird gesteuert, welche Daten in den Ansichten angezeigt werden können. Dies beginnt mit der Zuordnung zu einer Organisation über die Parent-Position. Die Veränderung dieses Konzeptes wird nicht empfohlen. Lediglich Erweiterungen, die nicht das Konzept grundsätzlich in Frage stellen, sollten erfolgen. Hierzu zählen Berechtigungen, die sich auf Felder auswirken. Der Oracle Siebel CRM Standard hat hier keine Funktion vorgesehen und das Projekt ist gezwungen, hier ein Konzept zu erarbeiten, dass die Steuerung der Berechtigung bis auf Feldebene zulässt. Hier wird immer mit sog. Profilattributen gearbeitet. Jeder Benutzer erhält in der Benutzeradministration entsprechende Profilinformationen hinterlegt. Meldet sich der Benutzer nun an der Anwendung an, werden seine Informationen in den Profilattributen hinterlegt. Über Scripting und User Properties erfolgt nun die Steuerung auf Buttons und Felder.

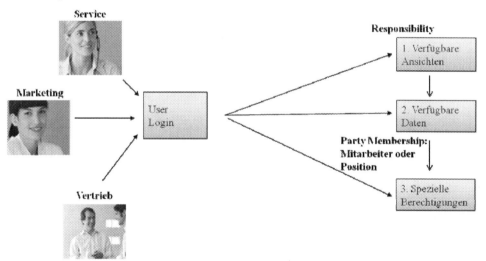

Abbildung 5-5:   Darstellung des Autorisierungsvorganges in drei Schritten[45]

---

45 Quelle: ec4u, 2009.

5.1.4 Benutzerführung

Kommen wir zum nächsten allgemeinen Thema: Benutzerführung. Unter Benutzerführung verstehen wir die Führung des Benutzers durch einen fachlichen Vorgang. Hierbei ist die Führung in der Regel so aufgesetzt, dass bei Eingaben und Prüfungen wenige bis keine Fehler auftreten sollen, um die Durchlaufzeit fachlicher Prozesse verkürzen zu können. Hier ist mit Oracle Siebel CRM 8 das Task UI eingeführt worden. Im Task UI (Abb. 5–6) wird der Benutzer durch einen Vorgang geführt. Er kann diesen unterbrechen und zu einem späteren Zeitpunkt fortsetzen. Die offenen Tasks werden ihm angezeigt. Damit können mehrere Vorgänge parallel bearbeitet werden. In der klassischen Arbeit mit Oracle Siebel CRM ist immer nur ein „offener" Vorgang möglich. Neben Task UI gibt es seit langem das bewährte SmartScript (Abb. 5–7). Ähnlich wie bei Task UI können Vorgänge unterbrochen und später fortgesetzt werden. SmartScript ist ein sehr gutes Werkzeug, wenn es um Gesprächsleitfäden oder Beurteilungen geht. Außerdem ist zu beachten, dass es –im Gegensatz zum Task UI – über die Oracle Siebel CRM Anwendung administriert werden kann. Beim Task UI ist immer Customizing mit Oracle Siebel CRM Tools erforderlich. Zusätzlich gibt es mit iHelp eine weitere Unterstützung für den Benutzer. Hier werden auf Basis des aktuellen Kontext des Benutzer Hilfetexte angezeigt, die dem Benutzer Hinweise zur Handhabung der Anwendung geben. iHelp wird auch über die Anwendung administriert.

Abbildung 5-6:   Beispiel für das Task UI, hier die Erfassung einer Person[46]

---

46 Quelle: Oracle, 2010.

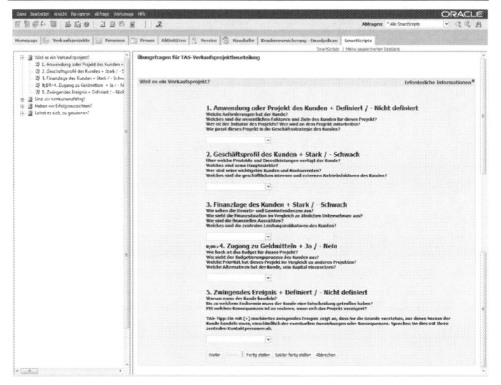

Abbildung 5-7: Beispiel für ein SmartScript, hier der „TAS-Lehrer" [47]

5.1.5 Oracle Siebel CRM Clients

Historisch hat Siebel in den 90 Jahren mit der klassischen Client-Server-Architektur angefangen. Mit Siebel 7 wurden die Clients webfähig. Hier wird heute unterschieden zwischen dem high-interactive und dem standard-interactive Webclient (Abb. 5–8). Die Bedienungsfreundlichkeit des standard-interactive Clients ist etwas eingeschränkt, dafür ist er ein echter „Zero-Footprint" Client. Der high-interactive Client setzt Internet Explorer (ab Version 6) und ein ActiveX Framework voraus. Dieses kann zur Laufzeit geladen werden (die entsprechende Rechte unter Windows sind erforderlich!). Alternativ kann ActiveX vorab über eine Softwareverteilung auf die Clients verteilt werden.

Mit Oracle Siebel CRM 8.1 wird nun der Weg zu einem Standard-GUI beschritten. Das GUI der SelfService-Anwendungen basiert auf Oracle ADF nach dem Model-View-Controller-Prinzip. Damit kann ein Custom GUI auf Oracle Siebel CRM aufgesetzt werden. In diese Richtung wird es mit dem nächsten Oracle Siebel CRM Release weitergehen. Neben den Oracle GUI-Entwicklungstools (JDeveloper) und Framework (ADF) wird dann auch Microsoft .Net und Adobe Flash unterstützt werden.

---

[47] Quelle: Oracle, 2010.

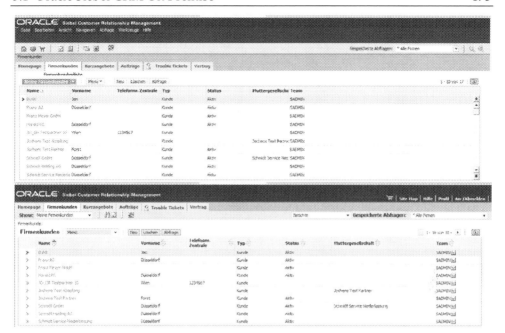

Abbildung 5-8:   Vergleich von high-interactive (oben) und standard-interactive (unten) Web Client am Beispiel der Partneranwendung eChannel. Der Betrachter erkennt die eingeschränkten Scroll-Möglichkeiten im Listenapplet[48]

Neben den Web Clients gibt es noch den Handheld Client und den Mobile Client. Der Mobile Client hat eine komplette lokale Installation und setzt auf eine lokale Datenbank auf, die mit dem Server synchronisiert wird. Damit ist mit jedem neuen Release eine Installation der Clients erforderlich. Die Remote-Lösung ist sehr robust und hat sich über lange Jahre bewährt. Bei der Implementierung von Remote-Lösungen ist jede Änderung am Datenmodell zu prüfen, welche Auswirkungen sie auf die Remote-Synchronisation haben kann. Werden neue Fremdschlüsselbeziehungen eingeführt, sind auf alle Fälle Änderungen erforderlich, die auch den Support durch Oracle erfordern (non-Standard Change Request). Der Handheld Client setzt auf einen speziellen Object Manager auf. Dieser wird entsprechend angepasst. Mit dem neuen GUI in Oracle Siebel CRM 8.1 und dem Ausblick von Oracle für 8.x wird diese Variante aber an Bedeutung verlieren. Neue GUI für Smartphones wie Blackberry® und iPhone™ werden rein webbasiert sein und auf das Framework aufsetzen, dass Oracle hier zur Verfügung stellt.

Damit ist der „allgemeine" Teil zu Oracle Siebel CRM BestPractices abgeschlossen. Die weiteren Details stehen gemäß unserem Chart in den Bereichen Marketing, Vertrieb, Services und Analyse & Controlling (Oracle BI/Analytics-Anwendungen).

---

48 Quelle: Oracle, 2010.

5.1.6   Marketing

Oracle Siebel CRM Marketing ist ein sehr umfassendes Modul, dass eigentlich alle Anforderungen einer Marketing-Abteilung erfüllen kann. Im Rahmen der GAP-Analyse müssen Entscheidungen getroffen werden, die Mehraufwand bedeuten können, wenn diese Module erst zu einem späteren Zeitpunkt eingeführt werden. Insgesamt zählen wir zu den Marketing-relevanten Modulen

     a)   Oracle Siebel CRM Marketing
     b)   Marketing Analytics
     c)   Segmentation Engine mit OLAP Datenbank
     d)   Oracle BI (für den Marketing-Bereich)

Für viele einfache Anforderungen ist die Einführung des Oracle Siebel CRM Marketing Moduls standalone ausreichend. Mit dem Einsatz dieser Lösung steigen dann die Anforderungen, und die Lösung muss entsprechend erweitert werden. Hier kann die spätere Einführung eines weiteren Moduls mehr Aufwand bedeuten, als wenn mit dem ersten Release bereits diese Kombination gewählt worden wäre. Das folgende Beispiel soll diesen Sachverhalt verdeutlichen.

Die Marketingabteilung verwendet in erster Linie das Kampagnenmanagement für E-Mail-Kampagnen. Die Listen werden aus Excel importiert. Für das Reporting werden mit Hilfe von Oracle BI Dashboards zur Verfügung gestellt, die direkt auf die Oracle Siebel CRM OLTP-Datenbank zugreifen. Diese Lösung ist sehr schlank und erfüllt lange Zeit die Anforderungen. Im Rahmen einer Änderung der Marketing-Strategie soll nun ein wesentlich individuelles Marketing erfolgen. Dazu sind die Kunden entsprechend bestimmter Daten zu segmentieren. Eine vernünftige Segmentierung mit Excel ist nicht mehr möglich. Es wird also entschieden, eine OLAP-Datenbank und die Segmentation Engine einzuführen. Damit müssen alle relevanten Daten per ETL in die OLAP-Datenbank geladen werden. Nun stehen auch die wesentlichen Daten für das Reporting in der OLAP-Datenbank. Damit wird es erforderlich, alle bisherigen Dashboards neu zu entwickeln auf der neuen Datenbasis. Darin liegt mindestens der Mehraufwand. Gegebenenfalls ist auch im Kampagnenmanagement eine Anpassung erforderlich.

> Die Einführung der Marketing Module sollte so gewählt werden, dass sie hohe Flexibilität bieten, um veränderte und neue Anforderungen abbilden zu können.

Der Marketing Life-Cycle gemäß der fachlichen Prozesse beginnt mit der Marketingplanung. Die technische Umsetzung kann hier im Oracle Siebel CRM Standard erfolgen. Insgesamt sind in den meisten Fällen wenige oder sehr geringe Änderungen am Marketing Modul von Oracle Siebel CRM erforderlich. In erster Linie werden bestimmte fachliche Attribute ergänzt, die im Standard nicht vorhanden sind.

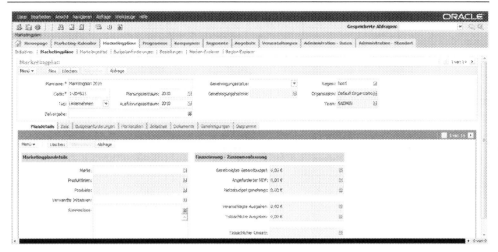

Abbildung 5-9: Übersicht der Oracle Siebel CRM-Funktionalität im Bereich Marketingpläne[49]

Neben den Marketingplänen werden in den Programmen die Abläufe definiert. Hierzu stellt Oracle Siebel CRM geeignete graphische Applets zur Verfügung. Eine Anpassung der Programme im Marketing Modul ist in der Regel nicht erforderlich.

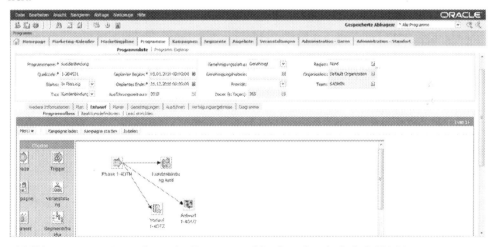

Abbildung 5-10: Darstellung des Programmablaufs in Oracle Siebel CRM[50]

Die Details werden dann in den Einzelkampagnen definiert. Der Programmablauf kann auf bereits definierten Kampagnen basieren. Allerdings können auch Einzelkampagnen ohne Programm und Marketingplan ausgeführt werden. Die Abbildung 5-11 zeigt den Prozessablauf für eine einfache Kampagne ohne Wellen o. ä.

49 Quelle: Oracle, 2010.
50 Quelle: Oracle, 2010.

Größere Änderungen können Auswirkungen auf die gesamte Funktionalität haben. So ist davon abzuraten, statt des Contact als primäres Objekt den Account zu verwenden. Diese Änderung muss dann durch alle Bereiche des Marketings durchgezogen werden. Hier gibt es seit Oracle Siebel CRM 8.1 die Möglichkeit, das neu eingeführte Lead Objekt zu nutzen.

Bereits in der Kampagnenplanung geht es um den Aspekt der Integration. Mit der Segmentation Engine, die auf Oracle BI zugreift, werden anhand der fachlichen Selektionskriterien die Kunden-/Prospektdaten bereitgestellt. Die Segmentation Engine kann hier auf unterschiedliche Quellen zugreifen. Idealerweise sind die Daten in der Oracle OLAP DB. In gewachsenen Anwendungslandschaften großer Unternehmen sind die benötigten Daten häufig nicht an einer zentralen Stelle. Hier bietet Oracle BI die Möglichkeit, weitere Datenquellen anzubinden, ohne diese Daten replizieren zu müssen. Alternativ können auch Listenimporte für die Planung verwendet werden. Das Marketingmodul bietet mit dem Listenimportmanager die entsprechende Funktionalität. Jeder Listeneintrag, der nicht die Referenz auf einen Oracle Siebel CRM Contact hat, wird als neuer Prospekt angelegt. Soll der Prospekt später zu einem Contact promoted werden, müssen über Mapping-Regeln Dubletten vermieden werden. Hier sollten die folgenden Felder klassischerweise verwendet werden (soweit die Information beim Prospekt auch vorliegt):

- Vorname
- Nachname
- Geburtsdatum
- Telefonnummer
- Firmenname

Sind die Listen definiert, geht es vor der Ausführung noch um den Inhalt. Aus technischer Sicht sind aus unserer Erfahrung keine Anpassungen an der Oracle Siebel CRM-Funktionalität erforderlich. Die sogenannte Offer wird von der Marketingabteilung entsprechend definiert. Die technische Unterstützung für die unterschiedlichen Kanäle ist im Standard schon gegeben. Unterstützt werden Outbound Call, E-Mail und Web Kampagen. Für weitere Kanäle wie SMS oder MMS können entsprechende Web Services verwendet werden, die bereits von Oracle Siebel CRM zur Verfügung gestellt werden. Gibt es hier spezielle Anforderungen, sollten weitere Web Services im Rahmen der Implementierung erstellt werden.

Auch die Ausführung benötigt in der Regel wenige bis keine technischen Anpassungen. Der nächste wichtige Aspekt im Closed-Loop Marketing mit Oracle Siebel CRM ist die Responseerfassung. Diese kann in Oracle Siebel CRM und in externen Systemen (z. B. bei Web Marketing) erfolgen. Auch für die Responseerfassung bietet Oracle Siebel CRM Web Services und SOA Enablement, um diese Informationen in Oracle Siebel CRM zu laden. Damit können die Informationen direkt auch via ETL in das Oracle BI für Auswertungen und Analysen fließen. So können

z. B. mehrstufige Kampagnen gesteuert werden, die in der Selektion auch auf Responsedaten zurückgreifen. Für den gesamten Kampagnenzyklus ist der analytische Part sehr wichtig. Sowohl für die Selektion als auch für die Kampagnenauswertung, gerade für die finanzielle Bewertung von Kampagnen, sind analytische Daten wertvoll.

Abbildung 5-11: Ablauf der einfachen Kampagnenausführung[51]

Dazu zeigen wir in der Abbildung 5-12 ein Beispiel für die Auswertung von Kampagnen inklusive finanzieller Informationen

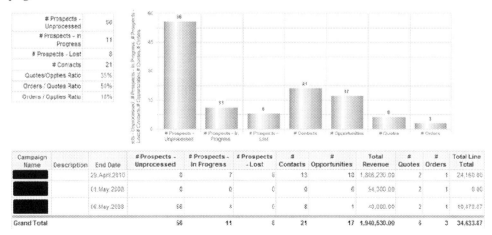

Abbildung 5-12: Beispiel Dashboard im Bereich Marketing Analytics[52]

51 Quelle: ec4u, 2010.
52 Quelle: ec4u, 2010.

Diese Abbildung zeigt ansatzweise die Möglichkeiten, die mit Analytics zur Verfügung stehen.

Die Teile des Marketings mit Marketingplan, Programmen und Kampagnen kann zu Beginn auf den wesentlichen Part des Kampagnenmanagements mit Einzelkampagnen reduziert werden. Dann können die komplexeren Programme und Marketingpläne danach implementiert werden.

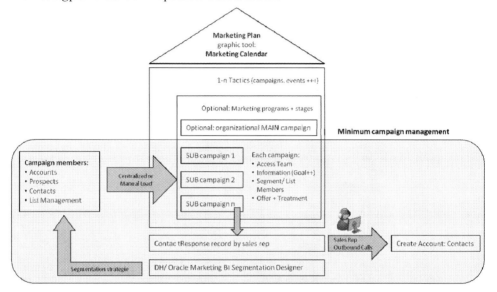

Abbildung 5-13: Marketing Framework mit Marketingplan, Programmen, Stages und den Einzelkampagnen[53]

In Abbildung 5-13 im unteren eingerahmten Bereich wird die „Minimallösung" gezeigt, mit der Einzelkampagnen ausgeführt werden können. Mit der Anforderung an mehrstufige Kampagnen oder Verbindung mit Events sind dann Programme einzusetzen.

5.1.7 Vertrieb

Der Vertriebsteil von Oracle Siebel CRM kann eigentlich nicht als ein Modul bezeichnet werden. Hier sind die wesentlichen Bestandteile Sales Force Automation, Order Management, Produkt und Pricing Management. Diese Aufzählung ist nicht vollständig, umfasst aber die wesentlichen Bereiche, die in den unterschiedlichen Branchen zum Einsatz kommen. Bei der Besprechung der einzelnen Bereiche werden dann auch angrenzende Themen mit behandelt.

Nun wollen wir uns den einzelnen Modulen zuwenden. Eine Lösung für den Vertrieb beginnt in der Regel mit Sales Force Automation. Dieses Modul gibt es bereits seit der ersten Version von Oracle Siebel CRM und es ist sehr ausgereift. Wesentli-

---

53 Quelle: ec4u, 2010.

che Bestandteile sind das Management von Verkaufsprojekten, Target Account Selling (TAS) und Enterprise Selling Process (ESP).

5.1.7.1 Opportunity Management

Grundlage für den Bereich Sales sind die Accounts und Contacts in Oracle Siebel CRM. Egal ob im B2C oder B2B Segment, nur mit den Accounts und Contacts können die Verkaufsprojekte richtig genutzt werden. Seit der Version 8.1 sind die technischen Möglichkeiten noch erweitert worden durch die Einführung des Lead-Objektes. Damit können die Verkaufsprojekte noch besser nach Sales Stages unterschieden werden. Gerade in der frühen Verkaufsphase bestehen nur rudimentäre Informationen zu Kunde und Verkaufschance. Erst im Laufe der Zeit werden die Daten soweit vervollständigt, damit aus einem Lead ein echtes Verkaufsprojekt wird. Oracle Siebel CRM hat hier entsprechend reagiert und mit dem Lead-Objekt dieser Tatsache Rechnung getragen. Im Lead-Objekt werden in erster Linie Daten gesammelt. Hat der Lead dann einen höheren Sales Stage erreicht, wird aus dem Lead eine Opportunity (Verkaufsprojekt). Die Abbildung 5-14 veranschaulicht den Prozess der beteiligten Objekte und den jeweiligen Übergang. Der Prozess nutzt hierbei Oracle Siebel CRM-Bordmittel wie Workflow, Integrationsobjekte und Oracle Siebel CRM EAI.

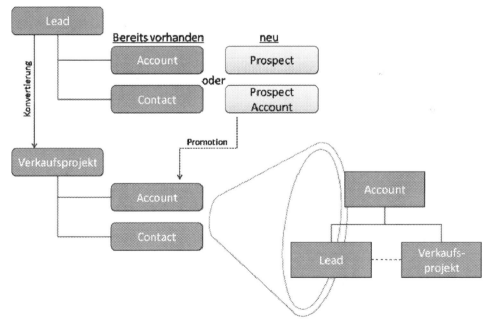

Abbildung 5-14:   Prozess der Promotion des Lead zum Verkaufsprojekt in Oracle Siebel CRM[54]

---

54 Quelle: ec4u, 2010.

Der Lead kann natürlich zu einem vorhandenen Account oder einem neuen Account angelegt werden. Ein neuer Account wird in einem separaten Objekt „Prospect Account" angelegt, der nur wenige Pflichtfelder enthält und keine Datenvalidierungen.

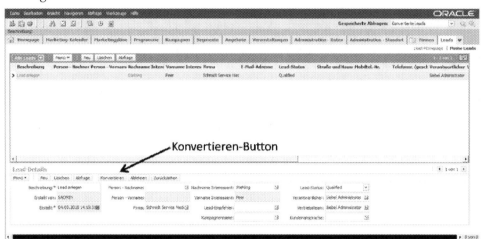

Abbildung 5-15:   Möglichkeit des „Promoten" von Leads in Oracle Siebel CRM 8.1[55]

Hat der Lead einen bestimmten Sales Stage erreicht, wird der Lead-Datensatz in einen Verkaufsprojektdatensatz konvertiert. Der Prospect Account wird nun zum Account promotet. Hier sollte immer eine Dublettenprüfung erfolgen, um die Datenqualität der Accounts hoch zu halten. Die Dublettenprüfung kann mit Oracle Siebel CRM-Bordmitteln erfolgen. Bis zur Version 8 war dies der Data Quality Matching Server (SDQ) basierend auf der Software von SSA-NAME3 (vormals Search Software America). Mit der Version 8.1 kann die Dublettenprüfung auch mit Oracle Data Quality Matching Server (ODQ) erfolgen. Auch die neue Variante setzt auf SSA-NAME3 auf und verwendet zusätzlich einen Identity Search Server. Neben den Bordmitteln kann auch eine Integration mit einer externen Software erfolgen. In Zentraleuropa ist hier der Einsatz von FUZZY!Double und FUZZY!Post sehr weit verbreitet. Für beide FUZZY!-Module gibt es entsprechende Adapter für Oracle Siebel CRM, die die Integration vereinfachen. An dieser Stelle soll das Thema Datenqualität und Dublettenprüfung nicht weiter vertieft werden. Eine hohe Datenqualität ist eine wichtige Grundlage für die gute und optimale Umsetzung der Fachprozesse in der Software. Neben dem sogenannten Prospect Account gibt es noch den Prospect. Hier erfolgt analog die Promotion zum Contact. Auch dieser Prozess sollte mit einer Dublettenprüfung verbunden sein. Jedoch dürfen die Kriterien nicht so streng ausgelegt werden wie bei Accounts, da Namensgleichheit bei Personen relativ häufig vorkommt. Selbst der Abgleich des Geburtsdatums, soweit es überhaupt vorliegt, ist keine Garantie. Hier sollte eher

55 Quelle: Oracle, 2010.

der Grundsatz gelten, lieber eine Dublette anzulegen, als Contacts falsch zusammenzuführen.

Die Steuerung des Lead- und Opportunity-Prozesses ist hier der wesentliche Aspekt der Implementierung. Es gilt die Abbildung eines fachlichen Workflows (nicht zu verwechseln mit Oracle Siebel CRM-Workflow). Hierbei sind die wichtigsten zwei Oracle Siebel CRM-Bordmittel die Aktivitätenpläne und der Assignment Manager. Die Zuordnung von Aktivitätenplänen zu Leads und/oder Verkaufsprojekten erfolgt zur Festlegung der Bearbeitung des Vorganges. Die Anlage von Aktivitätenplänen kann manuell oder automatisiert nach einem Regelwerk erfolgen. Das Regelwerk lässt sich bei einfachen Regeln mit dem Datenvalidierungsmanager, Oracle Siebel CRM Workflows und Laufzeitereignissen (Run Time Events) abbilden. Weiterhin sollte für Leads/Verkaufsprojekte ein Status Model implementiert werden. Wird das Regelwerk umfangreicher, sollten Teile desselben in einem Business Service gekapselt und über Laufzeitereignisse und Workflows aufgerufen werden. In der Praxis hat sich bis heute gezeigt, dass nicht mehr als ein Aktivitätenplan je Verkaufsprojekt angelegt werden muss.

Abbildung 5-16:   Anzeige eine Aktivitätenplans zu einem Verkaufsprojekt[56]

Bei komplizierteren fachlichen Anforderungen kann es jedoch vorkommen, dass der vorhandene Aktivitätenplan durch einen neuen ganz oder teilweise ersetzt wird. Dieser Schritt wird meistens gewählt, wenn sich der Inhalt des Verkaufsprojektes ändert, wie z. B. wird die Produktlinie gewechselt oder der Wert des Verkaufsprojektes geändert und damit wird ein Abnahme-Prozess erforderlich. Hier hat sich als gute Praxis erwiesen, von dem vorhandenen Aktivitätenplan die geschlossenen Aktivitäten zu behalten und die offenen Aktivitäten zu löschen. Damit wird die Historie gewährleistet. Als zweites wichtiges Bordmittel dient der Assignment Manager. Darüber werden einzelne Aktivitäten halbautomatisiert oder

---

56 Quelle: Oracle, 2010.

vollautomatisiert (online und Batch) an entsprechende Mitarbeiter zur Bearbeitung zugeteilt. Der Assignment Manager erlaubt out-of-the-box bereits die Erstellung komplizierter Regelwerke. Es ist nicht empfehlenswert und aus unserer Praxis auch nicht bekannt, am Assignment Manager Veränderungen vorzunehmen. Hiervon ausgenommen sind ggf. neue Felder für das Regelwerk.

> Mit Aktivitätenplänen und Assignment Manager können die fachlichen Workflows einer Sales Force Automation-Anwendung in Oracle Siebel CRM abgebildet werden.

Neben dem „klassischen" Opportunity Managment bietet Oracle Siebel CRM mit den Modulen Target Account Selling (TAS) und Enterprise Selling Process (ESP) noch Lösungen für spezielle Verkaufsprozesse. Beide sollten mehr oder weniger out-of-the-box verwendet werden. Anpassungen auf Feldebene sind jedoch meistens erforderlich. Bei ESP ist die Modulierung des Kundenmodells die stärkere Herausforderung als das Customizing des ESP Moduls.

Sind die ersten fachlichen Prozesse des Vertriebes in Oracle Siebel CRM abgebildet, sind in vielen Fällen die nächsten logischen Schritte Provisionierung und Integration von Produkten. Wir wollen uns nun zunächst dem Thema Provisionierung zuwenden. Aus unserer langjährigen Praxis ist uns kein Fall bekannt, bei dem die Abbildung der Anforderungen in Oracle Siebel CRM erfolgte. Da Provisionierung im Unternehmen ein sensibles Thema ist und auch möglichst wenig Fehler im Betrieb auftreten sollten, wird an vorhandenen Lösungen in diesem Bereich auch nicht gerüttelt. Hier ist der logische Schritt die Integration des Provisionierungstools mit Oracle Siebel CRM. Sollte eine neue Lösung für die Provisionierung gesucht werden, lohnt die Evaluierung des Oracle Moduls Incentive Compensation. Dieses ist in Oracle Siebel CRM integriert.

5.1.7.2 Produktmanagement

Wenden wir uns nun dem Produktmanagement zu. Dies ist ein sehr zentraler Aspekt in den vertrieblichen Prozessen. Fast alle anderen Module in Oracle Siebel CRM, die eine Bedeutung für den Vertrieb haben, sind auf das Produktmanagement angewiesen. Dies kann dabei unterschiedliche Ausprägungen haben. In der Regel ist Oracle Siebel CRM nicht das einzige System, das mit Produkten arbeitet, daher sind vor jeder Implementierung einige Grundsatzfragen zu klären:

- Gibt es im Unternehmen ein System, das als Produktmaster für vertriebliche Produkte verwendet wird (die technische Sicht auf Produkte hilft für die Oracle Siebel CRM Implementierung nicht weiter)?
- Gibt es eine automatische Integration mit allen anderen Systemen, die Produktdaten benötigen?
- Werden die neuen Produkte im Produktmaster definiert und implementiert?

- Gibt es ein Mapping zwischen vertrieblichen und technischen Produkten (vor allem bei automatischen Fulfillment notwendig)?

Werden alle diese Fragen mit „ja" beantwortet, dann sind wesentliche Voraussetzungen geschaffen worden, um das Produktmanagement auch für Oracle Siebel CRM einzuführen. Wenn mehrere Fragen mit „nein" beantwortet werden, ist über eine MDM-Lösung mittel- bis langfristig nachzudenken. Aus der Praxis ist uns bekannt, dass in vielen Unternehmen das Produktmanagement ein Thema ist, das viele Abteilungen involviert (Marketing, Vertrieb, Support, Finanzen, IT, etc.) und häufig auch an mehreren Stellen administriert wird. Wird nun Oracle Siebel CRM als weiteres System in die Anwendungslandschaft integriert, wird häufig die günstigste Lösung gewählt (zumindest auf den ersten Blick). In Oracle Siebel CRM wird auch Produktmanagement gemacht und der Abgleich mit anderen Systemen erfolgt manuell. Der etwas fortschrittlichere Weg ist hier die technische Integration. Der beste Weg ist die bereits erwähnte MDM-Lösung. Oracle Siebel CRM kann hier auch als Produktmaster verwendet werden. Gerade in Branchen wie Telekommunikation oder Versicherung werden extrem komplexe Produkte für vertriebliche Zwecke abgebildet. Hier ist die Integration dieser komplexen Produkte mit anderen Systemen für jeden Implementierer eine Herausforderung. Für das Modul zur Administration des Produktmanagements gilt: möglichst geringe Anpassungen vornehmen. Für bestimmte Regeln werden zu den Produkten neue Felder hinzugefügt. Das Oracle Siebel CRM-Produktmanagement bietet bereits ein sehr gutes Metamodell, mit dem sich die meisten Anforderungen abbilden lassen. Hier ist die Herausforderung, das richtige Produktmodell zu implementieren. Eine Best Practice zum Thema Produktmodell gibt es nicht, dazu sind die Ausprägungen der unterschiedlichen Branchen zu verschieden (der zielführende Vergleich der Produktmodelle aus einem Telekommunikationsunternehmen und aus einem Unternehmen aus der Retailbranche ist nicht möglich). Jedoch gibt es von Oracle Consulting eine Methodik, um das Produktmodell zu entwickeln. Dabei werden sog. Building Blocks gebildet. Dies sind Gruppierungen von „einfachen" Produkten, die eine ähnliche Ausprägung haben. Ist das Produktmodell in Oracle Siebel CRM vorhanden, so kann das Opportunity Management erweitert werden.

5.1.7.3 Ordermanagement

Nun ist es möglich, zu Verkaufsprojekten die entsprechenden Produkte hinzuzufügen. Diese können dabei unterschiedliche Bedeutung haben. Der Anwender kann Produkte für den initialen Verkauf hinzufügen oder auch bei Serviceprodukten in erster Linie die Vertragsverlängerungen initiieren. Damit ist ein wichtiger Schritt vom reinen Opportunity Management zum Order Management getan. Mit der sogenannten Autoquote-Funktion wird aus einem Verkaufsprojekt mit hinzugefügten Produkten ein Angebot mit entsprechenden Angebotspositionen. Im Laufe eines Verkaufsprozesses wird das Angebot meistens überarbeitet, sowohl bei den Produkten als auch bei den Preisen (zu den Preisen gibt es weiter unten in

diesem Kapitel mehr Informationen). Diese Überarbeitungen müssen sich im Verkaufsprojekt widerspiegeln, da das Berichtswesen im Vertrieb in der Regel auf die
Verkaufsprojekte aufsetzt. Hierfür gibt es die Funktionalität „UpdateOpportunity". Damit werden die Überarbeitungen des Angebots automatisiert zurückge-
spielt. Beide Funktionen basieren auf Standardfunktionen. Hier sind Erweiterungen im Mapping in fast allen Implementierungen erforderlich. Dies kann in jedem
Fall mit den vorhandenen Bordmitteln erfolgen. Auf Erweiterungen sollte jedoch
verzichtet werden, die neben dem Standardmapping weitere Funktionen auf Basis
von Business Services verwenden. Diese Kombination ist fehleranfällig und war-
tungsaufwendig. Im gesamten Order Management werden sehr unterschiedliche
Mappings von Oracle Siebel CRM vorgefertigt geliefert. Auch wenn diese aus his-
torischen Gründen nicht alle auf die gleiche Art und Weise implementiert sind, so
sollten sie in jedem Fall verwendet und ggf. erweitert werden.

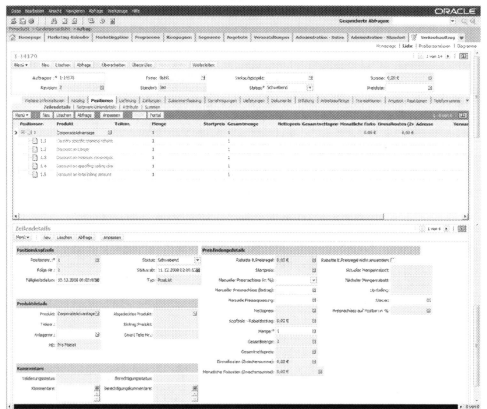

Abbildung 5-17:   Verkaufsauftrag in Oracle Siebel CRM mit hierarchischem Produktbei-
spiel aus der Telekommunikationsbranche[57]

---

57 Quelle: Oracle, 2010.

> Achten Sie im Order Management darauf, die vorhandene Funktionalität der Mappings zu verwenden und ggf. zu erweitern.

Wie bereits im Opportunity Management wird auch im Angebotsmanagement für die Abbildung von fachlichen Workflows der Einsatz von Aktivitätenplänen und Assignment Manager als gute Praxis angesehen. Wird das Angebotsmanagement durch einzelne Key Account Manager durchgeführt, kann auf den Einsatz dieser Tools durchaus verzichtet werden. Aktivitätenpläne und Assignment Manager sollten nur eingesetzt werden, wenn die Bearbeitung des Angebots Team-übergreifend erfolgt.

Eine zentrale Bedeutung im Order Management hat in vielen Branchen der eConfigurator. Hierbei handelt es sich um ein Modul, mit dem sich komplexe Produkte konfigurieren lassen. Basierend auf dem konfigurierten Produktmodell kann im eConfigurator eine entsprechende angepasste Produktinstanz erstellt werden. Der besondere Mehrwert liegt bei der Erstellung der Produktinstanz in der Deltaermittlung. Gerade bei bestehenden Verträgen sollen bei Änderungen nur die tatsächlichen Änderungen bis in die technischen Systeme durchgereicht werden, z. B. in der Telekommunikationsbranche wird sonst eine Neuanmeldung erzeugt, die zusätzliche Kosten für den Kunden verursachen würde, die aber nicht gerechtfertigt sind. Der eConfigurator ist auch stark anpassbar. Hier kann das gesamte Layout und das Farbschema angepasst werden. Sollte für die Qualitätssicherung ein Tool zum automatisierten Testen verwendet werden, so ist für den eConfigurator zu beachten, dass er nicht über das Oracle Siebel CRM Test-API angesprochen werden kann, sondern nur über HTML. Damit müssen die Testskripte nach jeder Layoutänderung nachgebessert werden. Der eConfigurator kann auch aus externen Programmen angesprochen werden. Dies wird als sog. „headless" Konfiguration bezeichnet. Oracle Siebel CRM stellt dafür ein API zur Verfügung. Grundlage ist aber auch hier ein Produktmodell in der Oracle Siebel CRM-Datenbank.

> Der eConfigurator ist ein zentrales Instrument im Order Management. Anpassungen in Layout und Design sind möglich. Eingriffe in API und Services sollten vermieden werden.

Im weiteren Vertriebsprozess nach Erstellung und Bearbeitung eines Angebotes inkl. Der Aktualisierung des Verkaufsprojektes gibt es je nach fachlichen Anforderungen nun zwei Möglichkeiten, den Prozess fortzusetzen:

    a) Quote-to-Agreement

    b) Quote-to-Order

Wie bereits erwähnt, steht und fällt die Entscheidung mit der fachlichen Anforderung/dem fachlichen Workflow. Geht die Anforderung in die Richtung, einen Rahmenvertrag mit einem Kunden abzuschließen oder eine Konditionsliste zu erstellen, wird aus dem Angebot ein Vertrag erzeugt. Diese Funktionalität wird auch Erstellung eines „Sales Agreements" genannt. Geht es eher um die Erstellung eines Auftrages, so wird Quote-to-Order gewählt.

Beide Funktionen setzen dabei auf Mappings auf, die bereits von Oracle Siebel CRM geliefert werden. In den allermeisten Fällen wird die Quote und Quote Item BusComp erweitert um neue Felder. Diese sind dann auch im Mapping und in den nachgelagerten BusComps anzulegen. Sowohl für Angebote als auch für Aufträge sind das eine ganze Reihe von BusComps, die angepasst werden müssen, damit am Ende der Prozess reibungslos läuft. Eine vollständige Aufzählung der Bus-Comps ist hier nicht möglich, da es in den Verticals Unterschiede gibt. Jedoch ist gerade für die Mappings zu beachten, dass hierfür andere BusComps als für die GUI verwendet werden.

> Werden im Order Management Mappings angepasst/erweitert, so sind mit Sorgfalt alle betroffenen BusComps zu prüfen und ggf. anzupassen.

Die Verträge in Form von Agreements werden im Vertrieb für die bereits erwähnten Rahmenverträge verwendet. Dadurch können gewisse Rabattstaffelungen oder spezielle Preise für Kunden hinterlegt werden, die im Order Prozess verwendet werden. Auf Preisbildung wird in diesem Kapitel weiter unten eingegangen. Eine ausführlichere Betrachtung von Agreements und Entitlements findet im Kapitel Services statt.

Nun wollen wir uns einem weiteren zentralen Objekt in Oracle Siebel CRM zuwenden, den Verkaufsaufträgen (Orders). Wenn diese nicht über ein externes System in Oracle Siebel CRM angelegt werden, so werden Verkaufsaufträge aus Angeboten, aus dem Bestand oder durch Eingabe angelegt. Neben dem Prozess Quote-to-Order gibt es für Änderungen am Bestand auch den Prozess Asset-to-Order. An dieser Stelle stellt sich die Frage, warum nicht der Prozess Asset-to-Quote verwendet wird? Der Prozess Asset-to-Quote ist der out-of-the-box Standard-Prozess, der sehr leicht angepasst werden kann, um auf die Erstellung der Quote als Vorstufe zum Auftrag zu verzichten. Diese Vorgehensweise ist aus zwei Aspekten sinnvoll:

- Fachliche Anforderungen z. B. im Consumer Bereich
- Maximale Performance im Order Management und schnelle Durchlaufzeiten

Mit der „Verkürzung" des gesamten Prozesses unter Ausschluss der Quote wird auch auf die Verwendung von Verkaufsprojekten verzichtet. Die Veränderungen, um statt AutoQuote AutoOrder auszuführen und UpdateOpportunity vom Order aus zu starten, bedeuten einen wesentlichen Eingriff in das Order Management-Konzept, der nicht zu empfehlen ist. Stellt sich in einem Unternehmen die Frage, Order Management sowohl im Consumer als auch im Enterprise Business einzusetzen, so ist es durchaus machbar, zwei unterschiedliche Prozessketten im Order Management zu verwenden: für den Enterprise Bereich die komplette Prozesskettte" Opportunity → Quote → Order → Asset"; für den Consumer Bereich die „verkürzte" Prozesskette „Order → Asset".

Ist der Auftrag erstellt, erfolgt vor der Übernahme in den Bestand (Order-to-Asset) in den meisten Prozessen die technische Aktivierung der Produkte und Services für den Kunden (Fulfillment). An dieser Stelle ist eine Integration mit den entsprechenden Legacysystemen immer erforderlich. Die Integration kann dabei auf vorhandene Middleware und Funktionen aufsetzen, oder es wird mit Oracle Siebel CRM Order Management eine neue Middleware-Plattform eingeführt, die das entsprechende Fulfillment übernimmt (Order Orchestration). Das Thema Integration wird im entsprechenden Kapitel beschrieben (s. Kapitel 5.1.10) Bevor das eigentliche Fulfillment erfolgen kann, ist in vielen Fällen die Verfügbarkeit entsprechender Produkte zu prüfen. Hier ist die Anbindung des entsprechenden Systems zur Verwaltung der Materialwirtschaft erforderlich. Dabei ist die „schlankeste" Lösung die Onlineabfrage der Verfügbarkeit. Die eigentliche Lagerentnahme erfolgt in der Auftragsausführung außerhalb von Oracle Siebel CRM. Oracle Siebel CRM selber bietet auch ein Objekt zur Lagerverwaltung (Inventory). Dies hält bei weitem nicht die Funktionalität wie ein „echtes" System zur Materialwirtschaft bereit, sollte aber bei einfachen Fragestellungen zu Lagerhaltung in Betracht gezogen werden.

Es sollte in jedem Fall davon abgesehen werden, Teile der technischen Aktivierung bereits in Oracle Siebel CRM zu implementieren (z. B. Mapping der vertrieblichen Produkte auf technische Produkte). Oracle Siebel CRM ist hierfür nicht die geeignete Plattform. Für bestimmte fachliche Anforderungen kann ein Verkaufsauftrag in einen oder mehrere „Work Orders" aufgeteilt sein. Diese „Work Orders" dienen der Aufbereitung des vertrieblichen Auftrages in einzelne Schritte, die in bestimmten nachgelagerten Systemen ausgeführt werden. Neben den Work Orders sind dann auch Aktivitätenpläne ein zentraler Bestandteil des Fulfillments. Als gute Praxis hat sich erwiesen, komplexe Aktivierungslogik und technische Mappings in entsprechende Middleware zu verlagern. Wichtiger Aspekt ist hier die Rückmeldung an Oracle Siebel CRM als Frontend über den Status der Auftragsausführung. Damit ist für den Call Center Agent oder im SelfService Portal immer die volle Auskunftsfähigkeit gegeben.

Ist die Auftragsausführung erfolgreich, so werden die Produkte und Services in den Bestand übernommen. Hier ist auch wieder ein wichtiger Punkt, ob der Bestand in Oracle Siebel CRM oder in einem anderen zentralen System vorliegen soll. Die Fragestellung hängt natürlich wieder von den fachlichen Anforderungen ab. Werden auf Bestandsdaten Änderungen in Form von Quotes oder Orders durchgeführt und dabei evtl. sogar Folgeaufträge auf bereits bestehende Aufträge erstellt, so ist eine echte Deltaermittlung zwischen Folgeauftrag, vorhergehendem Auftrag und Bestand eigentlich nur möglich, wenn die Bestanddaten physisch in Oracle Siebel CRM gehalten werden. Neben diesem Prozess mit dem „schwebenden Auftrag" sollte auch auf einen Bestand in Oracle Siebel CRM aufgesetzt werden, wenn mit sog. Bulk Orders gearbeitet wird. Hier werden in einem Sammelauftrag mehrere Kundenverträge auf einen Schwung angepasst. An dieser Stelle noch ein Beispiel aus der Telekommunikationsindustrie:

In vielen Telekommunikationsunternehmen ist der Master für den Bestand das Billing System. Hieran lässt sie im Rahmen einer Oracle Siebel CRM-Implementierung nicht rütteln. Daher ist ein wichtiger Punkt die Integration des Billing System mit Oracle Siebel CRM, um die Bestandsdaten zwischen den Systemen synchron zu halten. Die Herausforderung liegt dabei in der richtigen Umsetzung des Mappings der Produkte im Billing System auf die Produkte in Oracle Siebel CRM. Mit dieser zentralen Schnittstelle wird die Grundlage für das Order Management in Oracle Siebel CRM geschaffen. Änderungen in Oracle Siebel CRM werden an das Billing System zurücksynchronisiert.

Die Abbildung 5-18 zeigt die möglichen Abläufe im Oracle Siebel CRM Order Management.

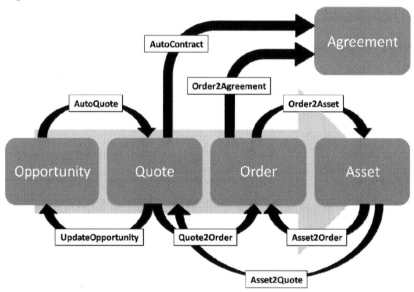

Abbildung 5-18: Prozesskette des Order Management in Oracle Siebel CRM für den Sales[58]

Die Prozesskette zeigt eine Vielzahl von Prozessschritten, die aufeinander aufbauen. Für die technische Durchführung des jeweiligen Schrittes sind entsprechende Mappings zwischen Quelle und Ziel erforderlich. Diese sind nicht alle auf die gleiche Art zu konfigurieren. Auch der Aufruf des jeweiligen Mappings erfolgt nicht immer auf die gleiche Art und Weise. Daher ist bei allen Anpassungen im Order Management mit äußerster Sorgfalt vorzugehen. Wir raten dazu, diese Mappings zu verwenden und ggf. um neue Attribute zu erweitern. Es ist hingegen nicht zu

---

58 Quelle: ec4u, 2010

empfehlen, diese Mappings durch eigene Funktionen zu ersetzen. Ist aus fachlicher Sicht ein zusätzliches Mapping erforderlich, sollten hierbei unbedingt die Bordmittel von Oracle Siebel CRM verwendet werden wie Data Map Administration (inkl. zugehörigem Mapping Business Service), Signals und Oracle Siebel CRM Workflows. In dieser gesamten Prozesskette ist aus fachlicher Sicht häufig auch ein Genehmigungsprozess erforderlich. Für Angebote, Aufträge und Verträge gibt es hier im Standard bereits eine Lösung. Diese ist in ihrer Flexibilität etwas eingeschränkt und wird sicherlich nicht immer die fachlichen Anforderungen erfüllen können. Dabei ist in erster Linie die Zuweisung der Genehmigung zur richtigen Person statisch gelöst. In der Administrationsansicht werden je Objekt die Mitarbeiter und/oder Rollen hinzugefügt, die die Genehmigung durchführen müssen. Diese erhalten dann ein Posteingangselement zur Genehmigung. Damit ist dann der Prozess im Standard bereits weitestgehend beendet. Weitere Ausführungen zur Gestaltung eines flexiblen Prozesses finden Sie im Kapitel Services

5.1.7.4 Pricing Management

In den bisherigen Ausführungen unberücksichtigt wurde das Thema Preisbildung. Die Ermittlung der Preise kann statisch oder dynamisch erfolgen. Die statische Preisermittlung setzt auf entsprechende Preislisten und Rahmenverträge (Agreements) auf. Der Preis der jeweiligen Einzelposition richtet sich dann nach der entsprechenden Preisliste, in der das Produkt gelistet ist und der der Kunde zugeordnet ist. Klingt zunächst kompliziert, wird aber dadurch vereinfacht, jedem Kunden eine bestimmte Preisliste zuzuordnen. Damit hat automatisch jede Position einen Standardpreis. Danach beginnt aus fachlicher Sicht erst die eigentliche Preisfindung, vor allem in Enterprise Business.

In den Einzelpositionen von Opportunity, Quote und Order können die Preise manuell angepasst werden (absolute und relative Werte sind zulässig). Handelt es sich um Serviceprodukte in Form von Stunden oder Tagessätzen, so kann im Standard dafür die Rate List verwendet werden. Eine Summierung auf Einzelpositionen (Parentbeziehung) als auch auf den jeweiligen Kopf (Opportunity, Quote oder Order) ist im Standard bereits implementiert. Bei der Verwendung statischer Preisbildung ist in der Regel keine Anpassung erforderlich. Sind die Margen bei der Preisbildung zu berücksichtigen, so werden zusätzlich sog. Cost Lists verwendet. Mit dieser Vorgehensweise erfolgt die Einschränkung der Preisliste auf jeweils eine Kostenliste. Aus der Praxis wissen wir, dass diese Einschränkung häufig ein Grund ist, die Kostenberechnung im Rahmen der Preisbildung komplett anzupassen. Dabei werden analog der Zuordnung von Preislisten zu Einzelpositionen auch entsprechende Kostenlisten zugeordnet. Die gesamte Summierung auf Parent und Kopf muss dann jedoch auch implementiert werden. Diese Erweiterung ist grundsätzlich möglich, stellt jedoch bereits ein ziemliches GAP zum Oracle Siebel CRM Standard dar und sollte sorgfältig evaluiert werden.

Kommen wir nun zur dynamischen Preisbildung. Diese Funktionalität wird in Oracle Siebel CRM durch das Modul ePricer abgebildet. Der ePricer setzt dabei auf die gleichen statischen Objekte wie Preis- und Kostenliste auf. Der dynamische Teil der Preisbildung setzt nun auf verschiedene Preisprozeduren auf. Die einfache Prozedur ist die „Basic Pricing Procedure", die Preislisten, Volumenrabatte, Servicepreise und manuelle Discounts unterstützt. Die Basic Pricing Procedure sollte verwendet werden, wenn keine anpassbaren Produkte verwendet werden. Bei anpassbaren Produkten ist die Preisbildung in vielen Branchen deutlich komplizierter, und es sind mehrere Abhängigkeiten zu berücksichtigen.

Für komplexe Preisbildung bietet Oracle Siebel CRM daher die „Dynamic Pricing Procedure". Diese unterstützt die Preisbildung auf Basis von Preislisten, Änderungen an anpassbaren Produkten, Volumenrabatten, Attribut-bezogenen Anpassungen, zusammengefassten Rabatte, Produktpromotionen, Servicepreisen und manuellen Discounts.

Für die korrekte dynamische Preisbildung sind neben der Administration von Preislisten entsprechende weitere administrative Tätigkeiten der fachlichen Anforderungen notwendig. Hierbei geht es um die folgenden fünf Preisbildungsbestandteile:

1) **Volumenrabatte**: Der Preis eines Produktes verringert sich automatisch ab der Abnahme einer gewissen Menge. Dabei können die Rabatte noch gestaffelt werden, dass z. B. bei der Abnahme von 30 Stück die ersten 10 mit einem Rabatt von 5 %, die nächsten 10 mit einem Rabatt von 10% und die letzten 10 Stück mit einem Rabatt von 15 % versehen werden.

2) **Zusammengefasste Rabatte**: Der Preis wird reduziert, wenn neben einem Produkt weitere bestimmte Produkte gekauft werden. Diese Rabattierung ist aber nicht zu verwechseln mit der Produktpromotion.

3) **Produktpromotionen**: Bei Produktpromotionen wird zwischen sog. Coupons und Bundles unterschieden. Die Coupons stellen einen Rabatt auf bestimmte Produkte dar und sind in der Regel zeitlich begrenzt. Coupons werden häufig im Einzelhandel verwendet. Bundles sind in der Regel auch zeitlich begrenzt, der Kunde muss ein bestimmtes vordefiniertes Set von Produkten nehmen, um den einen rabattierten Preis zu erhalten. Die Promotionen werden entsprechend vom Administrator angelegt und mit zeitlicher Gültigkeit versehen.

4) **Rabattmatrizen**: Diese Matrizen erlauben die Preisbildung anhand bestimmter Kriterien wie z. B. Branche des Kunden. In der Matrix werden die entsprechenden Kriterien festgelegt. Die Kriterien unterscheiden sich dabei anhand des jeweiligen Typs von Rabattmatrix. Oracle Siebel CRM stellt hier drei Typen zur Auswahl – Produktbasierend, Supportbasierend und Schulungsbasierend. Je nach gewähltem Typ stehen andere Kriterien zur Verfügung. Je Kriterium wird ein bestimmter Rabatt definiert. Rabattmatrizen sind sinnvoll bei komplexer Preisbildung, die sich selten ändert. Die jeweiligen Typen lassen sich um neue

Kriterien erweitern und neue Typen können hinzugefügt werden. Beides ist durch entsprechendes Customizing in Oracle Siebel CRM Tools möglich.

5) **Attributbasierte Rabatte**: Bei anpassbaren Produkten kann der Preis durch die Wahl von entsprechenden Attributen dynamisch angepasst werden, z. B. wird je nach der Auswahl einer bestimmten Farbe ein Produkt unterschiedlich bepreist.

Die Reihenfolge der Preisbildung wird in der Pricing Procedure festgelgt (s. o.). Mit diesen vom ePricer zur Verfügung gestellten Funktionen lassen sich komplexe Preisbildungen abbilden. Werden mehrere Bestandteile der Preisbildung verwendet, so kommt es in der Regel auch zur Integration mit einem ERP-System, um bestimmte Preisinformationen in beiden Systemen synchron zu halten. Eine sinnvolle Erweiterung ist die bereits genannte Anpassung der Rabattmatrizen. Die Workflows zu den Preisprozeduren können auch an die Abforderungen angepasst werden. In der Regel sollten jedoch die Standard Business Services verwendet werden. Ist zusätzliche Funktionalität erforderlich, muss diese in einem separaten Business Service gekapselt werden. Ein sehr wesentlicher Aspekt der „richtigen" Preisbildung ist ein entsprechendes Produktmodell, das die Flexibilität der Bundles und die Möglichkeit der attributbasierten Rabatte unterstützt. Der ePricer kann im Standard die Preisbildung für Quotes, Orders und Agreements durchführen. Eine Erweiterung der Funktionalität für andere Objekte in Oracle Siebel CRM kann durch Customizing in Oracle Siebel CRM Tools erfolgen. Da hierbei auch Klassenbibliotheken der jeweiligen Objekte verändert werden, kann mit dieser Änderung eine bestimmte andere Funktionalität des Objektes verloren gehen (wenn das Objekt bereits auf einer spezialisierten Klasse aufsetzt).

Die Funktionalität des ePricer kann auch aus einer anderen Applikation aufgerufen werden. Dazu sind die entsprechenden Preisbildungsbestandteile, die in diesem Kapitel genannt wurden, und die Produktdaten in Oracle Siebel CRM vorab zu administrieren. Die Preisbildung erfolgt dann durch Aufruf eines Oracle Siebel CRM Workflows mit der Übergabe einer bestimmten XML-Struktur. Diese XML-Struktur muss gewisse Vorgaben erfüllen, damit der ePricer diese verarbeiten kann. Der ePricer liefert als Ergebnis der Preisbildung auch eine XML-Struktur zurück.

Damit haben wir dieses Kapitel abgeschlossen. Der Vertrieb mit Oracle Siebel CRM kann in mehreren aufeinander aufbauenden Stufen sukzessive eingeführt werden. Zunächst erfolgt die Implementierung der Sales Force Automation. Daran wird dann das deutlich komplexere Order Management eingeführt. Hierbei ist immer das Produktmanagement notwendig. Die Entscheidung für den eConfigurator hängt hierbei vom Produktmodell und der Variabilität desselben ab. In Branchen mit sehr statischen Produkten ist die Einführung des eConfigurator nicht sinnvoll. Die Preisbildung in Oracle Siebel CRM kann separat zu einem späteren Zeitpunkt mit dem ePricer hinzugefügt werden. Desto mehr Komponenten des Oracle Siebel

CRM Order Management eingeführt werden, desto ratsamer ist es, starke Veränderungen an der Standard Funktionalität zu vermeiden. Da alle Komponenten stark miteinander verzahnt sind, können kleine Änderungen an einer Stelle große Auswirkungen auf den gesamten Prozess haben. Damit steigt der Aufwand für Wartung und Qualitätssicherung/Testing an.

5.1.8 Services

Wir wenden uns nun dem Bereich Services in Oracle Siebel CRM zu. Unter Oracle Siebel CRM Services werden in erster Linie die Themen Kundendienst und Beschwerdemanagement genannt. Diese beiden Themen haben nun je nach Branche und Anforderungen unterschiedliche „Subthemen" wie Support und Service Order Management. Wer das vorherige Kapitel gelesen hat, wird jetzt sicherlich fragen, warum nun schon wieder über Order Management gesprochen wird. Hier sei vorab darauf hingewiesen, dass Oracle Siebel CRM zwischen den Sales und den Service Orders unterscheidet, später mehr dazu.

Dieses Kapitel wird im Wesentlichen in die beiden genannten Themen unterteilt, da die technische Umsetzung sich nicht so stark zwischen den einzelnen Subthemen unterscheidet.

5.1.8.1 Kundendienst

Kommen wir nun zum Bereich Kundendienst, der alle Kanäle wie Internet, Außendienst, E-Mail, Fax, Brief und Telefon einschließt. Der gesamte Bereich Kundendienst baut in Oracle Siebel CRM auf das Objekt Service-Anfragen (Service Request, SR) auf. In einem Service Request wird immer das Anliegen des Kunden dokumentiert. Damit beginnt der eigentliche Prozess der Erfüllung des Kundenwunsches (soweit es von Seiten des Unternehmens gewünscht und möglich ist). Die Service-Anfrage des Kunden soll möglichst schnell bearbeitet, gelöst und an den Kunden kommuniziert werden. Damit sind wir dann schon bei einem wesentlichen Aspekt im Bereich Services, nämlich die Kundenkommunikation.

Gute, schnelle und klare Kundenkommunikation tragen zur Kundenzufriedenheit bei. Oracle Siebel CRM stellt mit dem Communications Module (nicht mit dem Vertical für Telekommunikation zu verwechseln) die Werkzeuge zur Verfügung, um sowohl eingehende als auch ausgehende Kommunikation durchzuführen.

Wenden wir uns zunächst der eingehenden Kommunikation zu. Diese kann einen nicht unerheblichen Teil einer Implementierung ausmachen, gerade wenn ein hoher Grad an Automatisierung erreicht werden soll.

5.1.8.2 Eingehende Kommunikation

Ein wesentlicher Bestandteil der eingehenden Kommunikation ist in Siebel die Funktionalität der Universal Inbox (Postkorb). Hierüber können die eingehenden Informationen gesteuert werden. Die Postkorbeinträge sind die Notifikationen zu

anderen Objekten wie Aktivitäten und Service-Anfragen. Die Postkorbfunktionali-
tät wird von Oracle Siebel CRM über den Universal Inbox Business Service zur
Verfügung gestellt. Dieser Service kann dann in andere Prozesse über Workflow,
Scripting, Integration oder Run-Time Events eingebunden werden. Die Sichten auf
die Postkörbe werden über entsprechende Views realisiert gemäß der fachlichen
Anforderungen (s. Kapitel 4.4).

Die eingehende Kommunikation wollen wir nun nach Kanälen trennen und mit
der einfachsten Lösung beginnen – E-Mail. Oracle Siebel CRM bietet hier die entsprechenden Treiber, um per SMTP/IMAP- oder SMTP/POP3-Protokoll auf Postfä-
cher von E-Mail-Servern zuzugreifen. Damit werden die E-Mails in Oracle Siebel
CRM geladen und als Aktivität (spezieller Typ) im System hinterlegt. Der wesentliche Schritt bei eingehender Kommunikation ist die Weiterverarbeitung. Eine besondere Form der eingehenden E-Mail stellt eine Web-Form da. Hier werden bereits strukturiert ein Anliegen vorgetragen und zusätzliche Kontextinformationen
bereitgestellt, die die direkte Weiterverarbeitung erleichtern können. Dazu mehr,
nachdem wir noch einen Blick auf die anderen Kanäle geworfen haben.

Bei Faxeingang muss die meiste Arbeit außerhalb von Oracle Siebel CRM bereits
geschehen, da Oracle Siebel CRM keine Faxe verarbeiten kann. Hier ist ein Fax-to-
E-Mail Gateway erforderlich, der eingehende Faxe in E-Mails umwandelt und an
entsprechende E-Mail-Accounts weiterleitet, die von Oracle Siebel CRM „überwacht" werden, wie weiter oben beschrieben. Alternativ kann ein Fax auch eingescannt und analog wie ein Brief behandelt werden (s. u.). Dieser Weg ist vorzuziehen, wenn das Fax mittels OCR bereits nach dem Kontext analysiert werden soll.

In vielen Branchen ist das geschrieben Wort im Briefumschlag immer noch die
häufigste Kommunikation der Kunden mit dem Unternehmen. Da hier ganze Ber-
ge von Papier bearbeitet werden müssen, ist eine möglichst optimierte Bearbeitung
mit kurzer Durchlaufzeit das Ziel. Der Brief muss genauso wie Fax oder E-Mail als
Aktivität in Oracle Siebel CRM vorliegen. Die Post wird geöffnet und eingescannt
(der Automatisierungsgrad dieser Schritte wird hier nicht weiter thematisiert).
Bereits hier ist eine Logik erforderlich, die entscheidet, welche Anwendung sich
um das Schreiben kümmern soll. Ein guter Ansatz ist hier, ein zentrales System
wie Oracle Siebel CRM vorzusehen und von da aus den internen Prozess anzusto-
ßen. Dafür muss das Unternehmen entsprechend organisiert sein. Eine Schnittstelle vom zentralen Scansystem zu Oracle Siebel CRM ist hier erforderlich. In Oracle
Siebel CRM wird eine Aktivität erzeugt und das Schreiben als Anhang angefügt.
Die Integration wird etwas komplizierter, wenn hier zunächst der Anhang in einem optischen Archiv abgelegt und dann in Oracle Siebel CRM statt des Anhangs
die Verlinkung gespeichert wird. Bei dieser Vorgehensweise erhalten wir zu einer
E-Mail, einem Fax und einem Schreiben immer eine Aktivität und ggf. auch ein
Anhang (bei E-Mails > 15 kB wird auch ein Anhang erzeugt). Damit kann der Pro-
zess der Bearbeitung beginnen. Um diesen Prozess zu erleichtern und zu be-

schleunigen, sind Kontextangaben in der Aktivität gewünscht, dazu zählt Kundenname, Kontakt, Anliegen, bereits Zuordnung der neuen Kommunikation zu einem bestehenden Anliegen. Oracle Siebel CRM kann hier nur die E-Mail direkt analysieren und nach bestimmten Merkmalen suchen, da die Daten bereits strukturiert vorliegen (Absender, Betreff, E-Mail-Body). Bei eingescannten Dokumenten muss mittels OCR der Kontext bestimmt werden. Diese Metadaten sind dann über eine entsprechende Schnittstelle an Oracle Siebel CRM weiterzureichen. Je mehr Metadaten vorliegen, desto einfacher ist die weitere Prozessierung in Oracle Siebel CRM.

Bevor wir uns der Weiterverarbeitung widmen, nun noch ein Blick auf die Kanäle Telefon und Internet. Beide unterscheiden sich von den anderen Kanälen, da der Kontext sofort hergestellt wird. Bei Internet hat sich der Benutzer authentifiziert und über ein Self-Service Portal eine neue Anfrage gestellt bzw. eine Aktualisierung einer vorhandenen Anfrage durchgeführt. Gerade bei Aktualisierungen kann der entsprechende Sachbearbeiter direkt informiert werden und die Bearbeitung übernehmen. Bei neuen Anfragen sollte nach den gleichen Regeln vorgegangen werden wie für alle anderen Kanäle.

Bei telefonischer Kommunikation wird der Kunde identifiziert (manuell oder über CTI) und das Anliegen durch den Agent direkt erfasst und kategorisiert. Damit ist bereits ein wesentlicher Schritt zur Weiterverarbeitung erfolgt. Der eingehende Anruf wird in Oracle Siebel CRM bei einer Integration mit einer Telefonanlage automatisch als Aktivität angelegt. Diese muss nun einem freien Agent mit entsprechenden Fähigkeiten zugewiesen werden. Hier erfolgt wieder das Zusammenspiel von Oracle Siebel CRM mit Modulen wie IVR und ACD. Dem Agent, der schließlich den Anruf entgegen nimmt, wird die Aktivität zugewiesen. Nun kann er im Dialog mit dem Kunden (mit oder ohne Leitfaden) das Anliegen in einer Service-Anfrage erfassen und kategorisieren. Diese Schritte müssen in den vier anderen genannten Kanälen möglichst automatisiert erfolgen. Dazu muss die Aktivität einem Kunden und möglichst einer Person zugewiesen werden. Bei Rückfragen zu bestehenden Anliegen sollte auch gleich die Verlinkung zur entsprechenden Service-Anfrage erfolgen.

Um alle diese Informationen automatisiert zu erhalten, müssen die Quellsysteme (bei E-Mail der Communication Server) diese Informationen bereitstellen. Aus der Kommunikation soll möglichst auch die Kategorisierung möglich sein, zumindest auf der ersten Ebene (z. B. Beschwerde, Supportanfrage, Problem, Serviceauftrag, etc.). Dadurch kann bereits automatisiert die Service-Anfrage angelegt werden und die erzeugte Aktivität der Service-Anfrage zugeordnet werden. Für den weiteren Prozess erfolgt nun die Zuweisung der Service-Anfrage und/oder der Aktivität zu einem Sachbearbeiter. Hierfür sind alle relevanten Mitarbeiter mit An- und Abwesenheiten sowie ihren Fähigkeiten/Spezialisierungen inkl. des entsprechenden Grades (Anfänger, Fortgeschritten, Experte). in Oracle Siebel CRM zu pflegen Mit

Hilfe des Assignment Managers werden Service-Anfragen entsprechend ihrer Kategorisierung und weiterer Kriterien, die je nach Unternehmen unterschiedlich sind, genau einem Bearbeiter zugewiesen.

> Service-Anfragen werden nicht einem Team zugewiesen, sondern immer einem Verantwortlichen. Damit unterscheiden sie sich z. B. von Verkaufsprojekten oder Aktivitäten.

Die Bearbeitung der Anfragen erfolgt immer im Team. Das wird dadurch erreicht, dass alle Schritte zur Bearbeitung einer Service-Anfrage als eigene Aktivität abgebildet werden. Damit hat immer ein Verantwortlicher den Überblick über die Service-Anfrage, und einzelne Sachbearbeiter oder Spezialisten arbeiten an bestimmten Aufgaben. Hiermit sind wir am zentralen Punkt des Bereiches Services angekommen. Jedes Kundenanliegen wird in einer Service-Anfrage erfasst, und die Bearbeitung erfolgt mit Hilfe von Aktivitäten.

Die Kunst liegt in der entsprechenden Automatisierung. Dazu bietet Oracle Siebel CRM die gleichen Bordmittel, wie bereits im Kapitel Vertrieb beschrieben. Diese Bordmittel müssen nun richtig miteinander „verzahnt" werden. Dazu sollte für Service-Anfragen und Aktivitäten ein Statusmodell entwickelt werden und entsprechend im Oracle Siebel CRM State Model umgesetzt werden. Dabei können Einschränkungen und Regeln hinterlegt werden. Bereits hier kann der Oracle Siebel CRM Standard an seine Grenzen stoßen, wenn für ein Feld mehrere State Models festgelegt werden sollen. Der auf den ersten Blick einfache Schritt ist dann das „Klonen" des Objektes und dann wird für das Feld im Klon ein neues State Model definiert. Diese Methode ist nicht sehr flexibel und erfordert entsprechende Mehrarbeit, wenn Original und Klon erweitert werden. Die flexiblere Lösung ist die Erweiterung des Oracle Siebel CRM State Model. Es werden die Übergänge in einer Erweiterungstabelle hinterlegt, die dann anhand bestimmter Bedingungen (es sind mehrere Bedingungen möglich) erlaubt werden.

Der nächste wichtige Bestandteil ist die Kategorisierung von Service-Anfragen und Aktivitäten. Diese sollte auf alle Fälle mehrstufig erfolgen, da ansonsten eine Liste mit Kategorien sehr lang werden kann. Bei der Mehrstufigkeit sollten dann entsprechende Einschränkungen erfolgen, um auch in der jeweils nächsten Stufe der Kategorisierung die Liste der möglichen Werte möglichst klein zu halten. Sieht die Anforderung eine Kategorisierung über mehr als zwei Stufen vor, so kann es nicht mehr ausschließlich über Wertelisten (LOV) gelöst werden. Aus unserer Praxis wissen wir, dass im Service-Bereich durchaus Kategorisierungen auf bis zu vier Ebenen erfolgen sollen. Dafür ist ein eigenes Objekt für hierarchische Picklisten notwendig. Dieses sollte über die Oberfläche administriert werden können, und die Einschränkungen werden jeweils berücksichtigt. Diese hierarchischen Picklisten sind entsprechend flexibel anzulegen, damit sie für unterschiedliche Objekte verwendet werden können und die Anzahl der Stufen offen lassen.

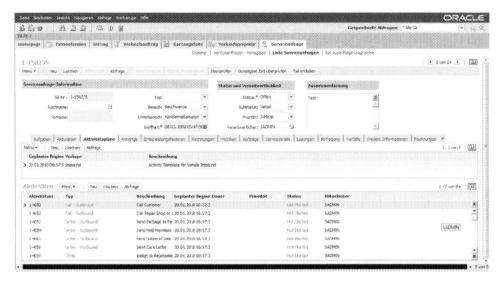

Abbildung 5-19:   Abbildung einer Service-Anfrage mit Aktivitätenplan und zugehörigen Aktivitäten[59]

Sind die Typen der Aktivitäten definiert, so ist es aus unserer Sicht sinnvoll, in entsprechenden Form Applets im SR oder Aktivitäten Screen ein Toggle zu verwenden, der je nach Aktivitätstyp unterschiedliche Felder anzeigt.

Die Aktivitäten sollten in der Regel über einen Aktivitätenplan angelegt werden. Der Standard sieht hier die manuelle Anlage vor. Um eine kurze Durchlaufzeit von Service-Anfragen und einen hohen Automatisierungsgrad zu erreichen, sollten Aktivitätenpläne automatisiert angelegt werden. Auch das Hinzufügen und Entfernen sollte automatisiert erfolgen. Der Bearbeiter darf möglichst nicht die Möglichkeit haben, Aktivitäten oder sogar Service-Anfragen zu löschen. Die weitestgehende Automatisierung ist nur über die richtige Anlage der Kategorisierungen möglich. Für die Automatisierung werden ein zentraler Business Service sowie Datenvalidierungsregeln und Laufzeitereignisse benötigt. Weiterhin sollte von der Möglichkeit Gebrauch gemacht werden, dass Aktivitäten, die noch nicht in Bearbeitung sind, weitestgehend ausgeblendet werden. Erst wenn die vorhergehende Aktivität einen bestimmten Status erreicht hat, wird die nächste eingeblendet. Das gesamte Konstrukt ist mit dem Einsatz des Assignment Managers und der entsprechenden Regeln weitestgehend automatisierbar.

5.1.8.3 Ausgehende Kommunikation

Wir haben nun die eingehende Kommunikation sowie die grundlegende Kategorisierung der Service-Anfragen besprochen. Bevor wir uns einigen Details zuwen-

---

59 Quelle: Oracle, 2010.

den, wollen wir nun die ausgehende Kommunikation betrachten. Die ausgehende Kommunikation zum Kunden ist **das** Aushängeschild des Unternehmens gegenüber seinen Kunden. Hier sollten keine schnellen und billigen Lösungen gewählt werden, sondern im Sinne einer guten Kundenerfahrung (Customer Experience) auf Personalisierung geachtet werden. Dabei sollte die Wahl des ausgehenden Kanals keinen Einfluss auf die Qualität der Kommunikation nehmen. In manchen Branchen erfolgt möglichst viel Kommunikation per E-Mail, in anderen Branchen ist eine schriftliche Kommunikation eine wichtige Anforderung.

Die Kommunikation zum Kunden erfolgt in der Regel über die gleichen Kanäle wie die eingehende Kommunikation, wobei das keine Regel sein muss. Hier ist sicherlich im Kundenprofil die gewünschte Kommunikation zu berücksichtigen ähnlich wie bei Marketingaktivitäten. Die Kommunikation per E-Mail lässt sich weitestgehend über Oracle Siebel CRM-Bordmittel einrichten. Dabei kann die Form der E-Mail ein wichtiges Unterscheidungskriterium zur Konkurrenz sein aufgrund der guten äußeren Form mit Logo, Anrede, Unterschrift, etc. Über Oracle Siebel CRM Email Response können anhand bestimmter Betreffs eingehender E-Mails bereits automatisiert Antworten gesendet werden. Mit der sog. „F9"-Funktionalität wird ein E-Mail-Client in Oracle Siebel CRM geöffnet, und durch Hinzunahme geeigneter Templates können bereits vorgefertigte E-Mails erstellt werden, die dann nur noch geprüft, ggf. angepasst und dann versendet werden. Ausgehende E-Mails werden auch als Aktivität gespeichert. Erfolgt der Versand aus dem Kontext einer Service-Anfrage, so wird die Aktivität auch mit der Service-Anfrage verlinkt.

Das Versenden von E-Mails kann auch weitestgehend automatisiert werden durch Datenvalidierungsregeln und Laufzeitereignisse, die die entsprechenden Services aufrufen und die Parameter wie Templatename, Kunde, Service-Anfrage, etc. übergeben. Die gleiche Vorgehensweise wird in Regel für ausgehende Faxe verwendet. Mit einem E-Mail-to-Fax Gateway wird die ausgehende E-Mail in dem entsprechenden Gateway in ein Fax umgewandelt und versendet. Hier ist bei der Konfiguration in Oracle Siebel CRM zu beachten, dass in der Historie auch ein ausgehendes Fax steht und nicht eine ausgehende E-Mail. Daneben sollte in der Aktivität auch die Faxnummer gespeichert werden, um später auskunftsfähig zu sein.

Deutlich komplizierter wird es mit der ausgehenden Kommunikation in schriftlicher Form. Auch hier ist schon das Äußere des Schreibens wie Logo, Ansprechpartner, korrekte Anschrift, Angaben zum Unternehmen und Unterschrift(en) wichtig. Hinzu kommt der eigentliche Text. Der Text kann komplett automatisiert ohne spätere Nachkontrolle durch den Bearbeiter erzeugt werden oder aber - bis auf einige Textbausteine – erhält der Text individuelle Bestandteile. Gerade im Servicebereich sind häufig individuelle Texte erforderlich. Sowohl die Erzeugung der Schreiben als auch das Versenden sind keine Stärken von Oracle Siebel CRM.

Sehen die Anforderungen ein hohes Volumen an ausgehender Korrespondenz vor, ist hier eine externe Lösung gefragt, die in Oracle Siebel CRM integriert wird. Diese Lösung sollte dann auch gleich die Kanäle Fax und E-Mail mit abdecken, damit keine unterschiedlichen technischen Lösungen zur ausgehenden Kommunikation verwendet werden. Diese Lösung sollte möglichst folgende Anforderungen erfüllen:

- Hoher Grad der Administration von Dokumenten ohne Programmierung
- Mehrsprachigkeit
- Einfache Integration mit Oracle Siebel CRM
- Integration mit Archivsystemen
- Integration mit Druckstraßen

Die Liste ist nicht vollständig, jedoch zeigt sie, dass die Kommunikation zum Kunden mehr ist, als das Öffnen einer Wordvorlage..

> Die gesamte Kommunikation muss eine „Closed-Loop" sein, um die Historie zu sehen und die Auskunftsfähigkeit gegenüber dem Kunden zu gewährleisten.

Nachdem wir das Thema Service-Anfragen nun sehr allgemein betrachtet haben, wollen wir uns den Details zuwenden.

Als erster Punkt im Servicebereich steht hier die Bearbeitungsdauer von Service-Anfragen und Aktivitäten. In der Regel gibt es fachliche Vorgaben, wie lange bestimmte Vorgänge dauern dürfen. Weiterhin ist das Reporting auf Service-Anfragen und Aktivitäten ein wichtiger Bestandteil. Die Dauer von Aktivitäten kann über das Time Tracker-Objekt sehr genau bestimmt werden. Hier hat der Bearbeiter einen Start und Stop Button in seiner Ansicht. Je Session wird somit die Zeit „mitgestoppt". Die Summe der Sessions ergibt dann die Bearbeitungsdauer. Diese Vorgehensweise ist vor allem relevant, wenn diese Zeit dem Kunden in Rechnung gestellt wird. Eine andere ungenauere Bestimmung der Dauer anhand bestimmter Status der Aktivität stellt eine Alternative dar. Wird die Aktivität z. B. auf „In Bearbeitung" gesetzt, wird aktuelles Datum und Uhrzeit in das Feld „tatsächliche Startzeit" eingetragen. Setzt der Bearbeiter den Status auf „Fertig" (oder im Oracle Siebel CRM Standard wird das entsprechende Häkchen gesetzt), so wird die tatsächliche Endzeit eingetragen in das entsprechende Feld. Die Differenz stellt die Bearbeitungsdauer dar. Dies entspricht in den meisten Fällen nicht der tatsächlichen Bearbeitungszeit, gibt aber je nach Aktivität einen guten Anhaltspunkt über die Dauer. Eine Auswertung sollte auf einem Aggregationslevel erfolgen, der mehrere hundert bis tausend Aktivitäten vom gleichen Typ berücksichtigt. Eine Auswertung nach Bearbeiter ist zumindest in Deutschland aus rechtlichen Gründen grenzwertig und unterliegt der Mitbestimmung. Die Dauer von offenen Service Anfragen wird auch durch Statusänderungen ermittelt.

5.1.8.4   Eskalationsmanagement

Mit dem Thema Dauer direkt verknüpft ist das Eskalationsmanagement. Hier gibt es in Oracle Siebel CRM keine vorgefertigten automatisierten Lösungen. Jedoch kann fast jede Anforderung an das Eskalationsmanagement mit den Bordmitteln implementiert werden. Dazu sind die entsprechenden Schwellwerte zu definieren, ab der bestimmte Eskalationsstufen greifen. Dafür können Wertelisten zur Administration verwendet werden. Die Regeln werden mittels Oracle Siebel CRM Workflows (wiederholte Komponentenausführung) und Datenvalidierungsregeln implementiert. Hierbei ist wichtig, das die Organisationsstruktur richtig gepflegt ist, damit die Eskalation auch den richtigen Vorgesetzten erreicht. Die Eskalation sollte in einer neuen Aktivität dokumentiert werden. Für schnelle Überblicke in Listenansichten ist die Verwendung von Ampelfarben und/oder speziellen Icons möglich, um den Status einer Service-Anfrage oder Aktivität schnell zu erkennen. Für erweiterte Eskalationsmechanismen sind ggf. Assignment-Regeln zu definieren und die Administration von Eskalationszeiten in ein separates Objekt auszulagern, z. B. wenn die Eskalationszeit von der Kategorisierung abhängig ist. Dieses Objekt sollte dann entsprechend über das GUI zugänglich sein.

5.1.8.5   Genehmigungsprozess

Im Rahmen von Service-Anfragen sind ggf. Leistungen wie Gutschriften zu erbringen, die eine Zustimmung erfordern, bevor die Anfrage abgeschlossen werden kann. Dieser sogenannte Genehmigungsprozess kann auf die unterschiedlichste und sicher auch sehr komplizierte Art und Weise implementiert werden. Für Service-Anfragen gibt es im Standard keinen Genehmigungsprozess. Dieser lässt sich aber schnell analog der Implementierung für den Bereich Vertrieb nachbauen – mit den gleichen Einschränkungen. Aus unserer Praxis schlagen wir jedoch vor, möglichst eine Lösung zu verwenden, die Bordmittel verwendet und kein weiteres Customizing erfordert und trotzdem hohe Flexibilität garantiert. Über Validierungsregeln kann z. B. ab einem bestimmten Gutschriftenbetrag eine Aktivität erzeugt werden, die über die Organisationshierarchie dem Vorgesetzten z.B. zur Freigabe des Betrages zugewiesen wird. Nur wenn der Vorgesetzte die Aktivität abschließt, kann der Vorgang vom Verantwortlichen weiterbearbeitet und die Anfrage abgeschlossen werden. Hier kann z. B. auch die oben erwähnte Funktionalität verwendet werden, dass neue, noch nicht in Bearbeitung befindliche Aktivitäten für den Bearbeiter nicht sichtbar sind.

5.1.8.6   Service Level Management

Bei der Erstellung von Service-Anfragen sind neben dem Kunden- und den Kontaktdaten häufig die Bestandsdaten von Relevanz. Damit wird hier der Bezug zum Vertrieb und Produktmanagement hergestellt. Sehen die fachlichen Anforderungen vor, dass die Serviceverträge und Assets in den Service-Anfragen berücksichtigt werden müssen, so sollten diese bereits in Oracle Siebel CRM vorliegen. Natürlich ist hier auch eine Integration zu einem anderen System möglich, das diese Bestandsdaten dann zur Verfügung stellt. Jedoch zeigt Oracle Siebel CRM hier wieder den ganzheitlichen Ansatz, über alle Bereiche durchgängig die Prozesse zu unterstützen. Liegen die Bestandsdaten vor (idealerweise nicht über Integration), so können Service-Anfragen mit Serviceverträgen und Produkten verknüpft werden. Für die Serviceverträge (Service Agreements & Entitlements) gibt es im Standard eine Funktion, die anhand der verknüpften Bestandsdaten prüft, ob ein entsprechender Servicevertrag vorliegt und mit der Service-Anfrage verknüpft werden kann. In vielen Branchen spielt diese Funktion im Support eine große Rolle, weil damit auch gleich ermittelt werden kann, welche Service Level Agreements (SLA) damit verbunden sind. Diese Anlage geht idealerweise automatisch. Dazu sind in Oracle Siebel CRM Servicekalender zu pflegen. Diese sollten auf alle Fälle die Servicestunden (z. B. von 8 – 18 Uhr) und die Informationen enthalten, wenn z. B. Feiertage sind, oder ob an Wochenenden auch Support geleistet wird. Da hier unterschiedliche Supportlevel möglich sind, sollte je Level ein Kalender angelegt werden. Diese Servicekalender stehen dann als Attribut in den Einzelpositionen von Angeboten und Aufträgen zur Auswahl. Im Rahmen der Erstellung der Bestandsdaten werden die Servicekalender-Informationen an das Entitlement angefügt. Der Kreis schließt sich nun, wenn eine Service-Anfrage mit einem Entitlement verlinkt wird. Nun stehen die SLA-Daten auch in der Service-Anfrage zur Verfügung. Gerade Bearbeitungen und auch Eskalationsmechanismen sind im Support auf diese Daten angewiesen. Hier steht mit dem Standard bereits eine sehr gute Funktionalität zur Verfügung. Anpassungen sollten hier eher vermieden werden, da die Funktionalität über die Klassen bereitgestellt wird.

5.1.8.7 Support

Ein weiterer wichtiger Aspekt bei der Nutzung von Service-Anfragen für Supportthemen sind Lösungen. Diese können durchaus für den Bearbeiter essentiell sein, um eine Supportanfrage schnell abschließen zu können. Hier gibt es bereits eine gute Standardfunktionalität in Oracle Siebel CRM, die die Sichtbarkeit von Lösungen steuert und auch einen Freigabeprozess vorsieht. Die Volltextsuche in diesen Lösungen kann dann über Oracle Secure Enterprise Search implementiert werden. Diese Suche steht über einen Connector direkt für Oracle Siebel CRM zur Verfügung. Je nach Anforderung kann die Standardfunktionalität der Lösungen erweitert werden. Hier ist auch eine Integration in vorhandene Wissensmanagementsysteme sinnvoll sein. Dabei kann auch wieder die Secure Enterprise Search verwendet werden, um die Ergebnisse direkt in Oracle Siebel CRM darzustellen. In diesem Fall sind Sichtbarkeit und Freigabeprozesse außerhalb von Oracle Siebel CRM zu implementieren. Neben dem direkten Zugriff auf externe Systeme besteht auch die Möglichkeit, die Daten mit dem Lösungs-Objekt zu synchronisieren. Jede Form der Erweiterung sollte natürlich wieder durch eine entsprechende GAP-Analyse hinterfragt werden.

Ist die Supportanfrage erfolgreich gelöst worden, wird in vielen Fällen der Kunde um eine Beurteilung in Form eines Surveys gebeten. Die Standardfunktionalität in Oracle Siebel CRM ist leider sehr statisch gelöst. Es stehen einzelne Felder zur Verfügung, die beantwortet werden können. Eine Administration des Surveys als auch die erweiterte Funktionalität, Survey-Links dem Kunden per E-Mail zuzustellen, ist nicht direkt möglich. Hier sind für erweiterte Funktionalität andere Implementierungslösungen gefragt. Aus unserer Praxis können wir drei Alternativen hier empfehlen:

- Verwendung des Assessment-Objekts
- Verwendung von Service-Anfragen als untergeordnetes Objekt
- Verlinkung mit einem externen Tool (evtl. sogar auf SaaS-Basis)

Das Assessment-Objekt steht im Standard nicht für Service-Anfragen zur Verfügung. Hier ist also eine neue Fremdschlüsselbeziehung zu implementieren. Es ist zu beachten, dass für die Verwendung dieser neuen Beziehung in EIM und mit Remote-Clients zwingend die Einbindung von Oracle erforderlich ist, die in einem sog. „Non-Standard" Change Request für EIM und Remote die Funktionalität entsprechend erweitern. Ansonsten verfügt das Assessment-Objekt bereits über entsprechende Administrationsmasken, um Templates zu entwerfen und bereitzustellen. Dadurch können Surveys schnell angepasst oder neu zur Verfügung gestellt werden.

Mit dem „Klonen" des Service-Anfragen-Objektes als Survey-Objekt stehen alle Funktionen der Service-Anfragen zur Verfügung und können angepasst werden für Surveys. Beide Lösungen bieten keine Standardfunktion, um Links zu Surveys zu versenden. Hier ist das Self-Service Portal bereitzustellen. Dies ist nur sinnvoll, wenn im Portal auch weitere Funktionen angeboten werden. Ansonsten steht der Aufwand nicht im Verhältnis zum Nutzen.

Die dritte und damit letzte Lösung ist ein externes Tool. Hier gibt es mehrere Anbieter, die Surveyfunktionalität als SaaS bereitstellen, die Administration der Vorlagen und die Versendung der Links inklusive. Es gibt auch Anbieter, die Auswertungen von Surveys bieten. Neben der SaaS-Lösung gibt es potenziell auch die in-House Lösung. Diese sollte in Betracht gezogen werden, wenn ein derartiges Tool bereits zur Verfügung steht und leicht mit Oracle Siebel CRM integrierbar ist.

Kommen wir nun zum nächsten Thema, das häufig gar nicht mit dem Bereich Services assoziiert wird – Aufträge. In Oracle Siebel CRM gibt es ein Objekt Service-Aufträge. Hierbei handelt es sich in der Regel um Anfragen von Kunden, die installierte Produkte betreffen, z. B. Reparatur oder Austausch. Fachlich ist ein Serviceauftrag auch die Änderung von Kundendaten. Diese sind häufig mit einer zeitlichen Komponente verknüpft, z. B. wenn eine Adressänderung erst zum Beginn des Folgemonats gültig werden soll. Kommen wir jedoch zunächst zu den Serviceaufträgen mit Bezug zu Produkten. Serviceaufträge stellen „nur" eine spezielle Form des Order Management dar. Dies ist bereits ausführlich in Kapitel 5.1.7 ausführbeschrieben. Analog können also auch für Serviceaufträge die Funktionen verwendet und angepasst werden. Bei Serviceaufträgen ist in vielen Fällen die Einbindung eines Logistikprozesses erforderlich. Viele der Anforderungen, die Logistik betreffen, sollten in den entsprechend dafür vorgesehen Systemen abgebildet werden (Lagerentnahme, Auslieferung, Sendungsverfolgung, Tourenplanung, Retoure, etc.). Oracle Siebel CRM sollte soweit integriert werden, damit die Auskunftsfähigkeit gegenüber dem Kunden sichergestellt ist. Dies kann in der Regel über Online-Abfragen zu bestimmten Auftragsnummern erfolgen. Dafür muss natürlich die Verfügbarkeit der entsprechenden Systeme gewährleistet sein. Jedoch werden gerade an Logistiksysteme hohe Anforderungen bzgl. der Verfügbarkeit gestellt. Die Daten müssen dann nicht zwangsläufig in Oracle Siebel CRM vorgehalten werden. Die spezielle Form der Serviceaufträge, die Änderungen an Stammdaten betreffen, ist häufig aus technischer Sicht anders zu betrachten als Serviceaufträge zu Produkten. Das Fulfillment kann häufig direkt in Oracle Siebel CRM erfolgen. Die Änderungen werden dann ggf. über die vorhandene Integration mit anderen Systemen propagiert. Hier steht die Historisierung der Information im Vordergrund. Sind die Änderungen erst zu einem bestimmten Zeitpunkt auszuführen, sind die Änderungen entsprechend zwischen zu speichern. Hierfür können die Einzelpositionen von Aufträgen verwendet werden. Je nach fachlicher Anforderung kann es auch sinnvoll sein, statt des Auftragsobjektes hier das Aktivitätenobjekt zu verwenden. Die Aktivitäten werden um die entsprechenden Attribute erweitert und stehen für Kunden- und Adressänderungen entsprechend zur Verfügung. Über Fälligkeitsdatum und Erinnerungsfunktion kann die Änderung dann an den Stammdaten zum gewünschten Zeitpunkt erfolgen. Dieser Prozess kann auch über wiederholte Komponentenanforderungen automatisiert werden, die täglich prüfen, ob Änderungen anstehen und diese in die entsprechenden Tabellen aus dem Aktivitätenobjekt überführen. Dafür sollte statt eines Business Services Oracle Siebel CRM EAI verwendet werden. Über Integrationsobjekte und Mappings werden die Daten dann transferiert. Dadurch wird eine höhere Flexibilität bei späteren Änderungen erreicht.

Als letzten Punkt im Bereich Service wollen wir uns nun noch dem Tourenmanagement zuwenden. Die Funktionalität des Tourenmanagements steht in Oracle Siebel CRM nicht direkt zur Verfügung. Jedoch können bereits Geodaten vorgehalten werden, z. B. zu Postleitzahlen. Eine Integration mit einem System zum Tourenmanagement ist in jedem Fall erforderlich. Die Zusammenstellung der Route erfolgt besser außerhalb von Oracle Siebel CRM. Die Integration mit Oracle Siebel CRM sollte in vielen Fällen nicht nur auf den Weg von Oracle Siebel CRM zum Tourenmanagement beschränkt werden, sondern auch der Rückweg stellt eine wichtige Komponente dar. In Oracle Siebel CRM werden Informationen zum Tourenmanagement an der Service-Anfrage dokumentiert, hier ist, wie immer, die beste Lösung, eine Aktivität anzulegen.

In der Zusammenfassung lässt sich sagen, dass für eigentlich alle Servicebereiche die Objekte Service-Anfrage und Aktivität die richtige Wahl darstellen. Für bestimmte Servicefunktionen werden weitere Objekte wie Lösungen, Aufträge etc. zusätzlich eingebunden. Ein Statusmodell und die richtige Kategorisierung der Daten sind entscheidend für erfolgreiches Service-Anfragen-Management mit Oracle Siebel CRM.

5.1.9   Oracle BI/Analytics-Anwendungen

Das Thema Oracle Business Intelligence kann ein ganzes Buch alleine füllen. Da wir das Thema hier also nur anreißen können, wollen wir uns auf einige Aspekte konzentrieren und andere ausklammern. Die folgenden Punkte werden beleuchtet:

- Integration von Oracle BI mit Oracle Siebel CRM

- Grundsätze der Informatica Einbindung

- Ad-hoc Reporting und Dashboards

- CRM Analytics-Anwendungen

Nicht Bestandteil dieses Buches sind OLAP-Datenbanken im Allgemeinen, Data Mining, Data Warehousing, Real Time Decisioning (RTD) und die Oracle Hyperion-Produktpalette.

Kommen wir nun also zum Punkt Integration von Oracle BI mit Oracle Siebel CRM. Unabhängig von der Herkunft der Daten ist eine gute Integration in das Oracle Siebel CRM Frontend gegeben. Auch in die Partner und Self-Service-Anwendungen können BI Reports einfach integriert werden. Dabei können die Reports sowohl als eigenständiger Screen als auch als Ansicht in einem vorhandenen Screen integriert werden. Alle Funktionen, die die BI Reports und Dashboards bieten, sind auch in Oracle Siebel CRM verfügbar. Die Basis für die Integration sind „Symbolic URLs", die die URL zum BI Server beinhalten. Gerade bei der Integration mit Partner- oder Self-Service Frontends sind Sicherheitsaspekte unbedingt zu berücksichtigen.

Neben der Frontend Integration sind vor der Implementierung einer BI-Lösung zwei wichtige Fragen zu klären:

1. Welche Daten sollen in den Reports und Dashboards angezeigt werden?

2. Was ist die Datenquelle?

Der erste Punkt wird häufig unterschätzt bei der Implementierung. Jeder Datenbereich sollte sorgfältig analysiert und die Berechnung von Kennzahlen festgelegt werden. Gerade der Punkt Kennzahlen (KPI) führt direkt von der ersten Frage zur zweiten. KPI Berechnungen erfolgen in der Regel auf der Basis von Daten-Aggregationen. Aggregationen lassen sich in einer OLTP-Datenbank nicht sinnvoll darstellen und es ist auf alle Fälle eine OLAP-Datenbank für Oracle BI mit einzubeziehen. Das Reporting auf der OLTP-Datenbank aufzusetzen, kann sinnvoll sein, wenn geringe Datenmengen, eine kleine Anzahl von Benutzern, keine Datenaggregationen (nur bedingt Kalkulationen) und kein Ad-hoc Reporting verwendet werden. Trifft bereits ein Kriterium zu, ist von dieser architektonischen Lösung abzuraten, da die gesamte Performance der Anwendung darunter leidet. Es gibt Unternehmen, die mit dieser Lösung starten und dann später auf eine OLAP-Datenbank wechseln. Ein Beispiel für diese Vorgehensweise haben wir bereits im Kapitel Marketing aufgeführt. Häufig werden zu Beginn der Implementierung die hohen Investitionskosten in OLAP und ETL gescheut. Im Laufe der Zeit kommen immer mehr Anforderungen, die eine solche Lösung langfristig unumgänglich machen. Jedoch sind die Gesamtkosten über mehrere Jahre höher, als gleich mit einer Lösung zu starten, die auf den ersten Blick teurer aussieht.

Kommen wir zunächst zum Reporting auf operativen Daten. Hier wird die BI Suite benötigt, ETL Tool und OLAP DB entfallen. Eine BI-Anwendung lässt sich in diesem Fall auch nicht nutzen, da diese die Starschemata in einer OLAP DB erwartet. Dies bedeutet, dass die gesamte Struktur der Themenbereiche (Subject Areas) manuell im Oracle BI Repository angelegt werden müssen. Auf der Basis der Subject Areas können dann die Dashboards und Reports erstellt werden. Diese Lösung ist relativ schnell implementiert und sollte nur verwendet werden, wenn wenige Dashboards und Reports verwendet werden.

Eine vollwertige BI-Lösung setzt auf eine OLAP DB auf. Diese wird über ein ETL Tool mit Daten befüllt. Hier sind bereits wichtige Designentscheidungen zu treffen. Welche Daten müssen überhaupt in das DWH und wie werden sie aggregiert? Wird im Rahmen eines CRM/BI-Vorhabens keine BI-Anwendung von Oracle lizensiert/verwendet, so ist das Datenbankschema der OLAP DB und die ETL-Prozesse auch im Vorhaben komplett zu designen und implementieren. Diese Aufgabe erfordert viel Erfahrung im Design von Data Warehouses (DWH), damit eine erfolgreiche Lösung entsteht. An dieser Stelle gehen wir nicht weiter auf das richtige Design von DWHs im Allgemeinen ein. Dazu ist ausreichend Literatur vorhanden. Die ETL-Prozesse können dann mit dem Oracle Data Integrator (ODI) implementiert werden.

Kommen wir nun zu den BI-Anwendungen. Diese basieren im Wesentlichen auf den drei Bereichen Marketing, Vertrieb und Services. Es gibt noch spezielle Anwendungen wie Partner Management, Executive Management oder Order Management Analytics. Allen Anwendungen ist gemein, dass mit der Lizensierung bereits ein DWH und die ETL-Prozesse in Informatica zur Verfügung stehen. Informatica wird als OEM mit den BI-Anwendungen lizensiert. Die Struktur des DWH ist dabei natürlich angelehnt an die Struktur des Oracle Siebel CRM OLTP Datenmodells. Die jeweiligen Subject Areas sowie Reports und Dashboards stehen auch zur Verfügung. In der Regel werden diese Lösungen nie so verwendet, wie im Standard, sondern werden mehr oder weniger stark angepasst.

Aus unserer langjährigen Praxis heraus haben wir ein Modell für ein iteratives Vorgehen je Subject Area entwickelt. Dies lässt sich auf jede verwendete BI-Anwendung anwenden. Die Abbildung 5-20 und Abbildung 5-21 illustrieren die Vorgehensweise. Dabei ist eine starke Interaktion mit dem Anforderer/der Fachabteilung erforderlich. Die Subject Area wird in mehreren Iterationsschritten gemeinsam mit dem Anforderer entwickelt. Dabei durchläuft jede Iteration die Phasen vom Design über Implementierung bis zu Test. Nach Abschluss der Iterationen wird dann die Subject Area in den eigentlichen Test übergeben.

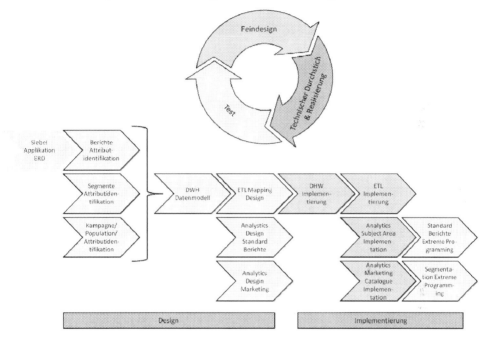

Abbildung 5-20: Darstellung der iterativen Vorgehensweise bei der Entwicklung von Themenbereichen (Subject Areas) in Bi-Anwendungen[60]

Abbildung 5-21: Darstellung der engen Einbindung des Anforderer/der Fachabteilung in die iterative Entwicklung von Themenbereichen (Subject Areas) in BI-Anwendungen[61]

---

60 Quelle: ec4u, 2010.
61 Quelle: ec4u, 2010.

Natürlich können ja nach Größe der Subject Areas auch mehrere parallel bearbeitet werden. In jedem Fall sollte immer eine bestimmte Reihenfolge je Subject Area eingehalten werden. Die Abbildung 5-20 zeigt, dass auch während des gesamten Zyklus von der Analyse bis zur Fertigstellung/Bereitstellung eine gewisse Reihenfolge eingehalten werden sollte. Für jede Subject Area wird zunächst das Design des Bereichs im DWH definiert. Wichtige Inputs sind hier KPIs, Reportanforderungen und Datenanforderungen. Als Ergebnis des DWH Design werden der Datenkatalog und die Entitäten und Attribute ermittelt. Aus dem Ergebnis wird das ETL Design angestoßen. Hier geht es um die Identifizierung der richtigen Quellen. Ein wichtiger Aspekt in dieser frühen Phase sind Informationen über Datenmengen. Nur wenn diese bekannt sind, kann auch gleich an der Tuning- und Aggregationsstrategie gearbeitet werden. Zu einem späteren Zeitpunkt stellen sich falsche strategische Entscheidungen als schwerer Designfehler heraus und erfordern eine komplette Überarbeitung der gesamten Subject Area. Sind die Quellen analysiert, die Datenmengen bekannt, wird das ETL Design erstellt. Anhand des GAP zwischen Quellen und DWH werden die Transformationen festgelegt. Als Ergebnis entsteht in der Regel ein Workflow-Design-Dokument, das bereits Transformationen und Aggregationen berücksichtigt. In jedem Fall sind nun auch die Abhängigkeiten zu anderen Subject Areas zu prüfen und ggf. im Design zu berücksichtigen. Parallel zum ETL Design kann das Design der Dashboards starten. Diese setzen auf das Ergebnis des DWH Design auf. Hier geht es im Wesentlichen um die tatsächliche Darstellung des Reports und alle Aspekte der Autorisierung (Rollen und Verantwortlichkeiten). Ein wichtiger Aspekt hierbei ist, das Dashboard Design vom Ad-hoc Analytics Design zu trennen. Zum Ad-hoc Reporting kommen wir etwas später.

Aus der Designphase erfolgt nun der Übergang in die Implementierung. Hier können Überschneidungen zwischen den Phasen eingeplant werden. Die Reihenfolge der Implementierung der Bereiche DWH, ETL und Analytics folgt dem gleichen Schema, wie auch in der Designphase. Bei der Erstellung der SQL-Skripte zur Erstellung der Tabellen sollte initial ein einziges Skript verwendet werden. Dadurch wird das Release Deployment vereinfacht. Deltaskripte sind dann bei zukünftigen Releases zu erstellen und entsprechend zu deployen. Im Bereich der ETL Implementierung ist ein wichtiger Aspekt die enge Zusammenarbeit des ETL Teams mit den Teams der Quellsysteme (in der Regel Oracle Siebel CRM). Die Quellen können sich noch signifikant ändern und das ist natürlich entsprechend zu beachten. Weiterhin sollten die Entwicklertests im Bereich ETL bereits mit großen Datenmengen auf geeigneter Hardware durchgeführt werden. Dadurch können bereits in der frühen Implementierungsphase Performanceengpässe erkannt und ausgemerzt werden. Neben der Implementierung der ETL Prozesse erfolgt parallel mit leichtem Versatz die Implementierung der Analytics Dashboards. Auch hier sollten die Entwicklertests unter ähnlichen Bedingungen stattfinden wie bei der ETL Implementierung. Ein wichtiger Teil, der häufig auch vom Aufwand unterschätzt wird, sind die administrativen Tätigkeiten, Sichtbarkeit von Reports, Authentifizierung, Autorisierung, Mehrsprachigkeit von Reports und Cache Management. Dem wichtigen Cache Management wenden wir uns noch separat zu. Sind die Layer und Dashboards fertig, kommt noch ein Aspekt im Bereich DWH. Hier erfolgen nun die ersten Datenqualitätsprüfungen, sowie Abschätzungen zu Indexgrößen und Platzbedarf für Daten.

Die Testphase sollte bei Analytics-Implementierungen nicht unterschätzt werden. Gerade die Bereitstellung der „richtigen" Daten kann bereits eine Herausforderung sein und sollte rechtzeitig im Testkonzept berücksichtigt werden. „Richtige" Daten sind Datenabzüge aus Produktivsystemen, die in den Testsystemen zur Verfügung gestellt werden. Die Tests der Dashboards sollten wiederum iterativ erfolgen. In der Regel sind noch Änderungen an den Reports erforderlich. Daher müssen Workshops eingeplant werden, in denen die funktionale Validierung der Dashboards erfolgt und ggf. Änderungen erforderlich machen.

Kommen wir nun zum ersten Spezialthema Cache Management. Dieses spielt für die spätere Performance der Reports eine zentrale Rolle. Zunächst müssen die Reports identifiziert werden, die häufig aufgerufen werden und eine länger Laufzeit haben (Usage Tracking Dashboards). Daneben sollten die Cache Management Dashboards für weitere Analysen eingesetzt werden. Sind die entsprechenden Bereiche identifiziert, sollten dafür nach jedem ETL Load (in der Regel inkrementell) der Cache für diesen Bereich gepurged und neu angelegt werden. Jede Form der Cache Management-Administration sollte dabei so flexibel gehalten werden, dass Analytics Administratoren und Power User Änderungen am Cache Management vornehmen können.

Ad-hoc Reporting stellt für jeden Entwickler im Bereich Analytics eine große Herausforderung dar. Hier gehen die Anforderungen häufig in die Richtung, dass jeder Benutzer alles darf und dabei noch möglichst viele Dimensionen und Fakten zur Verfügung stehen. Dabei besteht die Gefahr, dass Benutzer Reports erzeugen, die lange laufen, nicht das gewünschte Ergebnis bringen und die Performance der ganzen Anwendung verringern. Machen Benutzer diese Erfahrungen, so sinkt die Akzeptanz der Anwendung schnell und dann muss mit viel Mühe dagegen gesteuert werden. Der Einstieg in das Ad-hoc Reporting erfolgt über die Festlegung der Subject Area, deren Entitäten, der primären Entität und den Attribute und Messgrößen. Stehen die Subject Areas fest, so sollten Namenskonventionen festgelegt werden. Die Ad-hoc Reports dienen unterschiedlichen Zwecken, bzw. basieren auf unterschiedlichen Daten. Hier drei Beispiele:

Institution Analysis: Eine Subject Area, die der Analyse dient

CustomerCare Online: Hinweis, dass der Zugriff auf eine OLTP-Quelle erfolgt

SR Segmentation: Hinweis, dass hier Kundensegmente gebildet werden können

Jede Subject Area im Ad-hoc Reporting kann damit unterschiedliche Anforderungen erfüllen und sollte auch nur für diese genutzt werden. Der nächste Schritt ist die Erstellung der Verantwortlichkeitsmatrix, um festzulegen, wer auf was Zugriff hat. Nun sind die Entitäten im Detail zu kategorisieren. Bleiben wir bei dem Beispiel Institution Analysis. Hierbei ist Institution die primäre Entität. Weitere Subentitäten können dann Kontakte oder Produkte sein. Generische oder generelle Entitäten sind z. B. Zeit und Ort (geographische Lage). Aus dieser Festlegung ergibt sich das Design des entsprechenden Sternschemas und dann auch die Definition der Messgrößen für das Ad-hoc Reporting. Sehr häufig kommt es vor, dass sich einzelne Subject Areas „überschneiden", d. h. sie sind über eine Entität miteinander verbunden, z. B. geographische Lage. Hier muss eine Designentscheidung getroffen werden, wie im Analytics-Katalog die entsprechenden Subject Areas zur Verfügung gestellt werden, alle in einem Katalog, nach Subject Area streng getrennt oder eine Mischung aus einer Subject Area mit Fakten aus einer anderen Subject Area. Eine generelle Aussage ist hier nicht möglich, da vieles vom tatsächlichen Design der Subject Areas abhängt und welche Queries potenziell daraus erzeugt werden im Ad-hoc Reporting.

Zum Schluss dieses Kapitels wollen wir noch auf einen Aspekt kurz hinweisen, der vernachlässigt wird. Gerade bei größeren Datenladungen ins DWH sind aussagekräftige Reports über den Zustand der nächtlichen Beladung für den Betrieb wichtig. Hier sollten Dashboards entwickelt werden, die direkt auf die Daten des ETL-Werkzeuges zugreifen. Z. B. werden beim dem ETL Tool Informatica alle relevanten Informationen in der eigenen Datenbank gespeichert und stehen damit direkt für Auswertungszwecke zur Verfügung. Der Einsatz von Oracle BI ist also das Werkzeug der Wahl.

5.1.10 Integration

Wir kommen nun zu einem zentralen technischen Thema: Integration. Aus unserer Erfahrung können wir sagen, dass daran schon Projekte gescheitert sind und auch in erfolgreichen Projekten hier die meisten Aufwände entstehen. Damit ist die Integration ein zentraler Punkt. Betrachten wir zunächst die Historie. Die ersten Oracle Siebel CRM-Installationen waren häufig Marketing oder SFA-Implementierungen. Hier ist die Anzahl der Schnittstellen begrenzt. Deshalb sind Punkt-zu-Punkt-Schnittstellen entwickelt worden. Mit der Einführung von Siebel 2000 kam dann EAI und damit das Thema Middleware. Die ersten Schritte in diesem Bereich waren der Umbau von einer Punkt-zu-Punkt-Anwendungslandschaft zu einer integrierten Schnittstellenarchitektur. Diese hat sich seitdem deutlich weiterentwickelt. Waren die ersten Integrationsplattformen noch hauptsächlich als Routingengines eingesetzt, sind wir heute bei „intelligenten" Integrationsplattformen angelangt. Das Wort „intelligent" ist hier natürlich nicht mit künstlicher Intelligenz gleichzusetzen, jedoch wird ein großer Teil der Funktionalität von Ende-zu-Ende-Prozessen in der Middleware abgebildet. Moderne Integrationsarchitekturen setzen auf einem Enterprise Service Bus auf, der auf einer SOA-Architektur basiert. Neben den einschlägigen Oracle-Produkten in diesem Bereich, gibt es auch von den anderen renommierten Herstellern als auch aus der Open Source-Gemeinde entsprechende Middlewaresoftware. Die Anbindung von Siebel erfolgt heute in einer Service-orientierten Architektur über WebServices oder Messages mit JMS, MSMQ oder MQSeries.

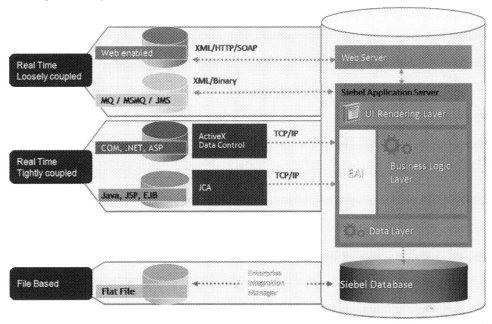

Abbildung 5-22: Übersicht über die Schnittstellenvielfalt von Oracle Siebel CRM EAI [62]

Diese Kapitel wird jetzt weder eine Softwareevaluierung noch eine Werbeveranstaltung für einen bestimmten Hersteller.

Die wichtigsten Aspekte einer Integration sind die richtige Aufnahme der Ende-zu-Ende-Prozesse. Darauf kann der fachliche Workflow der Integration abgeleitet werden. Im Idealfall wird aus dem fachlichen Workflow die technische Integration direkt mittels BPEL umgesetzt. Das hört sich jetzt ganz einfach an, ist aber in der Realität nicht zu unterschätzen. Es geht organisatorisch um das Zusammenspiel zwischen Fachabteilung und IT. Technisch kommt es in der Middleware auf das richtige Zusammenspiel zwischen der Business Process Management (BPM)-Ebene, der Anwendungsebene (Dienste, Komponenten, Worklfows, etc.) und der Infrastruktur-Ebene an.

Bei komplexen Integrationen muss zunächst über ein entsprechendes Projekt- oder sogar Unternehmensdatenmodell nachgedacht werden (kanonisches Datenmodell). Nur mit einem konsistenten Modell in der Middleware lassen sich Integrati-

---

62 Quelle: Oracle, 2009.

onsarchitekturen schaffen, die auch bei Erweiterungen/Änderungen mit geringem Aufwand erweitert werden können. Sonst ist es immer auch erforderlich, dass sowohl Quelle als auch Ziel angepasst werden müssen, was die Aufwände deutlich erhöhen kann. Dies wird „lose Kopplung" genannt. In der Service-orientierten Architektur müssen also Provider und Consumer nichts von einander wissen. Die Umsetzung der Schnittstellen erfolgt nach dem „Request/Reply"-Modus. „Publish/Subscribe" wird heute nicht mehr eingesetzt. Dies wird Orchestrierung in der Middleware genannt.

> Die meisten Kosten einer Oracle Siebel CRM-Implementierung gehen in die Integration. Daher ist es entscheidend, dass die Middleware modernen IT-Ansprüchen entspricht, eine hohe Flexibilität bei der Implementierung gewählt wird und offene Standards verwendet werden.

Trotz der Bedeutung des Themas ist es in diesem Buch nicht im Fokus. Integrationsarchitekturen werden bereits in anderen Büchern ausführlich diskutiert und beschrieben.

Zum Abschluss möchten wir noch ein wichtiges Thema erwähnen, dessen Beachtung häufig zu spät im Projekt beginnt: Fehlerhandling und Administration (sowohl fachlich als auch technisch). Die Administration sollte soweit wie möglich an einer zentralen Stelle erfolgen. Ist Oracle Siebel CRM die zukünftige zentrale Frontendanwendung im Unternehmen, macht es Sinn, auch die Administration in Oracle Siebel CRM zu ermöglichen. Ein wesentlicher Bestandteil sind dabei Monitoringfunktionen und Fehlermeldungen (fachlich und technisch).

Für das fachliche Monitoring können in Oracle Siebel CRM entsprechende Ansichten konfiguriert oder sogar vorhandene genutzt werden, je nach Anforderung. Das technische Monitoring findet in der Regel eher außerhalb von Oracle Siebel CRM mit einer Software wie HP Openview, IBM Tivoli oder auch Oracle Enterprise Manager statt. Die Fehlerhandhabung wird analog gehandhabt zur Unterscheidung zwischen technischen und fachlichen Fehlern. Natürlich ist hier eine Unterscheidung nicht immer korrekt möglich. Hier muss im Projekt eine entsprechende Regelung getroffen werden.

5.1.11 Architektur

Die Architektur einer Oracle Siebel CRM-Anwendung wird in jedem Projekt individuell festgelegt und unterscheidet sich damit von jeder anderen Implementierung. Natürlich spielen die nicht-funktionalen Anforderungen an Oracle Siebel CRM hier eine zentrale Rolle. Dabei sind Fragen wie Verfügbarkeit, Anzahl Benutzer, Datenvolumina, etc. von entscheidender Bedeutung.

Die Architektur unterteilt sich auch in einem Oracle Siebel CRM-Projekt in die klassischen drei Bereiche:

- Datenarchitektur
- Anwendungsarchitektur
- Systemarchitektur

5.1.11.1 Datenarchitektur

Die Datenarchitektur ist bei Oracle Siebel CRM in der Regel sehr einfach. Zugriff auf die OLTP-Datenbank von Außen ist mit einer Ausnahme nicht erlaubt. Kommt zur OLTP DB noch eine OLAP DB, so wird die Datenarchitektur geringfügig umfangreicher durch eine oder mehrere weitere Datenbanken. Hier erfolgen umfangreichere Datenflüsse auf DB-Ebene.

Im Bereich der OLTP bildet die Integration über EIM eine Ausnahme von der Regel, dass kein Zugriff direkt auf die DB erfolgt. Über Staging-Tabellen werden große Mengen an Daten aus externen Anwendungen oder während einer Migration nach Oracle Siebel CRM importiert. Auch der umgekehrte Weg des Exports erfolgt analog.

Für die Datenarchitektur ist in erster Linie das richtige Sizing der Datenbanken wichtig. Neben der initialen Beladung sind auch die jährlichen Zunahmen der Daten zu berücksichtigen.

5.1.11.2 Anwendungsarchitektur

Kommen wir zur Anwendungsarchitektur im Bereich Oracle Siebel CRM. Ist die Aufnahme aller Komponenten beendet, die in der Anwendungslandschaft verwendet werden sollen (hier sind in erster Linie die Oracle Siebel CRM Server-Komponenten genannt). Neben diesen Komponenten, die gemeinsam das Oracle Siebel CRM Enterprise ausmachen. Diese Komponenten werden mit der Installation zur Verfügung gestellt. Jede Komponente kann konfiguriert und auch deaktiviert/aktiviert werden. Die Anforderungen an die Anwendung definieren, welche Komponenten verwendet werden (z. B. werden die Komponenten nur für Remote benötigt, wenn mit Mobile Clients gearbeitet wird). Einige Komponenten wie Object Manager werden immer benötigt. Der Object Manager ist die zentrale Komponente zur Interaktion mit dem Benutzer über einen Browser-basierten Client. Anwendungen außerhalb des Oracle Siebel CRM Enterprise sind z. B. ETL-Anwendungen und Directory Services wie LDAP zur Authentifizierung. Der Oracle Siebel CRM Gateway Server ist das zentrales Element in der Kommunikation zwischen Web Server und dem Oracle Siebel CRM Enterprise. Dieser steuert die Verteilung der Anfragen, die über http(s) an Oracle Siebel CRM vom Web Server gesendet werden. Hier werden Standardkomponenten der IT eingesetzt. Der Web Server erhält als nicht eigenständige Komponente ein sog. Plug-in – die Oracle Siebel CRM Web Server Extensions (SWSE). Diese „übersetzt" die Oracle Siebel CRM SWE Tags in HTML für den Web Server.

Eine detailliertere Beschreibung ist in der Oracle Siebel CRM-Dokumentation vorhanden, Best Practices kann der Leser hier nicht finden, da jede Anwendungslandschaft anders ist. Eine Übersicht der Komponenten der Oracle Siebel CRM-Anwendungsarchitektur zeigt die Abbildung 5-23.

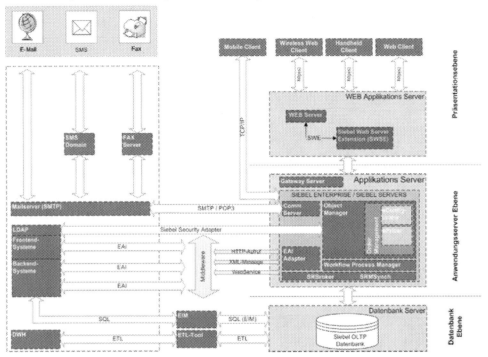

Abbildung 5-23:   Übersicht der Oracle Siebel CRM-Anwendungsarchitektur mit Andeutung der Integration in externe Systeme[63]

Neben einer Middleware können es weitere Anwendungen sein, die Punkt-zu-Punkt angebunden werden, z. B. ein Directory Service für die Authentifizierung. Kommt zu Oracle Siebel CRM noch Business Intelligence, steigt die Anzahl der Anwendungen noch etwas. Neben der OLAP DB sind das in der Regel der BI-Server und eine ETL Software. Weitere Komponenten wie der DAC werden von Oracle Siebel CRM angeboten, sind jedoch im Einzelfall auf ihre Notwendigkeit zu prüfen (vor allem der DAC sei hier genannt).

Die Anwendungslandschaft kann sehr umfangreich werden. Einen Best Practices-Ansatz kann der Leser hier eigentlich nicht feststellen. Dazu sind die verschiedenen Projekte zu unterschiedlich.

5.1.11.3 Systemarchitektur

Kommen wir nun zu einem zentralen Bereich der Architektur, der Systemarchitektur. Hierbei wollen wir nur die Architektur der produktiven Systeme anschauen.

---

63 Quelle: ec4u, 2010.

In mehr als 10 Jahren Implementierung von Oracle Siebel CRM sind auch hier sehr unterschiedliche Ansätze zu beobachten. Dabei sind produktive Systeme auf einzelnen Servern (komplett mit Datenbank und Web Server) genauso vertreten, wie die sehr heterogenen Systemlandschaften mit einer hohen Anzahl von Servern (manchmal sogar noch mit verschiedenen Betriebssystemen). In der Regel beginnt das Design der Systemarchitektur mit der Aufnahme der nicht-funktionalen Anforderungen aus Fachabteilungen und des Betriebes. Steht zunächst fest, welche Hardware-Plattform zum Einsatz kommen soll, so werden die wesentlichen Komponenten gemäß Verfügbarkeit und Geschwindigkeit auf unterschiedlichen Servern verteilt. Einige Komponenten sollten gerade bei hohen Anforderungen an die Verfügbarkeit geclustered werden. Hier ist in erster Linie der Gateway-Server zu nennen. Bei anderen Komponenten wie dem Workflow Monitor ist das Clustering nicht möglich. Bei dem Einsatz bestimmter Komponenten wie Exchange Integration ist auch zu beachten, dass nur MS Windows als Serverbetriebssystem zum Einsatz kommen kann. Das muss entsprechend bei der Planung der Systemarchitektur beachtet werden.

Neben der Wahl des Betriebssystems stehen heute Virtualisierungsmöglichkeiten zur Verfügung, die auch für produktive Systeme eingesetzt werden können. Von einer Einzelmaschinen-Topologie können wir hier nur abraten. Eine Topologie aus mehreren Servern mit Clustering für einzelne Komponenten ist in der Regel die richtige Wahl. Dabei können dann kleinere Server zum Einsatz kommen, die eine hohe Auslastung erreichen. Zusätzliche Server können dann bei zu hoher Auslastung hinzugefügt werden. Für den Setup ist in jedem Fall ein initiales Sizing durchzuführen. Hierfür kann ein entsprechender Sizing Review durch Oracle oder einen Hardwarehersteller wie HP erfolgen. Die wesentlichen Informationen werden in einem Questionnaire eingefordert. Dazu sind folgende Informationen zu nennen:

- Anzahl User und Typ (Mitarbeiter, Partner, Endbenutzer, etc.)
- Anzahl gleichzeitiger Sessions
- Dauer der Sessions
- Anforderungen an High Availability
- Verwendete Oracle Siebel CRM Module und Einsatz von Remote Clients
- Präferenzen für Hardware und Betriebssystem
- Anzahl der Datensätze (initial) und deren Länge (Berücksichtigug der Branchenlösungen)
- Inkrementelle Zunahme der Daten
- Datenverteilung (z. B. Anzahl Opportunities je Account)
- Anzahl von Transaktionen (Insert, Update, Delete)
- Bei OLAP zusätzlich die Anzahl der Star Schemata
- Bei OLAP initialer Load in die Schemata und inkrementeller Load

Es ist eine sehr umfangreiche Aufstellung, die mit entsprechender Sorgfalt erstellt werden sollte. Hier wird dann von Oracle oder einem anderen Dienstleister ein entsprechender Sizingvorschlag erstellt.

Weiterhin sind auch noch die Sicherheitsanforderungen zu berücksichtigen, die beim Zugriff auf Oracle Siebel CRM über das Internet bestehen. Hier können ggf. die Standardports während der Installation angepasst werden.

Die Oracle Siebel CRM-Systemarchitektur sieht in jedem Projekt anders aus. Jedes Unternehmen hat unterschiedliche Module im Einsatz und andere Präferenzen bei Hardware und Betriebssystem.

Damit kommen wir zum Ende der Beschreibung der Best Practices für On Premise Lösungen. Die wichtigsten Punkte wollen wir zum Ende einmal zusammenfassen.

Achten Sie …

…bei der Einführung der Marketing Module darauf, dass dadurch eine hohe Flexibilität gewährleistet bleibt, um veränderte und neue Anforderungen ab-bilden zu können.

…darauf, die fachlichen Workflows einer Sales Force Automation-Anwendung in Oracle Siebel CRM mit Aktivitätenplänen und dem Assignment Manager abzubilden.

…im Order Management darauf, die vorhandene Funktionalität der Mappings zu verwenden und ggf. zu erweitern.

…bei Anpassungen am eConfigurator darauf, nur Layout und Design zu ver-ändern und nicht das API und die Services.

…bei Anpassungen/Erweiterungen von Mappings im Order Management dar-auf, dass mit Sorgfalt alle betroffenen BusComps geprüft und ggf. angepasst werden.

…bei Zuweisungen im Bereich Service-Anfragen darauf, dass hier immer nur ein Verantwortlicher zugewiesen wird im Gegensatz von z. B. Aktivitäten oder Verkaufsprojekten.

…darauf, die gesamte Kommunikation als eine „Closed-Loop" zu gestalten, um die Historie zu sehen und die Auskunftsfähigkeit gegenüber dem Kunden gewährleisten zu können (360° Sicht auf den Kunden).

…bei der Integration darauf, offene Standards zu verwenden, und dass die Einführung einer Middleware Flexibilität bei der Implementierung und Skalie-rung mitbringt.

5.2   CRM On Demand

Ist die Entscheidung für eine On Demand-Lösung gefallen, wollen wir nun beleuchten, was bei der Umsetzung eines solchen Projektes zu beachten ist. Beginnen
wir dabei zunächst mit der Projektmethodik. Die Abbildung 5-24 zeigt grob die
Vorgehensweise bestehend aus drei Phasen.

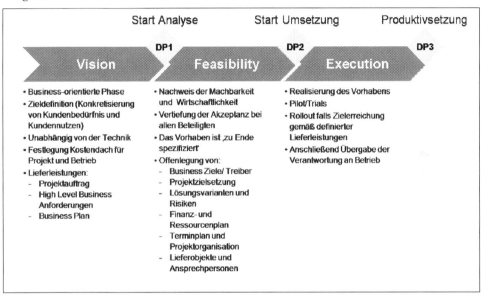

Abbildung 5-24:   Gesamtprozessablauf für OCOD mit Einbeziehung des Business[64]

In der Phase „Vision" werden die Anforderungen high-level aufgenommen (Kun-
denbedürfnisse und -nutzen) und der Business Plan erarbeitet. Im Decision Punkt
1 (DP1) wird die grundsätzliche Entscheidung für eine On Demand-Lösung verifiziert anhand des Business Plans und der Anforderungen.

Nun beginnt die wichtigste Phase der Umsetzung – die Feasibility Phase. Hier
werden die Anforderungen detailliert und die technische Machbarkeit geprüft.
Dazu gehört auch eine Ende-zu-Ende-Prozess-Betrachtung, die gerade bei einer
geplanten Integration in eine vorhandene Anwendungslandschaft nicht vernachlässigt werden darf. Die genaue Machbarkeit muss hier für die Geschäftsvorfälle
detailliert ermittelt werden. In der Machbarkeit müssen zum jetzigen Zeitpunkt
auch externe Lösungen betrachtet werden. OCOD liefert nicht den vollen Funkti-
onsumfang einer On Premise Suite. Hier gilt es zu evaluieren, ob eine Lösung der
sogenannten „Inner Circle Partner" die Funktionalität bieten kann. Die Produkte
der Inner Circle Partner sind On Demand zertifiziert und gelten aus der Sicht von
Oracle als „Best of Breed". Zum Stand Oktober 2009 gab es 15 inner Circle Partner
(Quelle: Oracle 2009). Eine genaue Prüfung durch Oracle stellt fest, ob die Lösun-

---

64 Quelle: ec4u, 2008.

gen ohne Anpassungen integriert werden können und mit der Oracle Roadmap kompatibel sind. Mit den Produkten der Inner Circle Partner lässt sich die Funktionalität in wichtigen Bereichen entsprechend erweitern. Hier eine Aufstellung der aktuellen Integrationen der Inner Circle Partner:

- Real-Time Data Deduplication
- Closed Loop Marketing
- Sales Forecasting and Change Analytics
- Voice Enabled Mobile Productivity
- Feedback and Survey Management
- Community Driven Portal
- Communications and Contact Compliance
- Quoting, Proposal and Contract Generation
- Lead Generation
- Lead Conversion
- Social Collaboration
- Business Intelligence
- Sales Methodologies
- Campaign Management
- Customizable Mobile CRM
- Sales Enablement and Document Management
- Point-to-Point Integration
- Sales Performance Management & Incentive Compensation

Bringen auch die Inner Circle Partner nicht die gewünschte Funktionalität, so ist die Machbarkeit einer externen Programmierung zu prüfen. Hier handelt es sich um ein eigenständiges Programm, das dann entsprechend betrieben und gewartet werden muss. Ab einem bestimmten Grad der externen Programmierung ist der sinnvolle Einsatz einer On Demand-Lösung zu hinterfragen (siehe DP2). Neben der Erweiterung der Funktionalität außerhalb der gehosteten SaaS-Lösung ist in der Feasibility auch intensiv das Thema Integration zu beachten. OCOD bietet nur den Zugriff auf WebServices als Provider. Als Consumer kommt OCOD aus Sicherheitsgründen nicht in Frage, da damit immer der Zugriff von einer gehosteten Lösung auf Anwendungen im Unternehmen zugelassen wird. Dies ist in der Regel in allen Unternehmen nicht zulässig. Diese „Einbahnstraße" kann durch den Einsatz von Middleware „umgangen" werden. Damit steigt dann auch schnell der Aufwand für die gesamte Implementierung (Feasibility und Execution). Neben der externen Programmierung können Anpassungen in gewissem Umfang auch durch Custom Objects erfolgen. Hier können „fehlende" Objekte ergänzt werden.

> Die Feasibility stellt die „wichtigste" Phase in einer On Demand Implementierung. Hier werden Machbarkeiten geprüft und die Weichen für eine erfolgreiche Einführung gestellt.

Die Feasibility führt zu einem weiteren Entscheidungspunkt DP2. Auf Basis der nun vorliegenden Informationen wie Kosten der Entwicklung und Ergebnissen der technischen Machbarkeit ist die Entscheidung zu treffen, mit der On Demand-Implementierung fortzufahren. Eine Regel zur Länge der Feasibility-Phase im Vergleich zu den anderen beiden Phasen gibt es nicht. Die Phase sollte nicht mit halbfertigen Ergebnissen vorzeitig abgeschlossen werden mit der Begründung, dass die verbleibenden Aufgaben ja in der Execution beendet werden („das Vorhaben ist zu Ende spezifiziert"). Das kann zu ungewollten Erkenntnissen führen, die eine Execution belasten und verlängern können. Als Ergebnis einer Feasibility-Phase kann auch eine sogenannte Hybridvariante entstehen – der Betrieb von On Demand und On Premise parallel mit Integration. Diese Hybrid Lösung hat auch Oracle in seiner Roadmap berücksichtigt mit vorgefertigten Integrationen für On Demand mit On Premise[65].

Als letzte Phase kommt die Execution. Ein meistens nicht sehr hoher Anteil geht in die Entwicklung, jedoch werden nun auch die Pilotierung, Schulung sowie Rollout und Betrieb investiert. Wir wollen uns aus unserer Erfahrung im OCOD-Umfeld einigen Best Practices aus allen Bereichen zuwenden.

1. **Connectivity & Performance**
   a. Training & Support Link bezüglich der Maintenance-Zeiten prüfen, falls Trainings auf der Staging-Umgebung geplant sind, da die Staging-Umgebung bis zu 8h Downtime/Woche haben kann (Zeitverschiebung beachten)
   b. Schulung der Endnutzer hinsichtlich ihres Einflusses auf die Performance bzgl. der Länder mit geringer Bandbreite
      i. Reduzierung der Reports auf den Homepages
      ii. Indizierte Suchlisten zur Verfügung stellen
      iii. Suchlayouts basierend auf indizierten Feldern
2. **Integration**
   a. Bevorzugte Anbindung sollte dem SOA-Konzept folgen, auch wenn Peer-2-Peer möglich ist
   b. Integrationsrelevante Applikationslogik muss ausgelagert werden
   c. UI Integration, d.h. Einbettung beliebiger Webseiten in eigenem Frame mit dynamischem Aufruf implementieren
   d. Synchrone Schnittstellenansprache sollte über Weblink-Webserviceaufruf realisiert werden
3. **Migration**
   a. Notifikation der Daten sollte von den angrenzenden Systemen kommen, bzw. durch die Integrationsschicht ausgelöst werden
   b. Die Pflichtfelder und Reihenfolge bei der Migration ist zwingend zu berücksichtigen
   c. Test Loads mit geringer Datenkomplexität durchführen

---

65 Quelle: Oracle Open World, 2009.

4. Mobile Office

   a. Eine bidirektionale Synchronisation zum Offline Client sollte vermieden
      werden

5. Berechtigungskonzept

   a. Einfluss auf Reporting und Forecasting sollte beachtet werden

   b. Standardrollen und Zugriffsprofile auf Eignung sollten geprüft werden

   c. Die vier Berechtigungsmechanismen richtig abwägen und entsprechend ein-
      setzen

6. Konfiguration

   a. Guidelines für das Customizing sind festzulegen

   b. Es sollten keine „required" und „read-only"-Features in der Feldkonfigura-
      tion verwendet werden

   c. Frühzeitige Einbeziehung der späteren Administratoren durch Training und
      Zusammenarbeit

   d. Administratoren sollten während der Entwicklung keinen Zugriff auf die
      Feldkonfiguration erhalten

   e. Indizierung von Daten für häufig abgefragte Daten und operative Reports

Kommen wir nun zu einigen Punkten, die als „SaaS only" bezeichnet werden können. Da ist zunächst das Staging-Konzept zu nennen. Es muss eigentlich heißen,
das „nicht vorhandene Staging-Konzept". Neuentwicklungen starten bei OCOD-
Vorhaben häufig auf der Produktionsumgebung. Ein Deployment ist hier also
nicht vorgesehen. Wenn die Anwendung jedoch mit einer Integration verbunden
ist, so wird in der Regel ein Staging-Konzept verwendet. Die Entwicklung, die
Tests und das Training erfolgen dann auf der Staging-Umgebung, die von Oracle
zur Verfügung gestellt wird. Die Herausforderung bildet das Deployment von der
Staging-Umgebung auf die Produktionsumgebung. Es gibt hier keine Werkzeuge,
die diesen Vorgang unterstützen. Es ist etwas selber zu entwickeln und einzelne
Konfigurationen ggf. „von Hand" nachzuziehen.

Kommen wir nun zum Betrieb. Dieser scheint zunächst einfach gelöst zu sein – der
Kunde muss sich um nichts kümmern, es ist ja eine SaaS-Lösung. Doch rund um
OCOD kommen in der Regel weitere Anwendungen oder externe Programmie-
rung zum Einsatz, die mit dem Hosting durch Oracle koordiniert werden müssen.
Zunächst wollen wir aber die drei Möglichkeiten des Hostings vorstellen:

	On Demand Multi-Tenant	On Demand Single-Tenant	On Demand @Customer
Oracle Technologie	✓	✓	
Oracle-managed	✓	✓	✓
Infrastruktur	shared	dedicated	on-site
Involvement des Systemintegrators	low-medium	low-medium	medium-high

Abbildung 5-25:   Darstellung der Hosting-Optionen bei OCOD[66]

Die Multi-Tenant (auch Shared Pod genannt)-Lösung ist die günstigste in der Lizensierung. Die Single-Tenant (auch Private Pod genannt) ist natürlich teurer und eine Mindestanzahl an Benutzern ist zu lizensieren. Den Abschluss bildet die @Customer Lösung. Hier sind weitere Voraussetzungen zu erfüllen, damit diese Lösung von Oracle lizensiert werden kann. Alle drei Varianten erfordern die Abstimmung der Aspekte des Betriebs und der Organisation mit Oracle. Der Grad der Abstimmung und der Berücksichtigung von organisatorischen Aspekten steigt von Multi-Tenant zu @Customer an. Gerade die @Customer-Lösung ist hier hervorzuheben. Schließlich wird das Hosting von Oracle im Data Center des Kunden vorgenommen. Das bedeutet, dass der externe Zugriff auf die Anwendung, das Betriebssystem von Extern gewährleistet werden muss! Hier sind aus unseren Erfahrungen fortlaufende Abstimmungen mit Oracle erforderlich, die gar nicht früh genug begonnen werden können, um den Zeitplan einer OCOD-Implementierung nicht zu gefährden.

Neben dem reinen Betrieb gibt es weitere Aspekte, wie die Festlegung der Support-Level und ab welchem Support Level Oracle involviert wird. Die Interessen aller beteiligten Parteien sind hier zu berücksichtigen.

Mit diesem Kapitel hoffen wir, eine gute Vorstellung von On Demand-Lösungen erreicht zu haben. Vieles ist sehr einfach und bei entsprechenden Anforderungen auch schnell umzusetzen.

---

66 Quelle: ec4u, 2009.

6 Best Practices für Schulung/Training

Das Thema Training wird vom Aufwand häufig unterschätzt. Das fängt bereits mit der Erstellung der Schulungsunterlagen an. Hier sollte für jeden Tag Schulung 10 Tage Vorbereitung eingeplant werden. Auch eine eigenständige Trainingsumgebung ist gerade bei umfangreicheren Schulungen erforderlich. Dabei ist nicht nur die Installation der Anwendungen zu berücksichtigen, die Checkliste kann sehr lang werden. Hier die wichtigsten Punkte, die berücksichtigt werden müssen:

- Anlage des Organisationsaufbaus
- Anlage der Testbenutzer mit entsprechenden Verantwortlichkeiten
- Deployment der Funktionalität des Release inkl. möglicher Updates
- Bereitstellung von Testdaten über Anwendungsgrenzen hinweg und Restore der Daten nach jeder Schulungsdurchführung
- Anbindung anderer Anwendungen bei Schulung von Ende-zu-Ende-Prozessen

Damit sind bereits viele Vorbereitungen zu treffen, die arbeitsintensiv und zeitaufwändig sind.

Eine Schulung unterteilt sich in der Regel in drei Phasen. Die Abbildung 6-1 zeigt illustrativ diese Phasen.

Abbildung 6-1:   Illustrative Darstellung der drei Phasen einer Schulung[67]

Zur Umsetzung der Schulung ist das Schulungskonzept zu erstellen. Diese sollte die folgenden Punkte umfassen:

- Groblernziele
- Feinlernziele
- Festlegung der Schulungsmethode (Train-the-Trainer oder Endbenutzerschulung)
- Ermittlung der Schulungsteilnehmer
    i. Unterteilung der Teilnehmer in Gruppen gemäß Lernziel und/oder Skill-Level
    ii. Ermittlung der geographischen Verteilung der Schulungsteilnehmer
- Definition der Schulungsinhalte

---

67 Quelle: ec4u, 2010.

-   Festlegung der Methodik/Didaktik (bei Verwendung von Compu-
    ter-Based Training ohne Präsenzmaßnahme fallen einige der Fol-
    gepunkte weg)
-   Festlegung des Zeitrahmens je Einzelmaßnahme
-   Ermittlung des Zeitbedarfs, ggf. sind hier Anpassungen erforder-
    lich, um den Zeitbedarf zu komprimieren
-   Festlegung der Schulungsorte
-   Bestellung/Reservierung der entsprechenden Ressourcen
    i.   Trainingsräume
    ii. Schulungsrechner
    iii. Versorgung der Teilnehmer
    iv. IT-Support
    v.   Schulungsumgebung(en), wie bereits oben beschrieben
-   Festlegung der Schulungsorganisation (Verantwortliche für die
    einzelnen Bereiche)

Sind die organisatorischen Rahmenbedingungen im Schulungskonzept geklärt, so geht es im nächsten Schritt an die Erstellung der Inhalte. Je nach Definition im Schulungskonzept sind unterschiedliche Inhalte für die verschieden Zielgruppen zu erarbeiten. Auch sprachliche Unterschiede müssen hier beachtet werden. Ein gutes Beispiel sind hier Anwendungen für die Schweiz, die fast immer dreisprachig entwickelt werden und dementsprechend auch in drei Sprachen geschult werden müssen.

Mit Konzept und Unterlagen kann dann die Maßnahme eigentlich starten. Gerade bei größeren Schulungsmaßnahmen sollte unbedingt eine sog. „Testschulung" durchgeführt werden. Hier kann der rote Faden in den Inhalten mit entsprechenden Teilnehmern validiert werden. Genauso wichtig ist auch die Prüfung der Übungsunterlagen. Diese müssen gegen die Anwendung verifiziert werden. Hier kann dann auch noch geprüft werden, ob der Restore der Trainingsdaten nach der Durchführung einer Schulung erfolgreich verläuft.

Vom zeitlichen Ablauf erfolgt die Schulungsmaßnahme in der Regel kurz vor der Produktivsetzung. Mit dem Go-Live sind die Anwender dann auf sich selbst gestellt, und es sollte entsprechender Support durch die Trainer und/oder durch Web-basierte Unterlagen erfolgen. Dies entlastet den 1st Level Support im Unternehmen nach dem Go-Live erheblich.

An dieser Stelle sprechen wir eine Empfehlung zu Web-basierten Unterlagen aus. Für Oracle Siebel CRM hat sich die Erstellung sogenannter Wink-Demos[68] als beste Form entwickelt. Damit lassen sich die Geschäftsprozesse aufzeichnen, mit Anmerkungen versehen und im Internet Explorer ansehen (das Flash Player Plug-in muss verfügbar sein). Damit können Endbenutzer sich sehr plastisch die Schu-

---

68 Wink Demo: http://www.debugmode.com/wink/

lungsunterlagen anschauen, die Demo zwischendurch anhalten und mit der „echten" Anwendung vergleichen. Die Länge der Supportphase sollte anhand der eingehenden Anfragen flexibel gehandhabt werden. In der Regel gehen die Anfragen
nach spätestens zwei Wochen auf ein normales Maß zurück, und der Support
durch Trainer kann eingestellt werden. Daneben ist gerade bei der Schulung von
einer hohen Anzahl von Mitarbeitern immer davon auszugehen, dass eine Nach-
schulung erfolgen muss, da nicht alle Mitarbeiter zu den Schulungsterminen verfügbar sind. Bei Schulung von Administratoren, die im Schichtbetrieb arbeiten, ist
auch der Beginn einer Schulung zu beachten.

> Die Web-basierte Darstellung von Geschäftsprozessen mit Wink-Demos ist ei-
> ne der besten Lösungen zur Unterstützung von Präsenzschulungen.

Neben den Mitarbeitern können auch externe Benutzer auf die Anwendung zugreifen. Dies sind dann Kunden und Partner. Für Kunden kann die Schulungsmaßnahme nur durch Dokumente und ggf. Wink-Demos erfolgen. Bei Partnerunternehmen wird eine Mischform gewählt. Es wird Partnerunternehmen geben, die
Mitarbeiter für Schulungstermine abstellen, andere Unternehmen werden dies
nicht tun.

Diese Zusammenstellung zeigt, dass je nach Art der Anwendung eine Schulung
sehr unterschiedlich ausfallen kann. Es sollte immer frühzeitig mit der Planung
einer Schulung in einem Projekt angefangen werden.

7 Best Practices für Test

Kommen wir nun zum Bereich Testing. Vorab der Hinweis, dass Qualität nicht „hineingetestet" werden kann. Der Grundstein der Qualität wird viel früher im Anforderungsmanagement gelegt. Hier beginnt auch schon der Einstieg in das Testen. Der gesamte Testablauf lässt sich sehr gut anhand des V-Modells erklären. Die Abbildung 7-1 zeigt illustrativ das V-Modell.

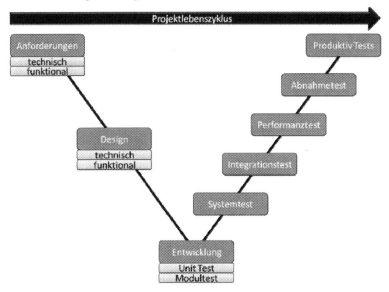

Abbildung 7-1:   Illustrative Darstellung des V-Modells [69]

Das Modell beginnt bei den Anforderungen (technisch und fachlich). Daraus werden bereits die Testfälle entwickelt, die auch in der Design- und Entwicklungsphase durch den Entwickler berücksichtigt werden. Dieser kann dann weitestgehend seine Unit- und Modultests auf Basis dieser Testfälle ausführen. Daran schließen sich die weiteren Tests bis zur Produktivsetzung an. Auf die einzelnen Bereiche gehen wir später in diesem Kapitel ein.

---

69 Das V-Modell ist militärischen Ursprungs und wurde Ende der achtziger Jahre sowohl in der NATO als auch im Bundesministerium für Verteidigung als Vorgehensmodell für Software Engineering entwickelt. Daraus entwickelte sich das zivile V-Modell, dass seit 1991 von der Koordinierungs- und Beratungsstelle der Bundesregierung für Informationstechnik in der Bundesverwaltung (heute „IT-Beauftragter der Bundesregierung") weiterentwickelt wurde bis 1993.

Zum Vergleich stellen wir hier die Oracle Siebel CRM eRoadmap[70] für das Testen von Anwendungssoftware vor. Die Abbildung 7-2 ist der Oracle Siebel CRM Bookshelf entnommen.

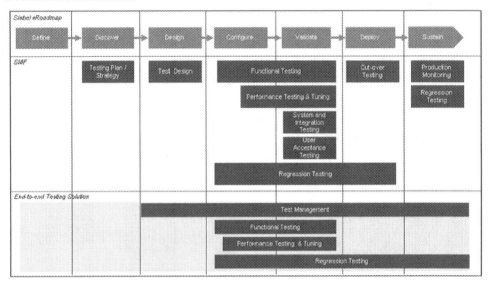

Abbildung 7-2:   Oracle Siebel CRM eRoadmap Implementierungsmethodologie[71]

Auch die eRoadmap beginnt analog zum V-Modell bei den Anforderungen. Die verschiedenen Testarten sind enthalten, es wird zusätzlich der Regressionstest erwähnt. Dieser ist bei jedem Vorhaben erforderlich, das auf vorhandene Releases aufsetzt.

Zunächst beginnen wir mit dem Testkonzept. Das Testkonzept für Oracle Siebel CRM und OCOD unterscheidet sich im Grundsatz nicht von den Testkonzepten für eine andere Software.

Das Konzept sollte folgende Punkte definieren:

- Teststrategie
- Testziele
- Testumfang/ Anzahl der Testfälle
- Testarten/Teststufen
  - Unit- und Modultest
  - Systemtest
  - Integrationstest
  - Performanztest
  - Lasttest
  - Migrationstest (optional)

---

70 Siebel eRoadmap aus Siebel Bookshelf (Version 8.1)
71 Quelle: Oracle, 2009.

- Abnahmetest
- Produktive Tests
- Testmethoden
  - Testzyklen
  - Terminplanung
  - Testvoraussetzungen
  - Endekriterien
  - Risiken
  - Testteam
  - Organisation und Kommunikation
  - Testinfrastruktur
    - Testumgebungen
    - Werkzeuge
      - Testautomatisierung
      - Fehlerverfolgung/-datenbank
  - Testablauf
    - Testvorbereitung
    - Testdaten
    - Testdurchführung
    - Reporting
  - Namenskonventionen
  - Fehlermanagement

Anhand der recht umfangreichen Aufstellung, die in einzelnen Projekten natürlich noch zusätzliche Punkte behandeln kann, erkennt der Leser, dass die Aufwände für die Erstellung eines Testkonzeptes nicht unterschätzt werden dürfen.

Kommen wir nun zu den einzelnen Bereichen aus dem V-Modell und beginnen bei den Anforderungen. Diese müssen einen Bezug zu Testfällen erhalten. So wird sichergestellt, dass es zu allen Anforderungen auch Testfälle gibt und der funktionale Test vollständig ist. Die Zuordnung kann in einfachen Fällen anhand einer Excel-Arbeitsmappe erfolgen, handelt es sich um größere und komplexere Vorhaben, sollte eine technische Unterstützung gewählt werden, die das ganze V-Modell abdeckt. Hier bieten sich die entsprechenden Software-Suiten an, die nicht nur das Anforderungsmanagement unterstützen, die auch Error Tracking, automatisiertes Testen, etc. anbieten. Damit können dann direkt die Anforderungen gegen Testfälle gemappt, die Fehler den Testfällen zugeordnet und die Testfälle automatisiert ausgeführt werden. Zusätzlich bieten diese Suiten auch in der Regel ein Modul, das Performanz- und Lasttests unterstützt.

Während der Entwicklung werden die Unit- und Modultests von den Entwicklern durchgeführt. Hierbei sollte dem Entwickler der entsprechende Testfall vorliegen, um die Anwendung im ersten Schritt auf alle Fälle dagegen testen zu können. Damit kann der spätere Aufwand für Veränderungen an der Anwendung verringert werden. Häufig werden nämlich Fehler „entdeckt", die gar keine Fehler sind, sondern auf einer fehlenden oder falschen Funktionalität beruhen. Richtig beschriebene Testfälle sollten die gesamte Funktionalität abdecken. Für die Unit- und Modultests wird meistens keine Testunterstützung benötigt.

Daran schließt sich der Systemtest an. Hier wird die gesamt Anwendung getestet. Der Systemtest kann bei einem stabilen Softwarestand durch Automatisierung unterstützt werden. Die Testskripte für die Automatisierung sollten möglichst atomar sein, damit funktionale Änderungen nicht mehrfache Änderungen an den Automatisierungsskripten erfordern. Unterschiedliche Anforderungen an das Skripting stellen die verschiedenen Client Modes dar. Im High-Interactive Mode können die Oracle Siebel CRM-Objekte direkt erkannt und verwendet werden, da sie vom Test API erkannt werden. Im standard-interactive Mode wird auf HTML aufgesetzt. Damit wird ein Objekt über andere Eigenschaften vom Test API erkannt. Eine weitere Besonderheit stellt der eConfigurator dar. Die Objekte im eConfigurator werden nicht vom Test API erkannt, hier muss mit exakten Koordinaten gearbeitet werden, um einen Wert in ein Feld eingeben zu können. Das kann sehr aufwändig in der Testskripterstellung und -pflege werden, wenn sich das GUI des eConfigurator häufiger ändert. Abweichungen von wenigen Pixeln sind hier bereits Änderungen!

Der Aufbau der Oracle Siebel CRM-Anwendung erlaubt dem Benutzer eine hohe Flexibilität bei der Navigation. Daher gibt es auch meistens mehrere Möglichkeiten, bestimmte Vorgänge in Oracle Siebel CRM auszuführen. Dies sollte natürlich in den Testfällen berücksichtigt werden. Jedoch sollte ein erfahrener Anwender die „Schlupflöcher" in der Anwendung finden können. Das kling jetzt ein wenig wie stochern im Nebel, wer jedoch mit der Anwendung vertraut ist, wird alle diese „Schlupflöcher" finden. An dieser Stelle sei noch die Selbstverständlichkeit erwähnt, dass bei mehrsprachigen Anwendungen natürlich jede Sprache getestet werden sollte. Auch wenn verschiedene Oracle Siebel CRM-Anwendungen (z. B. Call Center und eChannel) zum Einsatz kommen, ist jede Anwendung getrennt zu testen.

An den Systemtest schließt sich der Integrationstest an. Dieser ist von der Vorbereitung sicherlich am aufwändigsten, da hier die Testdaten in allen Systemen den gleichen Stand haben müssen. Der Integrationstest ist für Vorhaben mit vielen Schnittstellen einer der wichtigsten Punkte im gesamten Projektlebenszyklus. Auch der Integrationstest kann automatisiert werden. Jedoch kann ein Automatisierungstool nicht über Anwendungsgrenzen hinweg eingesetzt werden. Daher gibt es hier Einschränkungen der Automatisierbarkeit. Auch Schnittstellen, die der Dunkelverarbeitung dienen, sind nicht geeignet.

Der Last- und Performanztest wird in der Regel immer mit einem Automatisierungswerkzeug durchgeführt. Die Infrastruktur und die Datenmenge sollten möglichst produktionsnah sein, wenn die Performanz der späteren Produktion essentiell ist. Mit der Durchführung auf kleinerer Infrastruktur und weniger Daten müssen dann die Ergebnisse hochgerechnet werden. Bei größeren Vorhaben kann das Thema Performanz zu einem heiklen Thema werden, da durch viele Entwickler, eine hohe Anzahl von Anforderungen und meistens Zeitdruck gegen Ende der Entwicklung die Funktionalität noch „irgendwie" hinzugefügt wird. Dabei werden dann schon mal die festgelegten Entwicklungsrichtlinien missachtet. Gerade bei großen Vorhaben ist eine entsprechende Governance sehr wichtig.

Der Performanztest unterteilt sich in drei Schritte:

1. Identifikation des langsamen Geschäftsvorfalls
2. Identifikation der Komponente, die eine schlechte Performanz zeigt
3. Identifikation der Ursache für die schlechte Performanz.

Für den ersten Punkt werden in der Regel die gleichen Skripte eingesetzt, die auch für das funktionale Testen verwendet wurden. Der zweite Punkt lässt sich durch eine Analyse der SARM-Dateien ermitteln. Mit dem Oracle Siebel CRM Diagnostics Tool (setzt auf Oracle Enterprise Manager auf) kann für jede Session eine Analyse durchgeführt werden, welche Komponente für bestimmte Abfragen oder ähnlich die meiste Zeit benötigt hat. Dann erkennt der Anwender/Administrator, ob es am Netzwerk, am Client, an der Datenbank oder am Scripting liegt. Nun kann im letzten Schritt anhand der SARM-Analyse der Grund für die schlechte Performanz geklärt werden. In der Regel sind es tatsächlich Datenbankabfragen, die die Performanz negativ beeinflussen. Hier ist also immer ein Blick in die Konfiguration von Joins und Multi-Value-Groups geraten. Da kann dann schon mal ein Full Tablescan dabei sein, wenn keine richtige Einschränkung gemacht wurde. Wenn nur die Performanz der Datenbankabfragen geprüft werden soll, geht dies bereits ohne Automatisierung. Dazu wird der Log-Level der Oracle Siebel CRM-Komponente (in der Regel der Object Manager) auf mindestens vier hochgesetzt. Dann werden alle SQL-Abfragen aufgezeichnet und auch die Zeit für die Ausführung mitgeschrieben. Mit einem geeignetem Parsing Tool können die „Langläufer" unter den Datenbankabfragen ermittelt werden.

Beim Lasttest geht es darum, die Grenzen der Anwendung zu ermitteln – bis zu welcher Benutzerzahl verhält sich die Anwendung wie gefordert. Die Benutzerzahl wird von Automatisierungssoftware über sog. virtuelle Benutzer simuliert. Für den Lasttest sollten die häufigsten Anwendungsfälle herangezogen werden, die dann in ein Automatisierungsskript überführt werden. Die Anwendungsfälle sollten nicht zu lang sein. Als guter Start erweist sich für den Lasttest mit Oracle Siebel CRM bereits der Login-Vorgang. Wenn dieser nicht innerhalb von wenigen Sekunden abgeschlossen ist, dann ist bereits die Lastgrenze erreicht.

Der Abnahmetest (auch UAT genannt) dient der letzten Prüfung durch die Anwender. Bis zu diesem Zeitpunkt sollten alle Bugs gefixt und alle CRs implementiert sein. Die Anwendung sollte nun auch alle nicht-funktionalen Anforderungen wie Performanz und Verfügbarkeit erfüllen. Danach kommt in den meisten Fällen die Produktivsetzung.

In bestimmten Fällen ist es durchaus sinnvoll, nach dem Go-Live direkt produktive Tests durchzuführen. Als Beispiel sei hier die Aktivierung von Mobilfunkverträgen genannt. Dabei handelt es sich um einen geschäftskritischen Prozess, der unbedingt funktionieren muss. Diese kritischen Prozesse gibt es in jeder Anwendung, daher sollte vor der Freigabe der Anwendung an die Benutzer ein produktiver Test durchgeführt werden.

Wie bereits am Anfang erwähnt, ist Oracle Siebel CRM und Oracle CRM On Demand nicht so verschieden von anderen Anwendungen, Testvorbereitung und Testdurchführung weichen nicht stark vom Standard ab. Es gibt ein paar Besonderheiten zu beachten. Aus unserer Erfahrung können wir sagen, dass sich der Einsatz einer Automatisierungssoftware eigentlich in jedem Vorhaben langfristig lohnt. Am Anfang steht ein hoher Aufwand in der Einrichtung und Erstellung der Testskripte, jedoch wird jeder Regressionstest zum „Kinderspiel", wenn abends, bevor der Tester das Büro verlässt, nur ein Knopf gedrückt werden muss, und am nächsten Morgen sind die Ergebnisse in der Mailbox.

8 Best Practices für Migration/Deployment/Rollout

8.1 Migration

Kommen wir nun zum Kapitel Datenmigration. Es geht um die Überführung der Daten aus den derzeitigen CRM-Anwendungen in die Zielanwendung. Die Strukturen der Daten unterscheiden sich häufig, und es liegen auch meistens nicht alle Daten vor, die das Zielsystem eigentlich benötigt. In jedem Fall sollte die Migration ein mehrstufiges Verfahren sein:

1. Identifizierung der notwendigen Quelldaten und Quellsysteme
2. Analyse der Quelldaten nach Struktur und Qualität
3. Mapping der Quelldaten auf das Zielsystem
4. Extraktion der Quelldaten in eine Stagingumgebung
5. Aufbereitung und Qualitätssicherung der Daten
6. Import in die Zielanwendung

Im ersten Schritt erfolgt die Identifizierung. Es wird in der Regel mehr als eine Anwendung identifiziert. Die Identifizierung erfolgt auf Basis der Anforderungen. Welche Daten sollen migriert werden? Soll eine zeitliche Einschränkung erfolgen? Einige Stammdaten wie Produkte und Preise können auch manuell im Zielsystem eingepflegt werden. Sind die Daten und Systeme identifiziert, erfolgt die Analyse. Es ist die Vollständigkeit und die Datenqualität zu prüfen. In den meisten Fällen muss eine Bereinigung der Quelldaten aus den Altsystemen erfolgen. Hier fließt sehr viel Aufwand hinein. Gerade die Erkennung von Duplikaten bei Accounts und Contacts ist der Schwerpunkt. Der nächste wichtige Schritt ist das Mapping der Quelldaten auf die Strukturen des Zielsystems. Dabei sind die Punkte Benutzerschlüssel und Wertelisten zu beachten. Gerade Benutzerschlüssel wie beispielsweise die Kundennummer müssen in manchen Fällen erst generiert werden, bevor das Mapping stattfinden kann. Bei den Wertelisten sind die sprachunabhängigen Werte zu verwenden. Neben den Wertelisten kommen weitere Stammdaten hinzu, die gemapped werden müssen. Dazu zählen u. a. Währungen und Länderschlüssel. Neben dem reinen Mapping kann auch eine Transformation erforderlich sein. Gerade wenn Bestandsdaten wie Verträge migriert werden sollen, müssen diese von der alten Produktstruktur in die neue Produktstruktur transformiert werden. Werden die Daten aus einem Billingsystem migriert, so sind Informationen aus einer eher technischen Sicht in eine vertriebliche Sicht zu transformieren. Das stellt eine große Herausforderung dar. Die Mappings und Transformationen sollten so aufgebaut sein, dass sie später auch für Schnittstellen verwendet werden können. Nach den theoretischen Vorarbeiten folgt der Schritt der Datenextraktion. Dabei sollten die Daten in eine Stagingumgebung/Stagingdatenbank geladen werden. In der Stagingumgebung erfolgt die Bereinigung, Aufbereitung und ggf. auch Anreicherung der Daten.

Als letzter Schritt steht dann der Import in die Zielumgebung. Hier müssen wir eine Unterscheidung von On Premise und On Demand machen, da unterschiedliche Technologien zum Einsatz kommen.

8.1.1   Oracle CRM On Demand

Ein Zugriff auf die Tabellen ist bei On Demand-Lösungen per se ausgeschlossen. Daher bleibt immer nur die Migration auf der Ebene des Business Layer übrig. Diese erfolgt dann in der Regel über die Integrationsschicht (Middleware). Über WebServices werden dann die Daten nach On Demand geladen. Einige Punkte sind hierbei zu beachten:

- Notifikation der Daten sollte von den angrenzenden Systemen kommen, bzw. durch die Integrationsschicht ausgelöst werden
- Pflichtfelder beachten
- Reihenfolge beachten
- Test Loads mit geringer Datenkomplexität

Die Geschwindigkeit bei der Beladung von On Demand kann auf bis zu 8 Datensätze pro Sekunde ausgebaut werden. Der Einfluss auf die Datenbank ist dabei aber gering.

8.1.2   Oracle Siebel CRM

Die Migration erfolgt bei Oracle Siebel CRM eigentlich immer mit Hilfe der Komponente Enterprise Integration Manager (EIM). Diese Methode ist schon sehr lange etabliert. Neben der EIM-Methode kann eine Datenmigration auch mit EAI erfolgen. Diese Methode ist weniger bekannt und wird nicht so häufig verwendet. In erster Linie wird immer die Performanz bezweifelt, um große Datenmengen in kurzer Zeit zu migrieren. Hier liegt ein Irrtum vor. Auch große Datenmengen lassen sich mit EAI-Mitteln migrieren.

Beide Verfahren werden in diesem Kapitel beschrieben.

Der EIM ist die einzige Möglichkeit, direkt auf den Database Layer zuzugreifen. Über den EIM wird die Integrität der Daten in den Oracle Siebel CRM Basis-Tabellen gesichert. Der Import erfolgt also aus der Stagingumgebung in die Oracle Siebel CRM EIM-Tabellen. Der EIM lädt die Daten dann in die Oracle Siebel CRM Basis-Tabellen. Die Abbildung 8-1 zeigt die Vorgehensweise illustrativ.

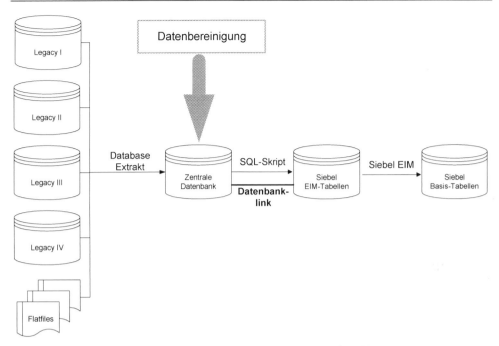

Abbildung 8-1:   Illustrative Darstellung des Datenimports über EIM[72]

Alle weiter oben beschriebenen Schritte erfolgen außerhalb von Oracle Siebel CRM. Wenn keine Datenbereinigung oder -aufbereitung erforderlich ist, so kann auch direkt in die EIM-Tabellen aus den Quellsystemen geladen werden. Für die Beladung der EIM-Tabellen sind entsprechende Datenbank-Tools der jeweiligen Datenbank-Plattform zu verwenden. Wenn die Stagingumgebung und Oracle Siebel CRM netzwerktechnisch „verbunden" werden können, kann die Beladung auch über einen Datenbanklink erfolgen. In jedem Fall ist die Performanz zu testen. Es ist sogar denkbar, dass die Daten bereits in der Instanz von Oracle Siebel CRM abgelegt werden, jedoch in einem getrennten Datenbankschema. Dieses kann nach der erfolgreichen Migration wieder entfernt werden. Bei dieser Vorgehensweise steigt natürlich die Belastung der Datenbank, was Auswirkungen auf die Geschwindigkeit haben kann. Da es sich bei Datenmigrationen um einmalige Angelegenheiten handelt, wird die Implementierung nie so perfekt ausgelegt sein. Daher ist tatsächlich der häufigste Fall, dass die Daten in Dateien extrahiert werden und dann mit einem Tool (z. B. SQLLoader) in die EIM-Tabellen importiert werden. Wenn die Daten in den EIM-Tabellen sind, kann auch noch eine Aufbereitung oder Anreicherung stattfinden. Mit SQL-Skripten darf auf den EIM-Tabellen gearbeitet werden. Die Daten werden dann mit dem EIM und Steuerungsdateien (IFB-Dateien) in die Basis-Tabellen importiert. Hier ist immer die korrekte Reihenfolge zu beachten. Die Daten sollten in Batches von 5000 Datensätzen erfolgen.

---

72 Quelle: ec4u, 2009.

Dazu gibt es in jeder EIM-Tabelle die Spalte IF_ROW_BATCHNUM. Diese sollten im Rahmen der Festlegung der Migrationsstrategie mitbestimmt werden. Anhand der Nummer wird im Falle einer Analyse ermittelt, zu welchem Bereich ein Datensatz logisch gehört. Die letzten Stellen der Batchnummer werden so variiert, dass zu einem bestimmten Datenobjekt nicht mehr als 5000 Datensätze dieselbe Batchnummer haben. Während des Ladens eines Objektes werden dann die Batchnummern nacheinander verarbeitet. Die Steuerung des Loads erfolgt über IFB-Dateien. Diese enthalten auch die Informationen zu den Batchnummern. Die IFB-Dateien haben einen wesentlichen Einfluss auf den EIM. Die folgenden Punkte sind die Best Practices:

- Daten in Batches von 5000 Datensätzen laden
- Nur die Basis-Tabellen angeben, die auch beladen werden sollen
- Nur die Spalten je Basis-Tabelle angeben, die auch befüllt werden sollen
- Feste Werte mit „FIXED COLUMN" definieren
- Session SQL verwenden, wenn noch SQL-Operationen ausgeführt werden sollen

Die Steuerung des Importes kann dann über ein Shellskript erfolgen. In die IFB-Dateien können Parameter übergeben werden wie z. B. Batchnummern. Der EIM wird dann vom Oracle Siebel CRM Server Manager aus gestartet. Zu jedem Import gibt der EIM einen entsprechenden Status in den Datensätzen der EIM-Tabellen. Die Log-Datei gibt weitere Auskünfte über den Erfolg, wenn die Log Level richtig gesetzt sind[73]. Dann wird zu jedem Batch eine Zusammenfassung der erfolgreichen und nicht erfolgreichen Datensätze erstellt. Für das Monitoring der Datenmigration ist ein Parsen der Log-Dateien und die Abfrage der Statuswerte in den EIM-Tabellen mittels SQL erforderlich.

Einige Schlussbemerkungen zur Migration mit EIM. Nicht alle Basistabellen lassen sich über EIM befüllen. Es gibt einige wenige (nicht besonders wichtige) Tabellen, die keine zugehörige EIM-Tabelle haben. Nicht alle Fremdschlüsselbeziehungen sind in den EIM-Tabellen abgebildet. So kann es z. B. zu Problemen mit dem Workflow Asset2Quote kommen, wenn im Asset einige Schlüsselfelder leer sind. Jede Datenbankerweiterung sollte auch in den EIM-Tabellen und den Mappings nachgezogen werden. Neue Fremdschlüssel können nur mit Hilfe des Oracle Support anlegt werden in den EIM Mappings.

Die Alternative zu EIM ist die Migration mit EAI. Der Vorteil der Migration über EAI ist der Business Layer. Während des Importes wird bereits sichergestellt, dass die Daten genauso angelegt werden, wie bei einer Eingabe über das GUI. Die Abbildung 8-2 zeigt die Datenmigration auf High-Level.

---

73 Oracle Siebel CRM: How Can You Generate an Enterprise Integration Manager Log File, Oracle Support ID 476542.1

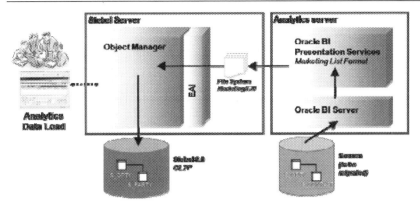

Abbildung 8-2: High-Level-Darstellung der Datenmigration mit EAI[74]

Wie der Leser gut erkennen kann, wird hier die Funktionalität der Oracle Siebel CRM Marketing Engine verwendet mit Oracle BI. Diese Datenmigration mit EAI ist nur möglich, wenn die entsprechenden Komponenten lizensiert wurden. Ansonsten bleibt nur EIM übrig.

Zunächst werden die Quelldaten in Oracle BI gemapped (Data Source) sowohl im Database Layer als auch im Business Layer. Es sollte hier keine Migrationslogik verwendet werden. Nun werden für alle zu migrierenden Objekte Listenformate in Oracle BI definiert (z. B. Contact Migration List Format). In den Listenformaten wird auch die Größe der Batches definiert, die jeweils zu laden sind. Hier sind unsere Erfahrungen, das eine Größe < 10.000 Datensätze gewählt werden sollte.

Nun werden die Attribute gegen die Integration Objects gemapped („Table Heading" ➔ *Integration Component* Name, „Column Heading" ➔ *Integration Component Field* Name). Die Wahl des "richtigen" Integration Objects (IO) ist von entscheidender Bedeutung für die Performanz. Da das IO immer auf einer Business Component (BC) basiert, sollte eine BC verwendet werden, die nur die nötigste Logik für die Migration beinhaltet. Alle unnötigen Joins oder Multivalue-Links sollten entfernt werden. Wenn z. B. die Account BC verwendet werden würde, so würde der Import deutlich langsamer sein, als mit einem Klon, der nur die notwendigsten Customizings enthält. Das IO wird dann auf der Basis dieser speziellen BC für die Migration generiert. Die Steuerung der Ladung erfolgt mittels eines Oracle Siebel CRM Workflows, der entsprechend konfiguriert werden muss. Die Ausführung wird über die Marketing-Administration gesteuert. Dadurch kann aus der Oracle Siebel CRM-Anwendung der Datenload überwacht und gesteuert werden. Die Abbildung 8-3 zeigt erneut das Bild des logischen Aufbaus und beschreibt die einzelnen Ausführungsschritte.

---

74 Quelle: Oracle, 2009.

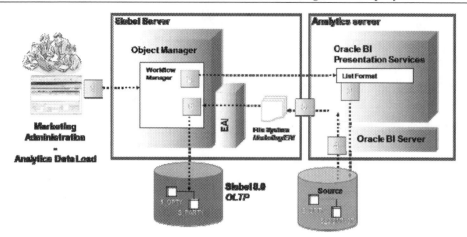

Abbildung 8-3:   High-Level-Darstellung der Datenmigration mit EAI inkl. der Einzelschritte[75]

Die Beschreibung der Schritte zur Durchführung der Migration im Einzelnen:

1.   Initiierung der Datenmigration über die Oracle Siebel CRM-Standard-
ansicht *Analytics Data Load.*
2.   Es wird der konfigurierte Oracle Siebel CRM Workflow gestartet.
3.   Der Workflow ruft im Analytics Server den Job mit dem entsprechenden
List Format auf.
4.   Die Daten werden aus den Quellsystem extrahiert.
5.   Die extrahierten Daten werden im Oracle Siebel CRM File System abgelegt.
6.   Der Workflow Process Manager ruft den Standard Workflow „Import
Marketing Contact" auf, und die Daten werden mit dem Oracle Siebel
CRM EAI Adapter importiert, Parallelisieren ist hier möglich.

Zum Abschluss hier die Vorteile einer Datenmigration mittels EAI:

- Hohe Flexibilität durch die BI List-Formate, die einen hohen Anteil der Im-
port-Logik enthalten
- Hohe Datenqualität durch Import über die EAI-Schicht
- Gute Performanz durch Workflow-Technologie und Parallelisieren
- Sowohl inkrementelle als auch volle Beladung ist möglich
- Volle Kontrolle über die Migrationsjobs durch Administration über die Oracle
Siebel CRM-Anwendung

Bei entsprechender Lizensierung der Module, die für die EAI Migration notwendig
sind, ist diese Methode der EIM-Methode aus unserer Sicht immer vorzuziehen.

---

75 Quelle: Oracle, 2009.

8.2 Deployment/Rollout

Kommen wir nun zum Bereich Deployment. Mit Deployment bezeichnen wir den Transport von Funktionalität (Customizing und Administration) aus der Entwicklungsumgebung in eine Zielumgebung (Test oder Produktion). Hierfür ist für das CRM-Vorhaben ein entsprechendes Framework zu entwerfen. Die Liste der Objekte, die im Deployment transportiert werden müssen, kann je nach Anzahl der Oracle Siebel CRM Module sehr lang werden. Hier eine Liste der Objekte, die in der Regel zu transportieren sind:

- Oracle Siebel CRM Repository
- Oracle Siebel CRM SRF-Datei
- Komponentenparameter
- Webtemplates
- Bilder (z. B. Logos)
- Cascading Style Sheets
- Wertelisten
- Datenvalidierungsregeln
- Laufzeitereignisse
- Statusmodelle
- Aktivitätenpläne
- Assignment Manager-Regeln
- Audit Trail Administration (kann auch manuell angelegt werden)
- BI Publisher-Berichte
- Service-Kalender
- Datenzuordnungsregeln
- Produkte
- Signale
- Variablenzuordnungen
- Preislisten
- Vordefinierte Abfragen
- Verantwortlichkeiten
- Ansichten
- Smart Scripts

Diese Aufstellung zeigt, dass ein entsprechender Prozess mit einem hohen Grad an Automatisierung hier die richtige Lösung ist.

Das Repository kann klassisch per Datenbankexport und -import transportiert werden. Mit dem Repository werden auch Schemaänderungen in die Zielumgebung transportiert werden. In vielen Unternehmen gibt es in der IT häufig die Anforderung, dass jede Form der Entwicklung über ein Versionskontrollsystem zu steuern. Oracle Siebel CRM Tools kann im Entwicklungsprozess in ein entsprechendes System eingebunden werden. Dabei werden in dem Versionskontrollsystem die Änderungen in SIF-Dateien gespeichert. Weiterhin kann auch aus der Versionskontrolle der Build angestoßen werden. Dazu wird in der Versionskontrolle eine Baseline definiert. Die entsprechenden SIF-Dateien werden dann extrahiert, in einen dedizierten Buildserver importiert und der Full Compile angestoßen. Der so erstellte Repositorystand kann dann wieder über die klassischen Werkzeuge des Export und Import transportiert werden.

Kommen wir nun zur Liste der Objekte, die aus der Applikation transportiert werden müssen. Hierfür hat Oracle Siebel CRM den Application Deployment Manager (ADM) entwickelt. Dieser benutzt Standardwerkzeuge aus dem Bereich Oracle Siebel CRM EAI. Die Abbildung 8-4 zeigt schematisch den Ablauf des ADM.

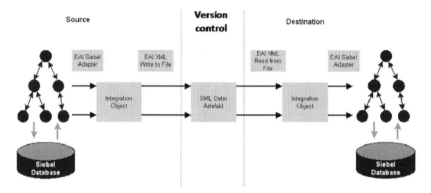

Abbildung 8-4:   Schematische Darstellung des Deployment mit dem ADM[76]

Die Objekte werden anhand einer Abfrage aus der Oracle Siebel CRM-Datenbank extrahiert und über IO in XML-Dateien exportiert. Diese werden dann in der Regel zunächst versioniert, bevor sie in die Zielumgebung importiert werden. Oracle Siebel CRM stellt für viele Objekte bereits die entsprechenden IO zur Verfügung. Einige Objekte müssen durch Customizing ggf. hinzugefügt werden.

Das Deployment Framework besteht aus dem Transport des Repository (mit entsprechender Versionskontrolle) und dem ADM für alle Objekte außerhalb des Repository. Hinzu kommen Dateien wie die SRF-Datei, die durch einen einfachen Kopiervorgang in die Zielumgebung transportiert werden können. Diese Kombination aus mehreren Mechanismen kann dann für Administratoren weitestgehend automatisiert werden.

Die Automatisierung für den Import in die Zielumgebung kann bedenkenlos erfolgen, wenn dafür alle Services abgeschaltet werden. Dies wird sich bei Anwendungen, die in der Regel eine Verfügbarkeit von über 99% haben müssen, nicht realisieren lassen. Es werden drei verschiedene Deployment-Methoden unterschieden:

1. Baseline Upgradeprozess
2. Upgradeprozess mit Nur-Lesezugriff durch Endanwender

---

76 Quelle: ec4u 2009

3. Hochverfügbarkeitsupgradeprozess

Die nachfolgenden Tabellen zeigen jeweils die Schritte für das Deployment und welche Auswirkungen das für den Endanwender hat.

Tabelle 8-1: Baseline Upgradeprozess

Prozessschritt	Auswirkung
Vorarbeiten	Keine
Ausschalten der Zugriffe auf die PROD DB	Downtime
Upgrade der PROD DB und der Application- und Webserver	Downtime
Plausibilitätsprüfung der PROD-Umgebung (Sanity Check)	Downtime
Nacharbeiten	Keine

Dies ist der einfachste und unkomplizierteste Prozess.

Tabelle 8-2: Upgradeprozess mit Nur-Lesezugriff durch Endanwender

Prozessschritt	Auswirkung
Vorarbeiten	Keine
Kopie der PROD DB auf zweitem DB Server erstellen	Downtime
Teile der Umgebung mit Lesezugriff starten (Gruppe 1)	Nur Lesezugriff
Upgrade der PROD DB und der Application- und Webserver (Gruppe 2)	Nur Lesezugriff
Plausibilitätsprüfung der PROD-Umgebung (Sanity Check, Gruppe 2)	Nur Lesezugriff
Abschalten der Gruppe 1 Server	Benutzer werden zwangsabgemeldet und müssen sich erneut anmelden
Upgrade der PROD DB und der Application- und Webserver (Gruppe 1)	Keine
Plausibilitätsprüfung der PROD-Umgebung (Sanity Check, Gruppe 1)	Keine
Nacharbeiten	Keine

Bei diesem Prozess gibt es eine relativ kurze Downtime. Die Systemarchitektur muss auch so ausgelegt sein, dass sie in zwei Gruppen unterteilt werden kann und trotzdem alle Komponenten zur Verfügung stehen.

Tabelle 8-3:   Hochverfügbarkeitsupgradeprozess

Prozessschritt	Auswirkung
Vorarbeiten	Keine
Kopie der PROD DB auf zweitem DB Server erstellen	Downtime
Teile der Umgebung starten (Gruppe 1) mit Zugriff auf zweiten DB Server	Keine
Upgrade der PROD DB und der Application- und Webserver (Gruppe 2)	Keine
Plausibilitätsprüfung der PROD-Umgebung (Sanity Check, Gruppe 2)	Keine
Synchronisation der Transaktionsdaten aus der zweiten DB in die Orginal DB	Keine
Abschalten der Gruppe 1 Server	Benutzer werden zwangsabgemeldet und müssen sich erneut anmelden
Upgrade der PROD DB und der Application- und Webserver (Gruppe 1)	Keine
Plausibilitätsprüfung der PROD-Umgebung (Sanity Check, Gruppe 1)	Keine
Nacharbeiten	Keine

Auch bei dieser Vorgehensweise muss eine Downtime akzeptiert werden, jedoch fällt sie kurz aus und danach können die Endanwender ohne Auswirkungen weiterarbeiten. Der komplizierteste Punkt ist hier die Synchronisation der beiden Datenbanken zu einem bestimmten Punkt, ohne dass dabei Inkonsistenzen entstehen. Hier sollte geprüft werden, ob Programme wie Oracle GoldenGate diese Aufgabe übernehmen können.

Zum Abschluss eine Gegenüberstellung der drei möglichen Prozesse.

Tabelle 8-4: Gegenüberstellung der Deployment-Prozesse

Prozess	Auswirkungen auf Business	Expert Unterstützung	Zusätzliche Hardware	Intensives Testen des Prozesses
Baseline Upgradeprozess	●	○	○	○
Upgradeprozess mit Nur-Lesezugriff durch Endanwender	◐	○	◐	◐
Hochverfügbarkeitsupgradeprozess	◕	●	◔	●

Der Hochverfügbarkeitsprozess erfordert neben zusätzlicher Hardware auch in der Regel die Unterstützung der Experten des Datenbankherstellers und ein intensives Testen des Prozesses. Dafür sind die Auswirkungen auf das Business am geringsten.

9 Best Practices für Betrieb

Kommen wir nun zum Abschluss zum Betrieb. Bei einer On Demand-Lösung wird der Betrieb weitestgehend vom Unternehmen fern gehalten. Lediglich bei einer „@Customer"-Lösung ist der interne Betrieb für die Hardware und Betriebssystemwartung/-bereitstellung zu involvieren. Weiterhin ist der Zugriff auf diese Systeme durch Oracle technisch und juristisch zu klären und aufzusetzen. Bei einer On Premise-Lösung sieht es deutlich komplexer aus. In der Regel kommt mit der Einführung von Oracle Siebel CRM eine weitere Standardsoftware in das Unternehmen, die bisher noch unbekannt ist. Damit ist der Betrieb auch entsprechend zu schulen. Die gesamte Anwendung kann über entsprechende Ansichten in der Applikation gewartet werden. In der Regel sind aber Automatisierungen und die Einbindung in professionelle Monitoring Tools erforderlich. Dies ist alles möglich. Es gibt jedoch keine Standardlösung. Daher sollte vom Projektteam immer ein Betriebshandbuch erarbeitet werden.

Kommen wir zunächst zum Servermanagement. Oracle Siebel CRM stellt mit dem Server Manager Command-Line Interface die Möglichkeit zur Verfügung, durch Skripte in die Anwendung einzugreifen. Hierüber wird auch die Anbindung an externe Monitoring-Anwendungen sichergestellt. Dies sind immer individuelle Lösungen, die implementiert und getestet werden müssen. Allerdings handelt es sich um robuste Lösungen, die im weiteren Lebenszyklus der Anwendung nicht mehr angepasst werden müssen.

Daneben kann der Oracle Siebel CRM Management Server eingesetzt werden, der im Wesentlichen auf dem Oracle Enterprise Manager basiert. Mit der Einrichtung entsprechender Management Agents können dann Oracle Siebel CRM-Anwendungen überwacht werden. Es können auch mehrere Oracle Siebel CRM-Anwendungen parallel überwacht werden. Diese Lösung ist zu präferieren, wenn der Oracle Enterprise Manager auch für andere Anwendungen zum Einsatz kommt. Damit wird keine zusätzliche Anwendung für den Betrieb benötigt.

Neben dem Monitoring ist Logging und Diagnose ein weiterer wichtiger Bestandteil des Betriebes. Oracle Siebel CRM stellt ausführliche Logging-Informationen zur Verfügung. Diese müssen jedoch entsprechend aktiviert werden. Über verschiedene LogLevel von 0-5 kann der Informationsbedarf gesteuert werden. Der LogLevel wird über den Server Manager eingestellt. Es kann hier also auch mit einem Skript automatisiert werden. Jede Server-Komponente erzeugt entsprechende Log-Dateien. Diese Log-Dateien lassen sich mit einem Parsingtool analysieren. Auch Oracle Siebel CRM stellt mit dem Log File Analyzer ein Werkzeug zur Verfügung. Neben dem Log-Dateien kann Oracle Siebel CRM zusätzlich SARM-Dateien erzeugen, die mit dem Oracle Siebel CRM Management Server (Oracle Siebel CRM

Diagnostics Tool) ausgewertet werden können. Die Erzeugung dieser Dateien muss explizit über Parameter der Oracle Siebel CRM Server eingeschaltet werden. Es gibt zwei Stufen, die Stufe 1 wird für Produktionsumgebungen empfohlen, die Stufe 2 für Diagnosen.

Es stehen drei Möglichkeiten der Analyse zur Verfügung:

- Event Log-Analyse
- Server Performanz-Analyse
- Benutzer Performanz-Analyse.

Die drei Analysemöglichkeiten kommen dann bei unterschiedlichen Fragestellungen zum Einsatz. Die Abbildung 9-1 zeigt ein Beispiel für eine Analyse.

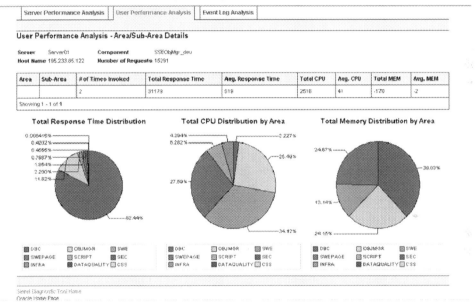

Abbildung 9-1: Beispiel für die Auswertung mit dem Oracle Siebel CRM Diagnostics Tool[77]

Das Beispiel zeigt, dass die Analyse in verschiedene Bereiche wie Object Manager, Datenbankzugriff u. ä. unterteilt wird. Hier sind die Ansatzpunkte, wo am ehesten nach einem Problem zu suchen ist. Die SARM-Dateien können auch für die Performanzanalyse verwendet werden.

Eine weitere nicht-funktionale Anforderung kann mit Oracle Siebel CRM Bordmitteln nicht abgebildet werden: Der Betrieb möchte erkennen, ob bestimmte fachliche UseCases Probleme verursachen. Da der Benutzer die Möglichkeit hat, einen Use-Case zu beginnen, dann zu unterbrechen und später fortzusetzen, kann eine Analyse durch Parsen der Log Datei oder Oracle Siebel CRM Diagnostics Tool nicht

---

77 Quelle: Oracle, 2010.

ermitteln, in welchem UseCase das Problem vorliegt. Hier ist eine externe Lösung zu evaluieren. Erfahrung im Oracle Siebel CRM-Bereich besteht hier jedoch nicht.

Zum Betrieb gehören noch viele weitere Aspekte und Aufgaben. Diese hier aufzuzählen, sprengt den Rahmen dieses Buches. Viele dieser Aufgaben werden in der Regel mit Standardmitteln des Betriebes erledigt. Als Beispiel sei Backup genannt. Hier sind zuerst die Backup-Strategien zu definieren, dann die zu sichernden Daten. Mit entsprechenden Werkzeugen werden dann diese Datensicherungen durchgeführt. Es ist aber kein originäres Thema mehr für Oracle Siebel CRM Implementation Best Practices.

10 Praxisbeispiel: CRM im Firmenkundengeschäft der Landesbank Berlin AG

Christiane Kornatz und Dr. Thorsten Freiberger, Landesbank Berlin AG

Die 2007 begonnene und in den Folgejahren immer stärker die Realwirtschaft treffende Wirtschafts- und Finanzkrise stellt Unternehmen und Banken vor neue Herausforderungen. Die Entwicklung der Finanzmärkte ist weiterhin unsicher. Die Zahl der Unternehmensinsolvenzen ist unverändert hoch. Noch ist kein durchgreifender konjunktureller Aufschwung spürbar. Doch nicht allein aus dieser Krise ergeben sich Veränderungsnotwendigkeiten. Das Wettbewerbsumfeld der Banken verändert sich. Der Wettbewerb um gute Adressen verstärkt sich weiter. Hinzu kommen neue regulatorische Anforderungen, die den Eigenkapitalbedarf für kreditgebende Banken voraussichtlich erhöhen. Neue Anforderungen von Unternehmen an Banken lassen veränderte Nachfragestrukturen erkennen. In diesem veränderten Umfeld zeigt sich das Firmenkundengeschäft bislang als eine stabile Säule im Kundengeschäft der Banken und Sparkassen. Auch ohne die Auswirkungen der aktuellen Wirtschafts- und Finanzmarktkrise steht das Firmenkundengeschäft vor einem strukturellen Wandel. Das wettbewerbsintensivere Marktumfeld erfordert in einem nahezu verteilten Markt eine stärker aktive Marktbearbeitung und ein intensiveres Kundenmanagement. Dies gilt für die Gewinnung von Neukunden, aber auch für die Betreuung von bereits bestehenden Kundenverbindungen. Hierzu hat die Landesbank Berlin AG (LBB) im Firmenkundengeschäft einen Customer Relationship Management (CRM)-Ansatz entwickelt und bereits seit einigen Jahren im Einsatz. Dieser ist in einen wertorientierten Steuerungsansatz integriert, welcher den Kundenwert und seine Steigerung in den Mittelpunkt der Steuerung stellt.

Eine aktive Marktbearbeitung und ein intensives Kundenmanagement erfordern einerseits eine auf die regionalen Marktgegebenheiten abgestimmte und ganzheitlich an den Kundenbedürfnissen ausgerichtete Vertriebsstrategie. Andererseits sind aufgrund des Unternehmensumfeldes Ertrags-, Kosten- und Risikogesichtspunkte im Geschäftsmodell zu verankern, die in ein aktives Kundenmanagement münden. Damit wird CRM zum ganzheitlich strategischen Ansatz zur kundenorientierten Ausrichtung des Unternehmens. Zielsetzung ist es, die Kundenbindung und -profitabilität langfristig und nachhaltig zu verbessern. Allein die Umsetzung einer derartigen Strategie ist ein mehrjährig andauernder Veränderungsprozess, der durch die Implementierung eines CRM-Systems unterstützt werden sollte. Das nachfolgende Praxisbeispiel veranschaulicht diese Aspekte. Dargestellt wird der CRM-Ansatz im Firmenkundengeschäft der LBB.

10.1 Schaffung eines gemeinsamen CRM-Verständnisses

Ausgangspunkt ist die Schaffung eines einheitlichen CRM-Verständnisses. Dieses beinhaltet ganzheitliche und kundenindividuelle Vertriebs-, Service-, Marktfolge- und Marketingkonzepte. Dabei ist das Zusammenspiel von Prozessen und IT-Systemen notwendig. Entscheidend ist das Verständnis von Vertriebstätigkeit als Prozess. Der Vertriebsprozess als Kernprozess muss mit Maßnahmen der konsistenten Vertriebssteuerung unterlegt werden. Diese beziehen sich auf die Phasen der Vertriebsplanung, auf den Vertriebsprozess und auf das Vertriebscontrolling. Ein modernes CRM-System soll dabei den Vertrieb möglichst effizient bei der Durchführung aller Prozesse unterstützen. Wir unterscheiden hier ein strategisches CRM-System, das insbesondere die Steuerung unterstützt, und ein operatives CRM-System, das direkt den Betreuer unterstützt, sich auf die „richtigen" Kunden zu fokussieren. Nur wenn im Prozess, im CRM-System und bei den für den Firmenkundenvertrieb Verantwortlichen dieses CRM-Verständnis Eingang findet und umgesetzt wird, kann der CRM-Ansatz insgesamt seine volle marktgerichtete Wirkung entfalten. Der CRM-Ansatz muss vom Vertrieb gelebt werden. Für ein solches CRM-Verständnis werden umfassende Steuerungsinformationen benötigt. Hierzu zählen Informationen zur Markt- und Kundenstruktur einschließlich Potenzialen, zu Bedarfslagen (Produktnachfrage), zum Pricing (von der Preissensibilität des Kunden bis hin zu Preissensitivitäten nach Produktfeldern) sowie zur Ergebnisstruktur. Ein derartiger CRM-Managementansatz erfordert daher ein performantes und integriertes CRM-System, um die kundenindividuellen Informationen effizient zusammenzuführen. Der Einsatz eines CRM-Systems allein führt nicht automatisch zu einer Verbesserung der Kundenprofitabilität und gleichzeitigen Steigerung der Kundenbindung und -loyalität. Das Zusammenspiel von Prozessen und Systemen ist wesentlich.

> **Customer Relationship Management (CRM) ist ein kundenorientierter Managementansatz mit dem Ziel, langfristig ausgerichtete Kundenbeziehungen durch ganzheitliche und kundenindividuelle Vertriebs-, Service- und Marketingkonzepte zu festigen.[78]**

10.2 Ganzheitlich prozessorientierter CRM-Ansatz

In der Folge wird zur Veranschaulichung nur das Vertriebskonzept als wesentliches Teilkonzept dieses CRM-Verständnisses näher betrachtet. Es ist die Grundlage des systematischen wertorientierten Steuerungsansatzes im Firmenkundengeschäft der LBB. Ein erster Schritt in der wertorientierten Vertriebssteuerung ist eine

---

78 Definition vgl. Wilde, Klaus W.; Customer Relationship Management; in: Köhler, Richard; Küpper, Hans-Ulrich; Pfingsten, Andreas (Hrsg.); Handwörterbuch der Betriebswirtschaft; 6. Aufl.; Stuttgart; 2007; S. 242 ff.

eindeutige Segmentierung der Firmenkunden. Dieser Prozess wird jährlich durchgeführt. Hierbei werden die Kunden in einem zunächst maschinell unterstützten ersten Schritt unter Ertrags-, Kosten- und Risikogesichtspunkten dem jeweils optimalen Vertriebsweg zugeordnet. In einem weiteren Schritt bestimmt der Firmenkundenbetreuer für die Kunden, die sich in der Produktnutzungs- und Ergebnisentwicklung in einem Grenzbereich befinden, manuell den optimalen Vertriebsweg. Die jährliche Segmentierung führt somit zur klaren Vertriebswegezuordnung der Firmenkunden.

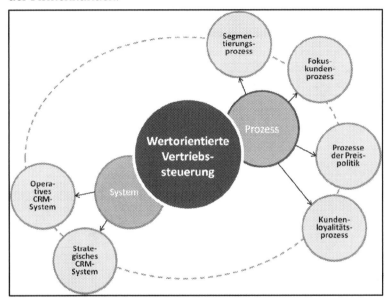

Abbildung 10–1:   Zusammenspiel von Prozess und System

An den Segmentierungsprozess schließt sich der Fokuskundenprozess an. Als Fokuskunden werden solche Kunden verstanden, die mit ihrem Ergebnisbeitrag wesentlich den Erfolg des Vertriebsweges beeinflussen. Dies sind zum einen Kunden mit bereits hohen Ergebnisbeiträgen. Zum andern sind dies aber auch Kunden mit erkennbar hohen Potenzialen. Diese Potenziale werden vom Firmenkundenbetreuer identifiziert und quantifiziert. Auf dieser Basis bestimmt er die Auswahl der Fokuskunden. Dieser Prozess der Kundenauswahl erfolgt für das kommende Geschäftsjahr im strategischen CRM-System. Die Kennzeichnung der Kundenverbindung als Fokuskunde wird nach Abschluss des Auswahlprozesses automatisch im operativen CRM-System des Firmenkundenbetreuers hinterlegt. Mit Hilfe des operativen CRM-Systems steuert der Firmenkundenbetreuer seine Aktivitäten der Kundenansprache und der Potenzialrealisierung. Das CRM ermöglicht somit eine zielgerichtete, koordinierte Marktansprache. Darüber hinaus ermöglicht es Transparenz über Potenziale und den Beratungsstatus für den Firmenkundenbetreuer sowie weitere Beteiligte des Vertriebs, etwa aus den Produktbereichen des Kapitalmarktgeschäftes oder des Private Banking (Salesteam). Die Betrachtung der Vertriebstätigkeit im Firmenkundengeschäft als Prozess ist Kernelement des weiteren CRM-Verständnisses der Vertriebskonzeption der LBB. Sind die Kunden richtig segmentiert und hat im Portfolio des Firmenkundenbetreuers die Fokuskunden- auswahl stattgefunden, so erfolgt in einer weiteren Stufe die Strukturierung der Prozesse des Firmenkundenvertriebs (Vertriebsprozess). Diese für das Firmenkun- dengeschäft durchaus als innovativ geltende Sichtweise bedeutet aber eine Abkehr von dem bislang immer noch vorherrschenden Verständnis der Firmenkundenver- triebstätigkeit als nicht strukturierbaren Vorgang. Bislang wurde der Erfolg der Vertriebstätigkeit einzig und allein dem persönlichen Geschick des Firmenkun- denbetreuers angerechnet. Im erweiterten Ansatz ist der Erfolg der Geschäftstätig- keit ein Zusammenspiel aus systematischem Vertriebsprozess und zielgeeigneten Unterstützungstools (CRM-Systemen) auf der einen Seite sowie dem erfolgreichen Relationshipmanagement des erfahrenen Firmenkundenbetreuers auf der anderen Seite.

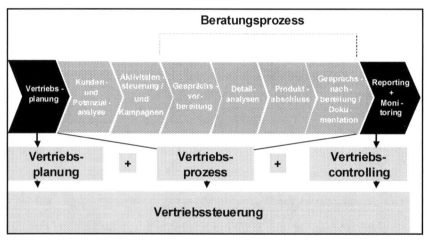

Abbildung 10–2:   Vertriebstätigkeit als Prozess

Eine strukturierte Kundenbetreuung erfordert Klarheit über die einzelnen Prozess- schritte des Vertriebsprozesses und somit auch des Beratungsprozesses. Ebenso ist eine systematische Unterstützung der Beratungsprozesse notwendig, beispielswei- se in Form von Gesprächsleitfäden und Beratungsunterlagen. Die strukturierten Beratungsgespräche dienen dazu, die Vertriebsansätze zu identifizieren und zu realisieren. Hierzu gehört etwa das Strategiegespräch, welches einmal jährlich allumfassend die Kundensituation aufnimmt. Die relevanten Ergebnisse der ein- heitlich strukturierten Strategiegespräche werden im operativen CRM-System ab- gebildet. Im strategischen CRM-Prozess wird für die Vertriebssteuerung z.B. erho- ben, ob und wenn ja mit welchem Kunden welche Gespräche geführt wurden. Diese Informationen fließen in den Vertriebssteuerungsprozess ein. Auch an dieser Stelle erfolgt ein Ineinandergreifen des operativen und des strategischen CRM- Systems. Im Rahmen von regelmäßig zwischen Führungskraft und Vertriebsmitar- beiter zu führenden Monitoringgesprächen wird darüber Transparenz geschaffen.

Die Umsetzung der Vertriebstätigkeit wird hierbei quantitativ und qualitativ nachgehalten und gemeinsam erörtert. Über die Monitoringgespräche wird der Betreuungsprozess für Mitarbeiter und Führungskraft verbindlicher.

Es folgt die Integration der Preisprozesse. Nach einer Strukturierung der Preisstrategien und der genauen Preisgrenzen für die einzelnen Produkte werden die tatsächlichen Preisentscheidungen, speziell die vom Standard abweichenden Entscheidungen (Sonderkonditionen), prozessual im strategischen CRM-System nachgehalten. Im Genehmigungsprozess durch die entsprechende Kompetenzstufe werden bei den Sonderkonditionen die Ertragsbestandteile, auf die in der Preisentscheidung verzichtet werden soll, berechnet. Zudem orientiert sich die Vergabe von Sonderkonditionen ebenfalls an der Werthaltigkeit der Kundenbeziehung. Die Vergabe der Sonderkonditionen ist als Prozess auch in das CRM-System integriert und ermöglicht so ein schlankes und transparentes Vorgehen. Wesentlich ist auch an dieser Stelle ein Controlling der Vergabe von Sonderkonditionen und ein Vergleich der Preispolitik von Vertriebsstellen in den einzelnen Vertriebswegen.

Dies allein ist für einen kundenorientierten CRM-Ansatz nicht hinreichend. Auch wenn hierüber eine einheitliche Beratungsqualität sichergestellt wird, so fehlt die Berücksichtigung des Kundenurteils im Verfahren. Alle Bestandteile der Steuerung, also auch Qualität der Betreuungsprozesse oder Preise für Produkte und Dienstleistungen werden dem Kundenurteil unterworfen. Nur durch ein positives Kundenurteil wird die Kundenbindung gestärkt und damit letztlich Raum für Ertragsverbreiterung geschaffen. Das Kundenurteil zur Zufriedenheit kann dabei ein erster Schritt sein. Für das Firmenkundengeschäft der LBB ist die Steigerung der Kundenloyalität der Maßstab. Gefragt wird nicht allein eine Absicht, wie dies im Schwerpunkt Kundenzufriendenheitsanalysen vornehmen. Das faktische Verhalten der Firmenkunden ist relevant. Daher stellt der CRM-Ansatz der LBB aktive Kundenloyalität in den Mittelpunkt. Unter Kundenloyalitätsmanagement wird eine systematische Analyse, Planung, Durchführung und Kontrolle sämtlicher kundengerichteter Aktivitäten und Maßnahmen, die das faktische Verhalten bzw. Verhaltensabsichten der Kunden beeinflussen können, verstanden. Ein Kunde ist umso loyaler, je mehr der definierten Kernaspekte in Bezug auf sein faktisches Verhalten erfüllt sind. Ziel ist der Erhalt und die Intensivierung bereits bestehender Geschäftsbeziehungen sowie die Erhöhung des Anteils loyaler Kunden im Unternehmen. Auch dies ist ein gesteuerter Prozess des Loyalitätsmanagements. Somit ist auch das zentrale Verständnis von Kundenloyalität im Firmenkundengeschäft definiert und in den CRM-Ansatz integriert.

10.3 Abbildung der strukturierten Prozesse im CRM-System

Wie dargestellt, sind fachlich strukturierte Prozesse der Ausgangspunkt des CRM-Ansatzes in der LBB. Diese müssen in der IT, also im CRM-System, abgebildet werden. Entscheidend ist hierbei, dass im ganzheitlichen CRM-Prozess alle Aktivitäten und Vertriebssteuerungsinformationen in einen einheitlichen Datenhaushalt zusammengeführt werden. In den einzelnen CRM-Prozessphasen können hierbei durchaus unterschiedliche Tools zur Anwendung kommen. Die Integration der CRM-Prozesse in IT-Systeme und eine Verknüpfung mit den Systemen der Vertriebssteuerung ist wesentlich und systematisiert beide Aspekte. Auch in der LBB sind Systeme der Vertriebssteuerung neben CRM-Systemen vorhanden. Strategische CRM-Prozesse, wie z.B. die Kundensegmentierung, der Fokuskundenprozess oder Prozesse der Preispolitik, werden in einem strategischen CRM-System zunächst getrennt von operativen CRM-Prozessen systemisch unterstützt. Für die operativen CRM-Prozesse werden Module der Siebel CRM-Anwendung von Oracle eingesetzt. Das gut strukturierte operative CRM-System als Kunden-Informationssystem zeigt die auf den Kunden verdichteten relevanten Informationen, die eine Fokussierung des Vertriebs, auch der Produktspezialisten, mit den richtigen Kunden (Ertrag und Potenzial) sicherstellt. Es unterstützt auch den kundenindividuellen Potenzialmanagementprozess durch Identifizieren und Ausschöpfen von Cross-Selling-Potenzialen. In der Detailsicht wird z.B. die Potenzialhebung und die Vertriebsphase im Potenzialmanagmentprozess abgebildet. Die Hinterlegung der Gesprächsergebnisse, z.B. eines Strategiegesprächs erfolgt ebenfalls im operativen CRM-System.

Das operative CRM-System ist internes Kommunikationsmittel zwischen den Beteiligten des Vertriebsprozesses. Es unterstützt das aktive Selbstmanagement des Salesteams. Die Ergebnisse der Kundenbetreuungsprozesse werden im strategischen CRM-System durch auf die Vertriebsstruktur ausgerichtete Reportingstrukturen transparent gemacht. Standardisierte Reports schaffen Transparenz über die relevanten Teilprozesse in der Kundenbetreuung. So wird etwa im Aktivitätenreport die Umsetzung der strukturierten Beratungsgespräche durch den Vertrieb transparent und nachhaltbar.

10.4 Fazit

Heute unterstützen die CRM-Systeme erfolgreich die aktive Marktbearbeitung im Firmenkundengeschäft der LBB. Vor dem Hintergrund der gewonnenen Erfahrungen lassen sich folgende grundsätzliche Erkenntnisse festhalten:

- Die Einführung eines CRM-Systems ist nur dauerhaft erfolgreich bei konsequenter Ausrichtung der Geschäftsstrategie auf den Vertrieb. Entscheidend ist ein gesamthaftes Verständnis von CRM als Managementansatz der Vertriebssteuerung.

- Dies bedingt eine CRM-Strategie. Damit ist die Einführung eher eine Frage der Kultur und strategischen Konzeption denn eine Frage des reinen Einsatzes eines IT-Systems.

- Die CRM-Strategie muss prozessual und instrumentell hinterlegt werden.

- Die Prozesse und die CRM-Systeme müssen ganzheitlich integriert, verknüpft und aufeinander ausgerichtet sein. Die CRM-Systeme dürfen keine Insellösung sein. Die fachlich strukturierten Prozesse bestimmen die Prozesse im CRM-System und nicht umgekehrt.

- Das CRM-System muss durchgängig in allen Funktionen und Kernprozessen von den Mitarbeitern des Vertriebes und der Vertriebssteuerung beherrscht und genutzt werden. Die Integration der Systeme in die tägliche Arbeit ist Kernpunkt der erfolgreichen Umsetzung.

- Damit werden Vertriebstätigkeiten im Firmenkundengeschäft transparent und können in einem gezielten Controlling ausgewertet und permanent verbessert werden. Dies erfordert eine aktive Rolle der Führungskräfte im Vertrieb.

Die Implementierung von CRM-Anwendungen setzt immer die Umsetzung notwendiger Strategien voraus – erst am Ende steht der IT-Einsatz. Denn letztentscheidend für den Erfolg eines CRM-Ansatzes ist die stringente Umsetzung. Der zentrale Erfolgsfaktor für ein dauerhaftes und nachhaltiges CRM-Verständnis ist das Management der CRM-Prozesse. Damit ist CRM wesentlicher Teil der Führungsaufgabe und ein dem Wandel unterliegender auf Dauer ausgerichteter Veränderungsprozess. Die so strukturierten Vertriebsprozesse werden durch Integration in den CRM-Kreislauf Schlüssel zur Ertragsverbreiterung.

11 Praxisbeispiel: Innovatives Kundenloyalitäts- management bei der DAB bank AG

11.1 Herausforderungen des neuen Jahrtausends

Viele Unternehmen haben sich noch nicht aus ihrer Schockstarre befreit, die sie angesichts der zunehmenden Mündigkeit ihrer Kunden eingenommen haben. Informationsgesellschaft und Internetökonomie machen den Markt für den Kunden, besonders bei Finanzdienstleistungen, deutlich transparenter. Mehr und mehr Produkte werden digitalisiert und dem Kunden kostengünstig auf elektronischem Wege angeboten. In dieser New Economy Multioptionsgesellschaft können Kunden die benötigten oder ersehnten Produkte auf den verschiedensten Vertriebswegen heute frei wählen.

11.1.1 Kunden sind heute zufrieden und morgen bei der Konkurrenz

Ein weitverbreitetes Phänomen ist, dass Unternehmen durch Marktforschungsstudien eine ordentliche oder sogar hohe Kundenzufriedenheit attestiert bekommen. Das schlimmste, was man in Folge tun kann ist, sich treuer und loyaler Kunden sicher zu sein. Auch „one-night-stand customers", also Kunden die einmal ein Produkt kaufen, können sowohl mit dem Einkaufserlebnis als auch mit dem Einkaufsergebnis hoch zufrieden sein, kaufen jedoch beim nächsten anstehenden Bedarf beim Konkurrenten. Kundenzufriedenheit kann also keinesfalls mit der für Unternehmen überlebenswichtigen Kundenloyalität gleich gesetzt werden.

Die Loyalität von selbst langjährigen Kunden hat einen Tiefstand erreicht. In dieser Situation sind Unternehmen gezwungen, neue Wege zu gehen, um sich im hart umkämpften Markt behaupten zu können und der Konsolidierung zu entgehen.

Der Shareholder Value wird immer stärker durch den Kundenwert geprägt. Dieser kann nur durch absolute Kundenorientierung nachhaltig gesteigert werden. Wie innovativ muss das CRM der Zukunft sein, um Preiskämpfen erfolgreich zu begegnen, Kundenabwanderung zu verhindern und dem Verlust von Marge und Profitabilität entgegenzuwirken? Das CRM der Zukunft erfordert einen Paradigmenwechsel bei der Ausrichtung der Unternehmensstrategie.

Bestehende Kundenverbindungen müssen optimal genutzt, langfristig gesichert und neue Wachstumsmärkte und Zielgruppen müssen erschlossen werden. Dabei führen die Orientierung am Bedarf der Kunden sowie die Differenzierung von Wettbewerbern durch Begeisterung der Kunden zur ersehnten Loyalität, die über den nachhaltigen Unternehmenserfolg entscheiden wird.

11.1.2 Der Trend geht zur „Viertbankverbindung"

Bisher waren Konsumenten dankbar über persönliche Verkaufsberatungen und Hochglanzbroschüren zu den auserkorenen Produkten, was sie wiederum mit nahezu blindem Vertrauen und Kauf des angepriesenen Produktes erwiderten. Bis zu dem Tag, als mehr oder weniger plötzlich ein neues Zeitalter anbrach. Zum einen wurden Menschen darauf konditioniert, zu konsumieren und gleichzeitig geizig sein zu können, zum anderen lernten Bankkunden, wie einfach es ihnen gemacht wird, wegen wenigen Prozentpunkten hin oder her den Finanzdienstleister ihres Vertrauens zu wechseln bzw. eine Zweit-, Dritt- oder sogar Viertbankverbindung einzugehen.

Die Komplexität in unserem Alltag stieg dadurch drastisch an. Dem errungenen Vorteil, an der einen oder anderen Stelle ein Schnäppchen gemacht zu haben, stand für Viele der Nachteil von einer Vielzahl neuer oder zusätzlicher Geschäftsverbindungen gegenüber.

In den letzten ein bis zwei Jahren haben sich Verhaltensmuster der Kunden zum beschriebenen Evolutionsstand noch weiterentwickelt. Weitere Erklärungen für die beschriebenen Entwicklungen findet man auch bei Betrachtung des informationstechnologischen Fortschritts.

11.1.3 Volkssport „Zinshopping"

Der Erfolg des Internets macht die Märkte für den Kunden immer transparenter. Kunden können Produkte immer besser vergleichen. Dies macht sich insbesondere auch im Banken- und Finanzdienstleistungssektor bemerkbar. War es noch vor zehn Jahren für einen Kunden ein immenser Aufwand, die einzelnen Produkte, wie z.B. Geldanlagen, zu vergleichen, lassen sich die wichtigsten Fakten, wie beispielsweise Zinssatz und Gebühren, heute sehr schnell gegenüber stellen. Wir leben in einer Multioptionsgesellschaft mit einer unüberschaubaren Informationsflut, in der Kunden fast unbegrenzte Wahl- und Vergleichsmöglichkeiten haben. Durch technische Neuerungen, wie z.B. Web 2.0, werden die Möglichkeiten der Meinungsbildung noch vielfältiger.

Der bereits erwähnte harte Zinswettbewerb der letzten 18 bis 24 Monate verleitet den Kunden zum Beispiel zum schnellen Wechseln zwischen unterschiedlichen Finanzdienstleistern. Manche Banken bezeichnen dies mittlerweile mit dem Begriff Zinshopping. Gerade aus diesem Grund benötigen Unternehmen zunehmend mehr Informationen über ihre Kunden, um sich den Herausforderungen der Re-Loyalisierung stellen zu können. Customer Relationship Management (CRM) in seiner bisherigen Ausrichtung ist hier oftmals nicht umfassend genug. Auf dem schnelllebigen Markt reicht es nicht mehr aus, den Kunden auf Basis seiner bisherigen abgeschlossenen Aufträge zu analysieren.

Das starke Bindeglied der Beziehung zwischen Kunde und Unternehmen degenerierte innerhalb vergleichsweise kurzer Zeit zum seidenen Faden. Die über Jahre hinweg entwickelte Kundenbindung und Loyalität des Kunden zum Unternehmen wird durch die zunehmende Mündigkeit des Kunden derzeit auf die Probe gestellt. Bisher gut funktionierende Instrumente der Kundenloyalisierung müssen durch alt bekannte und zugleich innovative Ansätze, die das „Wollen" der Kunden zentrieren, ersetzt werden.

11.1.4 Trendumkehr: Simplify Your Customer's Life!

Bekanntermaßen bietet jede Krise sowohl Gefahren als auch mehr denn je substanzielle Chancen, über neue Wege und den Einsatz innovativer Methoden gestärkt in die Zukunft zu starten.

Es stellt sich die Frage, wie es Unternehmen innerhalb kurzer Zeit schaffen sollen, eine Trendumkehr des beobachteten Kundenverhaltens zu erreichen?

Innovative Ansätze wie der Wandel vom bisher bekannten CRM zum CMR (Customer Managed Relations) bieten eine einzigartige Chance, eine absolute Kundenorientierung gefolgt von einer Kunden-Re-Loyalisierung als zielführende Philosophie zur Unternehmenssteuerung zu verankern.

Dabei steht die Erkenntnis, dass der Kunde seine Geschäftsbeziehungen bestimmt und gestaltet, im Zusammenhang mit der Zielsetzung, alles dafür zu tun, Komplexität zu reduzieren und das Leben der Kunden zu vereinfachen.

Im Finanzdienstleistungsbereich bedeutet das, Antworten auf eine Vielzahl von Fragen zu finden, wie z.B. „Wie schaffen wir es, dass wir den gesamten Kundenbedarf an Bankdienstleistungen aus einer Hand abdecken können?" oder „Wie schaffen wir es, dass aus unseren Kunden Fans werden?" oder „Was müssen wir tun, um ein Zinshopping der Kunden zu stoppen?".

11.2 Trilogie des Kundenloyalitätsmanagements

Die Komplexität der oben dargestellten Fragestellungen kann über das Lösungskonzept „Trilogie des Loyalitätsmanagements" orchestriert und gelöst werden.

Oracle CRM bzw. Siebel bietet für die Herausforderungen im Kundenmanagement eine solide Basis mit allen notwendigen Funktionalitäten, die man sich zur strategischen und operativen Steuerung des Kundenkontakts wünschen kann.

CRM-Applikationen wie Oracle CRM bzw. Siebel sind die Voraussetzung dafür, dass alle Mitarbeiter zu jedem Zeitpunkt über alle relevanten Informationen verfügen, z.B. wissen, wie wertig der Kunde ist, mit dem sich der Call Center Agent gerade im Gespräch befindet, oder für die Vorbereitung eines Gesprächs mit einem Top Kunden einschätzen können, wie hoch dessen Abwanderungsgefährdung ist und ob Gegenmaßnahmen einzuleiten sind.

In der Kundenmaske der CRM-Anwendung (Abb. 11–1) sollten neben den wichtigsten persönlichen Daten des Kunden auch eine Auswahl der aussagekräftigsten

Kennzahlen wie eben der Kundenwert, der Kundenloyalitätsindex oder der Churn-Faktor (Abwanderungsgefahr des Kunden) angezeigt werden.

Es ist darauf zu achten, dass es im CRM-System nicht zu einer Reizüberflutung bzw. Informationsinflation kommt. Stehen dem Mitarbeiter zu viele Kundeninformationen zur Verfügung, besteht die Gefahr, dass man den Blick auf die wesentlichen Steuerungsgrößen verliert und eher das Bauchgefühl des Vertriebsmitarbeiters anstatt harte Fakten im Vordergrund stehen. Auch hier gilt: weniger ist oftmals mehr. Keep it simple!

Abbildung 11–1: Screenshot: Kundencockpit in Siebel CRM

11.2.1 Zusammenspiel der Kennzahlen und Steuerung mit Oracle CRM

Das Ziel, profitable Kunden zu identifizieren, zu gewinnen und langfristig an das Unternehmen zu binden, kann mit Hilfe von Siebel CRM in der Unternehmenssteuerung mit der Trilogie (Abb. 11–2) aus den folgenden Kennzahlen strategisch und operativ beantwortet und umgesetzt werden:

- Kundenwert
- Loyalitätswert pro Kunde
- Churnwert pro Kunde

Die Herausforderung des Kundenloyalitätsmanagements liegt unter anderem in der Erkenntnis, dass Unternehmen nicht alle ihre Kunden und vor allem auch wertige Kunden nicht um jeden Preis halten können.

Die Segmentierung des Kundenstamms in Kombination mit der Berechnung des Kundenwertes bildet die Grundlage für CRM-strategische Entscheidungen, welche Kunden als profitabel angesehen und langfristig an das Unternehmen gebunden werden sollen. Weiterhin gibt der Kundenwert in Verbindung mit der durchschnittlichen Kundenbeziehungsdauer eine Orientierungshilfe, wie viel sie in die Kundenbeziehung investieren können oder wollen, damit sich die Investition amortisieren kann.

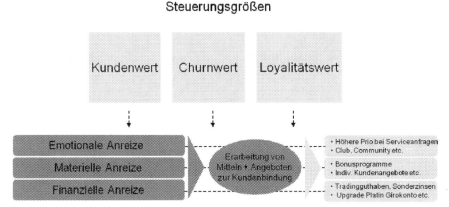

Abbildung 11–2: Trilogie des Kundenloyalitätsmanagements

In Abb. 11–1 ist das Zusammenspiel zwischen Kundensegment und dem noch detaillierterem Kundensubsegment zu sehen. Die Platzierung dieser Kernelemente im sogenannten Kundencockpit in Siebel, gibt zum einen den Mitarbeitern, die im direkten Kundenkontakt stehen, jederzeit aussagekräftige und entscheidungsunterstützende Informationen. Zum anderen können diese Steuerungs-Kennzahlen natürlich auch über Siebel Analytics zur Beantwortung vertriebsstrategischer Fragestellungen oder für Kampagenenselektionen herangezogen werden. Mit Siebel CRM kann der closed loop zwischen dem analytischen, operativen und kollaborativen CRM uneingeschränkt hergestellt werden.

Neben der Segmentierung des Kundenstamms ist eine weitere Kundentypologisierung zu empfehlen. Aus der sich ergebenden Matrixstruktur können Unternehmen Rückschlüsse ziehen, mit welchen kommunikativen bzw. individuellen Kundenbindungsmaßnahmen die intrinsische Motivation eines jeden Kunden „angekitzelt" werden kann, langfristig einem Unternehmen treu zu bleiben. Grob können emotionale, materielle oder finanzielle Anreizsysteme unterschieden werden.

Die nachfolgende Handlungsmatrix (Abb. 11–3) visualisiert die unternehmensintern definierte CRM-Strategie, die je nach Ausprägung der KPI-Trilogie entsprechende Handlungsimpulse für durchzuführende Kundenbindungsaktivitäten ableiten lässt. Über sog. Dashboards in Siebel Analytics kann diese Handlungsmatrix auch automatisiert und systemisch abgebildet werden.

Handlungsmatrix – Trilogie des Kundenloyalitätsmanagements

Kundenwert	Niedrig	Mittel	Hoch
Abwanderungsgefahr (Churn)	Niedrig	Mittel	Hoch
Kundenloylität	Niedrig	Mittel	Hoch

CRM - Strategie

Aktivierungs- Churn- Kundenbindungs-
Kampagnen

(Re)-Loyalisierung der Kunden

Abbildung 11–3: Handlungsmatrix Kundenloyalitätsmanagement

Worin liegt nun der entscheidende Mehrwert der Steuerung der Kundenloyalität nach den Kennzahlen Kundenwert, Abwanderungsgefahr und Kundenloyalität? Die Betrachtung der Kundenbeziehung auf Basis der KPI-Trilogie kombiniert sogenannte „lagging" und „leading" Indikatoren. Die Analyse der Kundenbeziehung beinhaltet auf diese Weise sowohl die Retrospektive (welche beobachtbaren und messbaren Kundenaktivitäten der Vergangenheit führten zum festgestellten Maß der Kundenloyalität) als auch die Prognose (wie wahrscheinlich ist es, dass ein oder mehrere Kunden innerhalb eines zu definierenden Zeitraumes abwandern werden).

Auch wenn sich die Kennzahlen-Abwanderungsgefahr (leading indicator) und Kundenloyalität (lagging indicator) auf den ersten Blick ähneln, wird schnell deutlich, dass die Berechnung der beiden Kennzahlen sehr voneinander abweicht und unterschiedliche Interpretationen zulassen.

Mit dem nachfolgenden Screenshot (Abb. 11–4) soll die Möglichkeit der Darstellung der Abwanderungsgefährdung in Siebel veranschaulicht werden.

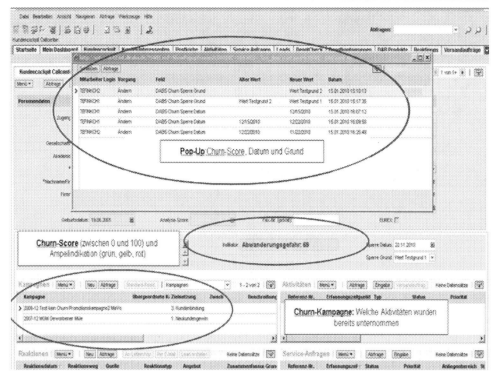

Abbildung 11–4: Screenshot Kundencockpit in Siebel mit Churn-Informationen

Der zwischen den Werten Null und 100 liegende Churn-Score (Abwanderungsge-fährdung des Kunden) wird je nach Ausprägung mit den Ampelfarben visualisiert. Dies lässt auf den ersten Blick eine verlässliche Einschätzung der „Gefährdungsla-ge" zu.

In dieser Siebel-View können noch weitere wichtige Informationen zum Thema Churn-Management platziert werden. Beispielsweise können bereits laufende Churn-Kampagnen oder Churn-Sperrgründe im Kundencockpit angezeigt werden.

Die nachfolgend dargestellte Handlungsmatrix (Abb. 11–5) stellt im analytischen CRM eines Unternehmens ein zentrales Steuerungsinstrument dar, die insbesonde-re kritische Kundensituationen verdeutlichen kann.

Ein hoher Kundenwert, hohe Abwanderungsgefahr gepaart mit einer niedrigen Kundenloyalität, schreit förmlich nach extremem Handlungsbedarf in Form einer Kampagne zur Verhinderung der Abwanderung von Top Kunden.

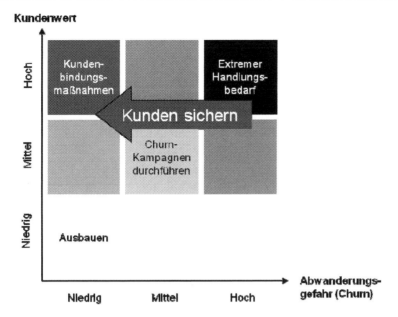

Abbildung 11–5: Kundenwert-Churn-Portfolio

Unternehmen sehen sich häufig der Herausforderung gegenüber, dass manche essentiellen Steuerungskennzahlen noch nicht berechnet werden oder nicht im Data Warehouse verfügbar sind. In diesem Falle ist eine schrittweise Vorgehensweise zur Erhebung der wichtigsten KPIs zu empfehlen.

Wie die Abbildung, bestehend aus der Zweidimensionalität Kundenwert und Abwanderungsgefahr zeigt, lassen sich bereits aus der Gegenüberstellung zweier Kennzahlen essentielle Handlungsempfehlungen ableiten und dem Top Management gegenüber veranschaulichen.

Selektionen der jeweiligen Kunden und aktuelle Mengengerüste lassen sich bedienerfreundlich in Sekunden über Siebel Analytics abfragen. Dies kann auch automatisiert erfolgen und mit Hilfe des Moduls Siebel Delivers an definierte Mitarbeiter verschickt werden.

11.2.2 Prozess-Reorgansiation und Operationalisierung

Märkte und Kunden sind in Bewegung – das wirtschaftliche Umfeld für Unternehmen nahezu aller Branchen hat sich stark verändert. Besonders die letzten Monate der Finanzmarktkrise haben gezeigt, wie schnell die Wellen des Wandels auf uns hereinbrechen können. Veränderungsbereitschaft, Agilität in der Unternehmensführung und Begeisterung der Kunden sind Grundvoraussetzung für unternehmerischen Erfolg in der Zukunft.

„It is not the strongest that survives, nor the most intelligent, but the one most responsive to change.“

Den Veränderungen des Marktes zum Trotz, die Wichtigkeit und Bedeutung bestimmter Kennzahlen für die Unternehmenssteuerung wie z.B. die Trilogie des Kundenloyalitätsmanagements bleibt stabil!

Was jedoch mit dem allgegenwärtigen Wandel „mitatmen" muss, sind die internen Geschäftsprozesse und das Change Management, das die stetige Anpassung und Optimierung vorantreibt. Das Zauberwort seit geraumer Zeit heißt BPR – Business Process Redesign. Es genügt heutzutage jedoch leider nicht mehr, dass Prozessmanager die von ihnen verantworteten Prozesse kritisch prüfen und ggf. Effizienzsteigerungen durch Redesigns realisieren. Vielmehr benötigen Unternehmen zukünftig einen Dirigenten, der die Orchestrierung von Querdenkern, Marktbeobachtern, Innovatoren, Controllern, Vertriebsprofis, Marketiers und Top Managern auf der einen Seite und Prozesswelten, Steuerungskennzahlen, CRM-Systemen und gesetzlichen Regularien auf der anderen Seite vornehmen kann. Oracle CRM bzw. Siebel bietet auch bei der Notwendigkeit der Anpassung bzw. Optimierung von Geschäftsprozessen die geforderte Agilität, an neue Prozesse adaptiert werden zu können.

Unternehmen, die in den Märkten der Zukunft erfolgreich sein wollen, gleichen einem Hochleistungssportler, der mit einem Lächeln auf dem Gesicht ein sauberes Spagat von der Orchestrierung der Komplexität der unternehmerischen Herausforderung zur nachhaltigen Begeisterung der Kunden und damit verbunden Komplexitätsreduktion für die Kunden zur langfristigen Kundenloyalität kommt. CRM-Applikationen wie Siebel stellen eine unverzichtbare Hilfe bei der Bewältigung der täglichen Herausforderungen im Kundenmanagement dar.

12 Praxisbeispiel: Best Practices für die Einführung von Oracle CRM im pharmazeutischen Außendienst – ein Erfahrungsbericht von Lilly Deutschland GmbH

12.1 Ausgangssituation

In den Jahren 2004/2005 hat die Lilly Deutschland GmbH Ihre Kundenstrategie wesentlich weiterentwickelt. Neben der klassischen Kundenbeziehung „Pharmaberater – Arzt" rückten neue Vertriebskanäle (e-channels) und Kundengruppen (z.B. Krankenkassen, Kassenärztliche Vereinigungen) in den Fokus. Die Zielsetzung, maßgeschneiderte Produkte und Dienstleistungen für die jeweilige Kundengruppe bereitzustellen, war mit der im Einsatz befindlichen Sales Force Automation Software nicht mehr optimal zu unterstützen.

Im Rahmen der globalen Lilly CRM-Strategie wurde „Oracle Siebel CRM, Vertical Pharma" als neue IT-Plattform ausgewählt. Als interner Systemname wurde „OneLilly" gewählt.

Anfang 2006 wurde eine CRM-Roadmap für die Lilly Deutschland GmbH mit folgenden Zielvorgaben erstellt:

- Umstellung von ca. 600 Mitarbeitern im Außendienst und der Innendienst Supportstruktur auf OneLilly.
- Anpassen der lokalen Geschäftsprozesse und unterstützenden IT Systeme, da das neue System wo immer möglich mit globalen business rules arbeiten sollte.
- Erarbeitung und Anwendung eines ganzheitlichen Organizational Change Management (OCM)-Ansatzes, der sich primär auf die Business Strategie ausrichtet. Eine verkürzte Wahrnehmung „CRM = neues IT System" sollte vermieden werden.

12.2 Projektumsetzung

12.2.1 Vorbereitung

Die Einführung der OneLilly-Plattform wurde als globales Programm durchgeführt. Ab 2007 war pro Jahr ein neues Release vorgesehen, in dem neue Funktionalitäten eingeführt wurden und neue Lilly-Filialen auf die OneLilly migriert wurden. Lilly Deutschland war für Release 2 im Sommer 2008 eingeplant, zusammen mit Mexico und Australien. Für das Projektmanagement wurde die „Critical Chain"-Methode eingesetzt.

Die Grundprinzipien für alle OneLilly Releases waren

a. eine enge Zusammenarbeit zwischen Business und IT Gruppen; das globale Projektteam bestand aus Sales, Marketing und IT Mitarbeitern und so sollten auch die Implementierungsteams in den Filialen zusammengesetzt sein.

b. globale Geschäftsprozesse waren der Standard, lokale Abweichungen mussten entsprechend begründet werden.

c. sorgfältige Planung und Ausführung der Change Management-Maßnahmen (OCM), die weit über klassische Schulungen hinausgingen.

d. die Nutzung einer zentralen IT-Instanz.

Vor der Einführung von OneLilly wurde in Q2/2007 ein „Affiliate Readiness Assessment" durchgeführt. Hierbei wurden Grundvoraussetzung für die erfolgreiche Einführung überprüft und ggf. Verbesserungsmaßnahmen empfohlen.

Bewertet wurden u.a.

- Kompatibilität der Business-Prozesse mit OneLilly;
- Datenqualität, insbesondere Kundenstammdaten;
- Vorhandende IT Infrastruktur incl. PC Ausstattung im Außendienst;
- IT Kenntnisse im Außendienst.

Der nächste Schritt vor der Einführung war das sogenannte „Model Office" – ein mehrtägiger Workshop mit dem globalen CRM Team und dem Lilly Deutschland-Projektteam, in dem das System mit Stand des Release 1 demonstriert und spezifische Requirements der Lilly Deutschland GmbH erarbeitet und aufgenommen wurden. Nach dessen Abschluss galt ein sog. „scope lock", d.h. weitere Funktionalitäten wurden nicht mehr in das Release 2 aufgenommen.

12.2.2 OneLilly Deployment

Der Rollout des Release 2 von OneLilly wurde für das zweite Quartal 2008 geplant. Im April war eine Pilotphase mit einigen Außendienstlinien vorgesehen, an die sich die breite Implementierungsphase anschloss. Zusammen mit der Umstellung auf OneLilly wurden alle Außendienstmitarbeiter mit neuen Tablet-PCs ausgestattet. Um den Rollout möglichst effizient zu gestalten, wurden geplante Außendiensttagungen im 2. Quartal für den HW-Tausch und die OneLilly-Schulungen um 1 Tag verlängert.

Die Umstellung gestaltete sich für die Außendienstmitarbeiter so, dass sie am ersten Tag Ihre alten Notebooks abgaben und am nächsten ihre neuen Notebooks, mit installierter OneLilly-Applikation mit in die Schulung nehmen konnten. Die Installation der PCs wurde durch IT über Nacht durchgeführt.

Mit Beginn des Jahres 2008 starteten auch die Operational Change Management (OCM)-Maßnahmen mit Kommunikationen und Informationsveranstaltungen rund um Lilly Deutschlands CRM-Strategie. Gleichzeitig wurde mit einem externen Schulungspartner ein Trainingskonzept erarbeitet, das durch die Erkenntnisse aus der Pilotphase nochmals angepasst wurde.

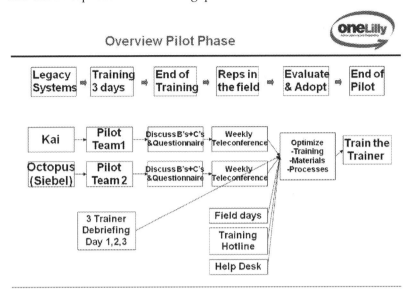

Abbildung 12-1:   Ablauf Pilotphase

12.3 Erfolgsfaktoren bei der Einführung von OneLilly in Deutschland (Best Practices)

Die Einführung von OneLilly verlief weitgehend reibungslos, was für die Akzeptanz des neuen Systems im Außendienst elementar wichtig war. Im folgenden einige Zitate hierzu:

„Bislang kann ich die Implementierung nur als vollständig gelungen werten. Besonders gefallen haben mir:

- *die ausgezeichnet gebrieften, rhetorisch und didaktisch sehr gut ausgebildeten und mit den Lilly-interna gut vertrauten Trainer*
- *die frühzeitige und regelmäßige (!) Kommunikation*
- *die Vorbereitung auf das Training per Lern-CD und Online-Test*
- *das Stufenkonzept, das zuerst die DSMs und KAI-Coaches schult*
- *den didaktischen Aufbau des Trainings selbst und die auflockernden Übungen und spielerischen Zwischentests*
- *die reibungslose Logistik im Hintergrund – Laptopabgabe – Zimmerbuchung – Bustransfer – Catering klappte alles"*

„Alles in allem ein wasserdichtes Projektmanagement, das der Größe und Bedeutung von OneLilly sicherlich gerecht wird.“

Zusammenfassend waren für die erfolgreiche Einführung von OneLilly folgende Erfolgsfaktoren ausschlaggebend:

(1) **Logistischer Ansatz:** die Ausfallzeiten im Feld wurden durch den logistischen Ansatz minimiert: Nutzung der geplanten Außendiensttagungen, Kombination mit dem HW-Austausch „over night".

(2) **Testphase im Rollout:** der Rollout wurde zunächst in einer Pilotphase „geübt" und dort gewonnene Erkenntnisse flossen sowohl in das Trainingskonzept als auch den logistischen Ansatz ein.

(3) **Orientierung an den fachlichen Geschäftsprozessen im Test:** das Trainingskonzept orientierte sich an den wesentlichen Geschäftsprozessen im Außendienst und nicht an den Funktionen des IT-Systems; in der Pilotphase wurden 3 Trainingstage genutzt, um wertvolles Feedback zu gewinnnen und die externen Trainer optimal vorzubereiten.

Strategischer Fokus auf die Fachlichkeit durch Change Management: die Außendienstmitarbeiter sahen in dem Projekt weniger einen IT-Systemwechsel als vielmehr die Einführung einer neuen Kundenstrategie. Gleichzeitig wurde Ihnen dazu das maßgeschneiderte System geliefert. Dies war ein wesentlicher Erfolg des **Change Management Konzeptes**, in das auch die Geschäftsleitung aktiv einbezogen war. Die OneLilly-Einführung war Teil der Lilly Deutschland-Unternehmensziele in 2008, was dessen strategische Wichtigkeit untermauerte. Das Top-Down committment des Managements wurde nachhaltig und konsistent bei allen Kommunikationen zu OneLilly demonstriert – insbesondere bei den Außendiensttagungen.

13 Praxisbeispiel: Oracle CRM On Demand @Customer am Beispiel der Swisscom (Schweiz) AG

13.1 On Demand parallel zu On Premise

Mit der folgenden Fallstudie wird ein Oracle CRM On Demand-Projekt beleuchtet, welches parallel zu einer laufenden Oracle Siebel CRM-Implementierung durchgeführt wurde. Mit anderen Worten, es wurden beide Betriebsmodelle, sowohl basierend auf SaaS wie auch als in-house-Modell beim selben Kunden implementiert, jeweils für unterschiedliche Geschäftsbereiche: SaaS für Geschäftskundenbetreuung und in-house für das Individualkundengeschäft. Im weiteren Verlauf der Fallstudie konzentrieren wir uns jedoch ausschließlich auf die Implementierung basierend auf Oracle CRM On Demand in der Corporate Business Unit (CBU) also dem Geschäftskundenbereich.

13.2 On Demand @Customer: Einhaltung der datenschutzrechtlichen Rahmenbedingungen

Als eine weitere Besonderheit des Projektes ist zu unterstreichen, dass die Swisscom sich für eine Einführung von On Demand im sogenannten @Customer-Modell entschied, d.h. die Lösung wird nicht – wie im Standard üblich – im Datacenter bei Oracle in Texas, USA, sondern auf Swisscom Infrastrukturen in der Schweiz, innerhalb der eigenen Räumlichkeiten installiert und betrieben. Dabei übernimmt Oracle den Unterhalt und Wartungsarbeiten von Remote. Ausschlaggebend für diesen Entscheid war die Einhaltung der restriktiven Rahmenbedingungen bezüglich des Datenschutzes, was insbesondere in der Schweiz auch bei anderen Unternehmungen ein großes Thema ist. Diese von Oracle angebotene Variante wurde zum ersten Mal bei Swisscom eingeführt und hat deshalb Modellcharakter für weitere Kundensituationen, in denen gleiche oder ähnliche Herausforderungen an Datenhaltung gestellt werden.

13.3 Motivation für ein On Demand-Projekt

Die Account- und Salesmanager der CBU sahen sich einem steigendem Wettbewerbsdruck bei gleichzeitiger Erhöhung der Anzahl ihrer Accounts und Verträge ausgesetzt. Die Systemunterstützung, insbesondere für Accountmanagement und Sales Force Automation, wurde als nicht mehr adäquat für eine professionelle und vor allem effiziente Pflege der Kundenbeziehungen gesehen. So mussten die Accountmanager beispielsweise ihre Informationen zeitaufwändig aus mehreren Systemen zusammensuchen. Darüber hinaus wurden die verwendeten Methoden zum Opportunity- und Accountmanagement in den bestehenden Systemen nicht abgebildet, was die Produktivität im Vertrieb massiv beeinflusste.

13.4 Ziele und erwartete Nutzen

Aus Sicht des Managements wurden folgende übergeordneten Zielsetzungen an das CRM-Projekt gestellt:

- Steigerung der vertrieblichen Effizienz durch 360°-Kundensicht

- Verkürzung des administrativen Aufwands und Vereinfachung der Sales-zyklen durch integrierte Vertriebsmethoden

- Transparenz über geschäftliche Aktivitäten und exakte Forecasts durch Abbildung eines vereinheitlichten Sales Funnels

- Vollständige Transparenz über Großkunden und Abbildung der Strukturen inklusive allen Tochtergesellschaften

Nach einer eingehenden Software Evaluation entschied sich Swisscom für eine SaaS-Lösung, da die zu erwartenden Einführungszeiten und Gesamtkosten typischerweise deutlich unter denen eines On Premise-Projektes liegen. Die CBU-eigene Verkaufsmethodik basierend auf TAS (Target Account Selling) wird mit standardnahen Oracle CRM On Demand-Funktionalitäten auf Basis des Release 16 abgebildet. Das Swisscom-eigene Account Planning wurde ebenfalls im Standard vollständig integriert und ermöglicht eine effiziente Planung und Steuerung des Tagesgeschäfts der Mitarbeiter. Im Standard bietet das System die benötigte 360°-Sicht auf die Kunden bzw. das Kundenportfolio der Sales- und Accountmanager.

13.5 Erweiterung der On Demand Standard-Funktionalität

Oracle CRM On Demand deckt schon eine Vielzahl an CRM-Funktionalitäten im Standard ab und überzeugt darüber hinaus durch die einfache Erweiterbarkeit über Java und HTML-Programmierung. Im Falle von Swisscom wurden notwendige Erweiterungen wie zum Beispiel Kalkulationen für die Feldvalidierung oder Kalkulationen auf Opportunity-Ebene in Java programmiert und auf dedizierte Server ausgelagert. Die Resultate werden dann nach Bedarf über Web Services zurück in die On Demand-Datenbank gespielt oder in Applets innerhalb der On Demand-Anwendung dargestellt. Weitere Beispiele, wo Erweiterungen über Java und HTML realisiert wurden:

- Explorer-Ansicht mit Drilldown-Funktionalität, um durch die Account-Strukturen zu navigieren

- Implementierung von erweiterter Funktionalität für Enterprise Selling Process (ESP) und Portfolio Management Process (PMP), in Kombination mit den Custom Objects (siehe weiter unten)

Abbildung 13-1: Beispiel Funktionserweiterung: Explorer-View

13.6 Erweiterung der verfügbaren Objekte

Die von On Demand angebotenen Objekte sind vielfältig, doch trifft man in den meisten Kundensituationen doch Anforderungen an, die zusätzliche Objekte verlangen. Im beschriebenen Projekt wurden die von On Demand zur Verfügung gestellten „Custom Objects" verwendet, um die erhöhten Anforderungen für TAS, ESP und PMP abzudecken. Mit den durch CRM On Demand zur Verfügung gestellten OLTP ad-hoc-Reporting Möglichkeiten können diese Objekte dann – kombiniert mit anderen Standardobjekten – wiederum zu Berichtszwecken verwendet und mit anderen Objekten kombiniert werden.

Abbildung 13-2: „Opportunity Assessment" – Beispiel eines Custom Objects

13.7 Integration in bestehende Systemlandschaft

In allen CRM On Demand-Evaluationen oder Implementierungsprojekten spielt die Frage der Integration in die bestehende Systemlandschaft eine wesentliche Rolle. Es geht insbesondere darum, mit der Einführung von Oracle CRM On Demand nicht zusätzliche Dateninseln aufzubauen, sondern möglichst auf vorhandene Quellen und Systeme zuzugreifen, welche in diesem Falle die relevanten Daten für die Kundenbetreuung liefern wie zum Beispiel das bereits vorhandene Siebel CRM On Premise System (SAMBA). Des Weiteren wurden auch durchgängige Ende-zu-Ende-Prozesse integriert, wie beispielsweise den Opportunity Management-Prozess im Zusammenspiel mit dem vorhandenen OTTO (Order Tracking Tool). Für eine ergonomischere Navigation wurde OTTO zusätzlich über eine GUI Integration mit der On Demand-Oberfläche verbunden.

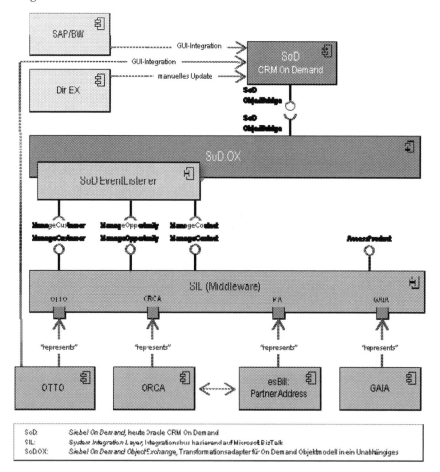

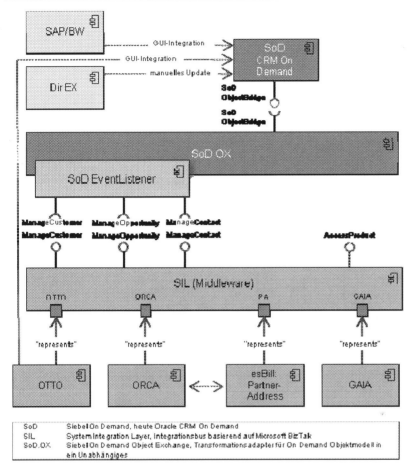

Abbildung 13-3: Integration der Backendsysteme über SIL Bus

Die technische Integration der Backendsysteme wird über die von Oracle CRM On Demand zur Verfügung gestellten Web Services und den bei Swisscom vorhandenen SIL Bus gelöst, welcher in diesem Falle auf Microsoft BizTalk-Technologie basiert. Über sogenannte „Event Listener"-Komponenten werden die benötigten Daten über die Middleware (SIL Bus) ins On Demand gespielt. Die SoD.OX-Komponente seinerseits funktioniert als Adapter und übersetzt das CRM On Demand-Objektmodell in ein unabhängiges Objektmodell und umgekehrt.

Wie bei den meisten CRM Implementierungsprojekten steigt auch bei Swisscom der Gesamtnutzen mit der Breite und Tiefe der Integration. Hierzu gehört auch die nahtlose Einbindung von bewährten Office Tools wie beispielsweise MS Outlook. Eine solche Integration, wo zum Beispiel Emails automatisch in Aktivitäten im CRM System abgelegt werden, ist für spätere Releases bei Swisscom angedacht.

13.8 Rollenkonzept und Zugriffsrechte

Ein weiteres, wichtiges Kapitel beim Einsatz von CRM On Demand in Großkonzernen sind Rollen und Verantwortlichkeiten, respektive die damit verbundenen Zugriffsrechte auf Daten und Funktionalitäten innerhalb der Anwendung. Dank den vorhandenen Möglichkeiten des Produktes Oracle CRM On Demand, konnte im Falle von Swisscom ein Konzept implementiert werden, das im Wesentlichen folgende Situationen bezüglich Rollen und Zugriffsrechten regelt:

- ca. 12 verschiedene Rollen
- Temporärer Austausch von Positionen und Rollen
- Organisationsstruktur mit ihren Hierarchien
- Einbindung von Niederlassungen und Außenstellen

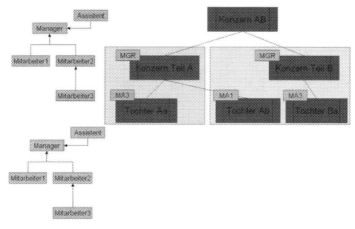

Abbildung 13-4:   Beispiel abzubildender Strukturen, Organisation, Hierarchien

13.9 BI als bedeutende, integrierte CRM-Komponente

Nicht grundlos wird CRM ohne Business Intelligence oft als „Brainless CRM" bezeichnet, da es in allen Initiativen eine immer zentralere Bedeutung gewinnt. Oracle CRM-Kunden sind sich bereits von der On Premise-Technologie mit Oracle BI Enterprise Edition an einen hohen Reportingstandard gewohnt. In On Demand wird dieselbe Technologie eingesetzt und kann in allen Standard-Objekten wie einigen Custom Objects verwendet werden. Der Nutzen des Gesamtsystems wächst stark mit der Intensität der eingesetzten Reportingmöglichkeiten. Bei Swisscom wurden „Custom Reports" verwendet, zum Beispiel für

- Kundenanalyse
- Marketinganalyse
- Pipeline-Analyse
- Sales Funnels
- Quick Lists

Dieses Reporting kann an der jeweils benötigten Stelle verfügbar gemacht werden, also innerhalb der Anwendung und im jeweils richtigen Arbeitsschritt einer Prozesskette. Im beschriebenen Fall sind vor allem Auswertungen bezüglich Vertriebsindikatoren implementiert worden, nachfolgend zwei Beispiele.

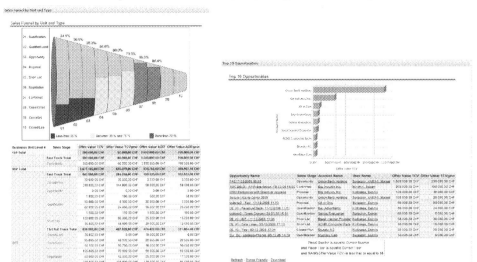

Abbildung 13-5: Beispiele von Standardreports: Sales Funnel, Top 10 Opportunities

13.10 Betriebliche Verantwortlichkeiten im @Customer Modell

Im Gegensatz zu klassischen CRM On Demand-Modellen (Hosting bei Oracle in Texas USA) müssen bei einem @Customer-Modell die Verantwortlichkeiten zwischen dem Kunden und dem Anbieter klar geregelt werden. In den Ursprungsvarianten (Multi Tenant und Single Tenant) sind diese Bereiche nicht im Detail zu betrachten, da CRM im Sinne von SaaS als reiner Service bezogen wird. Im @Customer-Modell übernimmt der Kunde klar die größere Verantwortung, da die Anwendung und die betroffenen Infrastrukturen in den eigenen vier Wänden betrieben werden.

Folgenden Punkten ist bei der Abstimmung des Betriebsmodelles zwischen dem Kunden und dem Anbieter Oracle besondere Beachtung zu schenken:

- Data Center Infrastruktur
- Netzwerk Services
- Hardware und OS Management
- Monitoring und Alerting
- Storage
- Incident Management
- Configuration Management
- Security
- Software Management

- Customer Care für Oracle CRM on Demand
- Release Management

13.11 Zusammenfassung

Folgenden Punkten ist bei Implementierungsprojekten von Oracle CRM On Demand besondere Beachtung zu schenken:

- Immer zuerst die datenschutztechnischen Fragen klären, um das Betriebsmodell zu evaluieren (@Customer oder klassisches Hosting in USA)

- Im @Customer-Modell die betrieblichen Rahmenbedingungen, Rollen und Verantwortlichkeiten zwischen Kunde und Anbieter vorgängig vereinbaren

- Eine Machbarkeitsstudie und ein Proof of Concept respektive Pilot dem eigentlichen Projekt vorlagern, um Grundsätze zu klären und Anforderungen zu managen

- Realistische Ziele bezüglich Zusatzfunktionalitäten setzen, wo möglich die gebotene Standardfunktionalität nutzen (gilt natürlich nicht nur für On Demand)

- Bereits in frühen Releases auch Reporting-Funktionalitäten integrieren, um Zusatznutzen für Anwender zu erhöhen

- Datenhoheit zwischen den Systemen (CRM gegenüber den Backendsystemen) evaluieren und möglichst nur unidirektionale Schnittstellen im ersten Release umsetzen

Abkürzungen

ADF = Application Development Framework.

ADM = Application Deployment Manager

AIA = Application Integration Architecture

BC = Business Component

BPEL = Business Process Execution Language

CLV = Customer Lifetime Value

CR = Change Request

CTI = Computer Telephony Integration

DAC = Data Warehouse Administration Console

DMS = Dokumenten Management System

DWH = Data Warehouse

EAI = Enterprise Application Integration

ECM = Enterprise Contact Management

EIM = Enterprise Integration Manager

ETL = Extract Translate Load

GUI = Graphical User Interface

IO = Integration Object

ITIL = IT Infrastructure Library

KPI = Key Performance Indicator

MDM = Master Data Management

OBI EE = Oracle Business Intelligence Enterprise Edition

OCOD = Oracle CRM On Demand

OCR = Optical Character Recognition

OLAP = Online Analytical Processing

OOTB = Out of the box

PIP = Process Integration Packs

RTD = Real Time Decisioning

SaaS = Software as a Service

SARM = Oracle Siebel CRM Application Response Measurement

SFA = Sales Force Automation

SLA = Service Level Agreement

SMB = Small and Medium Business

SME = Small and Medium Enterprises

SOA = Service-oriented Architecture

SWE = Oracle Siebel CRM Web Engine

SWSE = Oracle Siebel CRM Web Server Extension

TCO = Total Cost of Ownership

UAT = User Acceptance Test

UCM = Universal Customer Master

UI = User Interface

UPM = Universal Product Master

Literaturverzeichnis

Ackerschott, H.: Strategische Vertriebssteuerung, Wiesbaden, 2000.

Backhaus, K./Erichson, B./Plinke, W./Weiber, R.: Multivariate Analysemethoden, Berlin 2000.

Backhaus, K.: Industriegütermarketing, 7. Aufl., München 2003.

Bauer, H.: Vorlesung „Marketingplanung und -controlling". 2001.

Bauer, H./Grether, M.(2002): CRM – Mehr als nur Hard- und Software, in: THEXIS 19 Jg. Nr.1 2002, S.2.

Becker, J.: Strategisches Vertriebscontrolling, 2. Aufl., München 2001.

Bingham, B.: CRM Case Study: Field Service Meets WAP as PricewaterhouseCoopers Deploys Siebel 2000 to Empower First Service Networks' Field Service Representatives, 2001.

Blattberg, R.C./Thomas, J.S.: The fundamentals of Customer Equity Management, in: Bruhn, M./Homburg, C.: Handbuch Kundenbindungsmanagement, Wiesbaden 1998, S. 329-357.

Brewton, James: Implementing a CRM Scorecard, in: www.crm-forum.com, 2001 (Internet).

Cap Gemini Ernst & Young Consulting: Paths to Differentiation, Spezialreport für den Finanzsektor, 2001.

Chase, Richard B./Dasu, Sriram: "Want to Perfect Your Company's Service: Use Behavioral Science", in: Harvard Business Review, Nr. 6, Juni 2001.

Codd, E. F./Codd, S. B./Salley, C. T.: Providing OLAP (On-Line Analytical Processing to User-Analyst: An IT Mandate. 1993.

Cognos GmbH: Konzentration auf das Wesentliche, White Paper 10/02.

Competence Site: E-Interview mit Prof. Wolfgang Prinz: Web 2.0 - Bedeutung, Chancen und Risiken. 1. März 2007.

Cornelsen, J.: Kundenwert – Begriff und Bestimmungsfaktoren, Arbeitspapier Nr. 43 des Lehrstuhls für Marketing, Universität Erlangen-Nürnberg, Nürnberg 1996.

Cornelsen, J.: Kundenwertanalysen im Beziehungsmarketing, Nürnberg 2000.

Däpp, H.: Virtuelle Vertriebsorganisation mittels CRM, in: Customer Relationship Management in der Praxis, S. 153-167, Hrsg. Bach, V./Österle, H., 2000.

Eisenfeld, B.: Evaluating Field Sales Projects With a Balanced Scorecard, Hrsg.: Gartner Group, 2000.

Ellison, Larry: Key Note Präsentation, Oracle Open World 2009.

Ernst & Young: Gegen den Trend – die Erfolgsfaktoren von Entrepreneurial Growth Companies 2002, Stuttgart 2002.

Fayyad, U./Piatetsky-Shapiro, G./Smyth, P. (1996): From data mining to knowledge discovery: an overview, in: Fayyad, U./Piatetsky-Shapiro, G./Smyth, P./Uthurusamy, R. (Hsrg.): Advances in knowledge discovery and data mining, Menlo Park (California), S. 1-34.

Fischer, M./Herrmann, A./Huber, F. 2000: Lohnen sich zufriedene Kunden? Lösungen für ein wertorientiertes Management, in: Absatzwirtschaft Nr.10 (2000), S. 88ff

Gronover, S./Riempp, G.: Kundenprozessorientiertes Multi-Channel-Management, in: IOManagement, S. 25-31, Nr. 4, 2001.

Grothe, M.: Kennzahlen-Pool 2003, Berlin, 2003 unter www.ieb.net.

Günter, B./Helm, S. (2001): Kundenwert: Grundlagen – Innovative Konzepte – Praktische Umsetzungen, Wiesbaden 2001.

Hagemeyer, D.: PRISM for Customer Relationship Management, Research Note der Gartner Group, 2001.

Henn, H.: Wie rentabel sind CRM-Projekte, in: Call Center Profi, Nr. 7-8, S.40-45, 2001.

Henn, H.: Gesucht: E = CRM^2, in: eCRM Profi, Nr. 2, 2001.

Hinterhuber, H., Wettbewerbsstrategie, Berlin 1982.

Homburg, C./Daum D. (1997a): Marktorientiertes Kostenmanagement: Kosteneffizienz und Kundennähe verbinden, Frankfurt am Main 1997.

Horváth, P.: Controlling, 8. Aufl., München 2001.

Jung, H.: Controlling, München 2003.

Klenger, F.: Operatives Controlling, 4., völlig überarb. und stark erw. Aufl., München 1997.

Leicht, R.: Erfolgsfaktor Personal – Strategien für den Mittelstand, Fachtagung des Instituts für Mittelstandsforschung, Frankfurt 2004.

Martin, W.: Business Performance Management und Real Time Enterprise, Strategic Bulletin: BI 2003, Herausgeber: S.A.R.L. Martin, Annecy, France.

Meffert, H.: Marketing: Grundlagen marktorientierter Unternehmensführung, Wiesbaden 2000.

Meier, R.: Customer Care Excellence – Mit Benchmarking zum Erfolg, München 2001.

Munich Business School: Kundenbindung bei Banken – Status Quo und Ausblick, München 2005.

Neue Zürcher Zeitung: Präventivschlag gegen journalistische Neugier, 18. Mai 2007.

Oracle: Data Sheet Mobile Sales Assistant, 2009.

Oracle: Data Sheet Social CRM Applications, 25.8.2009.

Oracle: Evaluating CRM Solutions: Six Ways 'The Oracle Advantage' Benefits Your Organization, März 2008.

Oracle: Geschäftsberichte. Annual Report 10-K, 2000-2005.

Oracle: Oracle Siebel CRM. How Can You Generate an Enterprise Integration Manager Log File, Oracle Support ID 476542.1.

Oracle: Sales 2.0: How Businesses are Using Online Collaboration to Spark Sales, TechDirt Insight Community und Social Media Today für TheCustomerCollective, August 2008.

Porter, M. E.: Wettbewerbsstrategie: Methoden zur Analyse von Branchen und Konkurrenten, dt. Übersetzung von Brandt, V. und Schwoerer, T. C., Frankfurt/Main1999.

Preissler, P.: Controlling, 8., völlig überarb. und erw. Aufl., München 1996.

Pufahl, M.: Vertriebscontrolling, Wiesbaden 2003.

Puschmann, T./Alt, R.: Benchmarking Customer Relationship Management, St. Gallen, 2002.

Rapp, R.: Customer Relationship Management, Frankfurt/Main 2000.

Rudolf-Sipötz, E./Tomczak, T. (2001): Bestimmungsfaktoren des Kundenwerts, in: Günter, B/Helm, S. 2001.

Schimmel-Schloo, M.: Intelligente Unternehmen, erschienen in Acquisa, Heft 11/03, S. 54-57.

Siebel User Week: Präsentation Mobile Sales Solution, Chicago Oktober 2001.

Siebel: eRoadmap aus Siebel Bookshelf (Version 8.1).

Späth, L.: Die Wirtschaft im Wandel – der Mittelstand als Motor des Aufschwungs, Rede zum 25jährigen Steeb-Firmenjubiläum, Heilbronn 1999.

Statistisches Amt des Kanton Zürich: „Benchmarking: Methodische Überlegungen zur Bildung von Indikatoren", Zürich, 2001.

Wilde, Klaus W.; Customer Relationship Management; in: Köhler, Richard; Küpper, Hans-Ulrich; Pfingsten, Andreas (Hrsg.); Handwörterbuch der Betriebswirtschaft; 6. Aufl.; Stuttgart; 2007; S. 242 ff.

Autoren

Mario Pufahl, Vorstand xact4u und Director Business Development und Marketing der ec4u, ist seit 10 Jahren anerkannter Experte für CRM, Trusted Advisor. Mario A. Pufahl ist Autor der bei Gabler erschienenen Fachbücher „Kosten senken mit CRM" und „Vertriebscontrolling" sowie Mitherausgeber des Buches „Innovatives Vertriebsmanagements". Zudem ist er Autor zahlreicher Fachbeiträge zu seinen Schwerpunktthemen.

Lukas Ehrensperger, Managing Director ec4u expert consulting (schweiz) ag, 10 Jahre CRM Erfahrung aus verschiedenen Vertriebs und Management Positionen bei Siebel und ab 2006 Oracle. Begleitung von Produkt- und SI Partnerauswahl in Großprojekten von international ausgerichteten Kunden.

Dr. Peer Stehling, Director Professional Services ec4u expert consulting ag, mehr als 10 Jahre CRM-Erfahrung in der Implementierung anspruchsvoller Projekte mit Oracle Siebel CRM in unterschiedlichen Branchen

Autoren der Fallstudien

Herr Stephan Brägger ist Project Manager CRM, Corporate Business Unit CBU, Swisscom (Schweiz) AG.

Herr Dr. Thorsten Freiberger ist Bereichsleiter Geschäftsfeldstab Firmenkunden in der Landesbank Berlin AG.

Herr Thomas Hamele ist Head of CRM & Analytics, Market Research DAB bank AG.

Frau Christiane Kornatz ist Abteilungsleiterin Produkt-Prozess-Management und Infrastruktur im Geschäftsfeldstab Firmenkunden der Landesbank Berlin AG.

Herr Thomas Stein ist Director Information Technology und Mitglied der Geschäftsführung von Lilly Deutschland GmbH.

Printed in the United States
By Bookmasters